2018年10月17日,上海,作者王坤在吴晓波企投会授课:《激活股权的力量》。

2017年7月7日,无锡拈花湾,作者王坤在吴晓波企投会授课:《股权激励的道术器》。

2017年3月4-5日,张江高科雁栖阁,作者王坤在895创业营讲课:《创业合伙人》。

2017年3月14-15日,易居二手房研究院与英诺天使基金联合举办《中小企业股权激励与合伙制》培训课程,作者王坤主讲。

2018年8月24日,复旦大学光华楼,作者王坤在复旦大学MBA班讲课:《创业企业的合伙机制设计》。

2018年4月21-22日,上海越界,《激活股权的力量》第8期,A轮股权学院。

# 股权是1

创业者的第一本股权书

王坤 著

人民日报出版社

## 图书在版编目（CIP）数据

股权是 1 / 王坤著 . -- 北京：人民日报出版社, 2018.10

ISBN 978-7-5115-5686-8

Ⅰ.①股… Ⅱ.①王… Ⅲ.①股权管理 Ⅳ.① F271.2

中国版本图书馆 CIP 数据核字（2018）第 235262 号

书　　名：股权是 1
作　　者：王　坤

出 版 人：董　伟
责任编辑：曹　腾　高　亮
封面设计：主　语

出版发行：人民日报出版社
社　　址：北京金台西路 2 号
邮政编码：100733
发行热线：（010）65369509　65369527　65369846　65363528
邮购热线：（010）65369530　65363527
编辑热线：（010）65369523
网　　址：www.peopledailypress.com
经　　销：新华书店
印　　刷：北京华联印刷有限公司

开　　本：710mm×1000mm 1/16
字　　数：260 千字
印　　张：21
版　　次：2018 年 12 月第 1 版　2018 年 12 月第 1 次印刷

书　　号：ISBN 978-7-5115-5686-8
定　　价：58.00 元

# 序

创业路上，股权是1，其他都是后面的0，如果股权没有设计好，前面所有的努力都功亏一篑。1号店、真功夫、西少爷等知名企业都因在股权上犯了错，才会付出惨重的代价。

**为什么说股权是1，原因有三**

一、法律意义上，任何一家公司的股权永远是100%，即永远是1。任何一家公司，从初创公司到股份公司，再到上市公司，无论规模大小，其股权合计永远是100%，不可能多，也不可能少。但100%股权价值可能是1亿美元、10亿美元、100亿美元、1000亿美元等无限可能，如阿里巴巴、腾讯5000多亿美元的市值。同样，100%股权价值也可能是1000万美元、100万美元、0美元，甚至是负值。

二、"1"代表稀少、稀缺和珍贵。正因为任何一家公司的股权永远是1（100%），你多我就少，你少我就多，创始股东、核心骨干、一轮又一轮的投资者、相关利益方等，都紧紧盯着仅有的"1"——100%股权，"粥少僧多"。所以，股权之争时有发生，团队的明争暗斗经常上演。从这个意义上讲，股权博弈永远是一个零和游戏。

三、纠错代价上，股权纠错成本极高，甚至是不可逆的，结果可能是"车毁人亡"。股权是前面的 1，其他都是后面的 0，前面的 1 没了，后面的 0 都失去了意义。如果创业公司一开始股权设计不合理，随着公司估值或价值的放大，这会放大人性的贪婪，放大股权纠错的难度与成本，最终导致无法逆转，比如 1 号店、真功夫等。在某种程度上，股权贵在预防，不能等问题发生了再解决。

合伙创业的过程中股权问题普遍存在、无可回避，解决不彻底、处理不当，一直是一个麻烦不断、剪不断、理还乱的头痛事。比如真功夫，股权架构先天不足、顶层设计的天然缺陷，导致蔡达标和潘宇海反目成仇，结果是：一人入狱，投资机构退出，公司 IPO 进程中止，良好的发展势头戛然而止。

### 为什么股权设计有问题，会出现如此严重的结果

股权事关公司治理、战略决策、经营管理，涉及所有股东、核心员工、相关利益方的切身利益。合伙创业的第一天就会面临股权架构设计问题，随着公司的发展壮大，很容易发生利益分配冲突！这是考验一家初创公司的严峻时刻，事先合理设计股权架构和控制机制，可在危急时刻，成为解救公司的秘密武器。

众多创业者从合伙创业的第一天起，就纠结于股权的架构设计与分配，陷入股权的旋涡，难以自拔，痛苦不堪。

### "三股五步法"，让您合伙创业股权不纠结，瞬间清晰

在对上千家企业的股权培训、咨询与辅导的实操过程中，通过不断的碰撞、总结与提炼，我把创业成功的决定性要素归纳为三大要素：人力、资金、资源！

对应创业三要素，"三股五步法"把股权区分为人力股、资金股、资源

股，区分和评估、分配三要素的价值,从根源上系统地解决股权问题。这样,**路归路,桥归桥,把复杂的股权问题简单化、体系化,一揽子解决股权的难题。**

"三股五步法"让您系统地解决创业路上的股权问题,做好股权顶层设计,排除股权困扰,让您不再纠结,少走弯路、少踩坑。

欢迎您阅读本书,设计好您的股权,创业路上股权无忧!

# 阅读指南

**读者定位**

本书的读者定位为创业者,包括准备创业的准创业者、初创企业(种子轮、天使轮、A轮、B轮)的创始人或联合创始人。

**针对问题**

创业路上一定会面临的四大股权问题:股权架构、股权分配、股权激励、股权融资。

创业公司在股权上其实有着许多共性问题,大部分是创业者应该要了解的常识性问题。但由于"术业有专攻",创业者们却不知道这些常识——于是就在无知者无畏的狂奔中,无畏犯错,甚至毫无价值地流血、车毁人亡。

本书以一手的咨询、辅导案例,告诉你股权架构如何设计、股权如何分配、股权激励如何动态调整、如何科学进行股权融资等问题,分析问题的本质,是什么、为什么,如何解决、如何落地。

**预期收获**

2小时左右阅读时间,让你在股权方面少走弯路、少踩雷、避开致命陷阱,帮助你快速梳理和设计,包括股权架构、创始团队的股权动态分配、创始人控制权、股权激励、股权融资，帮助你更高效地与投资机构对接和沟通，提升公司估值。

### 本书框架

全书内容围绕初期创业常见的股权相关问题展开，分为股权纷争、股权架构、股权分配、股权激励、股权融资五篇。

第一篇股权纷争，分为第一、第二章。第一章重点剖析了七个知名的股权案例，引以为鉴，从他人的经验和教训中学习，希望可以"不吃一堑，就长一智"。第二章重点剖析了创业合伙中股权架构常见的12个坑，并针对每个坑给出了相应的解决方案和对策。

第二篇股权架构，分为第三、第四章。第三章重点阐述了本书的核心理论，股权架构设计的方法论——三股五步法。第四章针对创始人控制这一生死命题，给出解决路径与实操办法。

第三篇股权分配，为第五章，针对创始团队股权分配难题，给出了分析问题、解决问题的思路和实操案例。

第四篇股权激励，分为第六、第七、第八章，分别从道、法、术三个层面讲解股权激励的理念、模式与方案设计。每一要点均提供实操案例与实用模板。

第五篇股权融资，为第九章，针对创业公司融资难题，分析了股权融资的常见问题、关键点。

### 本书特点

第一，简单、实用、好用。

有感于市面上相关的书，多数过于繁杂，不易落地。本书力求把复杂问题简单化，简单化的关键是抓住杠杆性、全局性、系统性的问题，抽丝剥茧地解决问题，给出的方法，简单、实用、好用，让你边读、边思考、边设计，设计好即可落地。

第二，案例化、场景化。

每一个关键知识点，都给到一或两个具体应用的案例与场景，让你有亲临其境、感同身受之感。

第三，工具化、模板化。

每个实操部分，都给到相应的工具与模板，这都是在咨询与辅导过程中反复操练、简单、实用的工具与模板，稍加理解、改进即可运用。

第四，实战、实操。

一线的实践，总结提炼出来，最鲜活的素材。本书核心内容脱胎于两天一晚咨询式培训《激活股权的力量》，实战性、实操性在培训中得到广泛验证。

2014—2017 年，参与创业沙龙二百余场，公开课五十余场（两天）、深度辅导（常年顾问）二十余家创业公司，股权架构设计与股权激励咨询项目百余个。

### 如何用好本书

世界上最远的距离——知与行的距离，本书强调先知后行，知体现于行。

故，有三种方式用好本书。

1. 全面阅读、系统思考：通读全书，系统地思考，整体规划，分步实施。

2. 逐章边读边实操：每章都是一个独立的模块，自成体系，可边读边对照自己企业的实际，找出问题点，进行设计、优化。

3. 按需索图：根据当下的实际需要，直接阅读相对应的主题章节。

目录
contents

## 第一篇　股权纷争

### 第一章　关于股权，不得不说的"战争" \ 002

一、真功夫：祸起萧墙的背后是股权架构先天缺陷 \ 004

二、海底捞：成功化解股权架构先天不足的典范 \ 009

三、国美：决战黄金控制点 33.34% \ 012

四、1 号店：创始人痛失控制权 \ 017

五、万科控制权之争：苍蝇不叮无缝的蛋 \ 020

六、西少爷：没有老大的团队注定散伙 \ 023

七、罗辑思维：分手也许是最好的结局 \ 027

### 第二章　股权架构常见的 12 大坑 \ 031

一、股权架构中没有名副其实的老大？ \ 033

二、没有真正的、独当一面的合伙人？ \ 036

三、创始团队完全按照出资比例分配股权？ \ 038

四、没有签署书面的股权分配协议？ \ 040

五、合伙人的股权没有退出机制？ \ 042

六、外部投资人控股？ \ 044

七、给兼职人员发放大量股权 (5% 以上)？ \ 046

八、给短期资源承诺者发放大量股权？ \ 048

九、没有给未来团队与员工预留一定比例的股权？ \ 050

十、没有跟配偶签署钱权分离的协议？ \ 051

十一、直接自然人股东过多（5 个以上）？ \ 054

十二、存在直接股权代持问题？ \ 056

## 第二篇　股权架构

### 第三章　"三股五步法"构建股权架构 \ 060

一、案例"都是股权惹的祸！做不下去了！" \ 062
二、股权是什么？ \ 063
三、创业成功必备三要素 \ 069
四、三要素的价值管理 \ 071
五、三股架构 \ 074
六、三股五步架构法 \ 078
七、三股动态演变 \ 083
八、优化股权架构的三个最佳时机 \ 085
九、解决方案"三股五步"，简单、易懂、易用！ \ 087

### 第四章　创始人是舵手 \ 090

一、创始人控制三问 \ 091
二、大海航行靠舵手 \ 093
三、创始人股权控制四式 \ 095
四、核心"让利益，留权力" \ 117

## 第三篇　股权分配

### 第五章　创始团队股权分配 \ 120

一、股权分配关键五问 \ 121
二、股权分配基础—合伙金三角 \ 123
三、股权分配对象 \ 127

四、"责权利险能"的动态匹配 \ 131

五、股权分配五大影响因素 \ 136

六、公平的是分配规则 \ 139

七、未合伙先谈好如何散伙 \ 147

八、让合伙有章可循 \ 152

## 第四篇　股权激励

### 第六章　股权激励的道—激发人性的善 \ 156

一、格局决定结局 \ 157

二、为什么做股权激励？\ 159

三、何为股权激励？\ 165

四、如何顶层设计、逐步实施股权激励？\ 176

五、华为股权激励方案的迭代剖析 \ 184

六、股权激励上承战略，下接组织建设 \ 192

### 第七章　股权激励的法—"3+N"模式 \ 194

一、股权激励模式三问 \ 195

二、股权的本源是"利"与"权" \ 196

三、一图三模式　\ 198

四、虚拟股"有利无权"类模式 \ 210

五、期权"先利后权"类模式 \ 218

六、实股"有利有权"类模式 \ 222

七、股权激励模式实质是"利"与"权"的组合 \ 231

八、股权激励的意外惊喜 \ 238

九、股权激励万能公式 \ 240

## 第八章　股权激励的术：1234 模型 \ 243

  一、1234 模型源于实践 \ 243
  二、1 式——持股方式 \ 246
  三、2 源——股权来源、资金来源 \ 251
  四、3 定——定人、定量、定价 \ 253
  五、4 变——调整、转让、继承、退出 \ 263
  六、激励对象的五个关注点 \ 268

# 第五篇　股权融资

## 第九章　股权融资的常识 \ 270

  一、融的不止是钱 \ 271
  二、了解股权投资机构 \ 274
  三、如何赢得投资机构青睐 \ 279
  四、关键投资事项 \ 282
  五、与投资者共处共舞 \ 289
  六、融资是迭代升级的过程 \ 291

**参考文献** \ 293
**附录 1：企业的组织形态** \ 294
**附录 2：公司章程可自主约定的股权事宜** \ 299
**后记：创业在路上** \ 309
**致谢** \ 313
**策划手记** \ 317

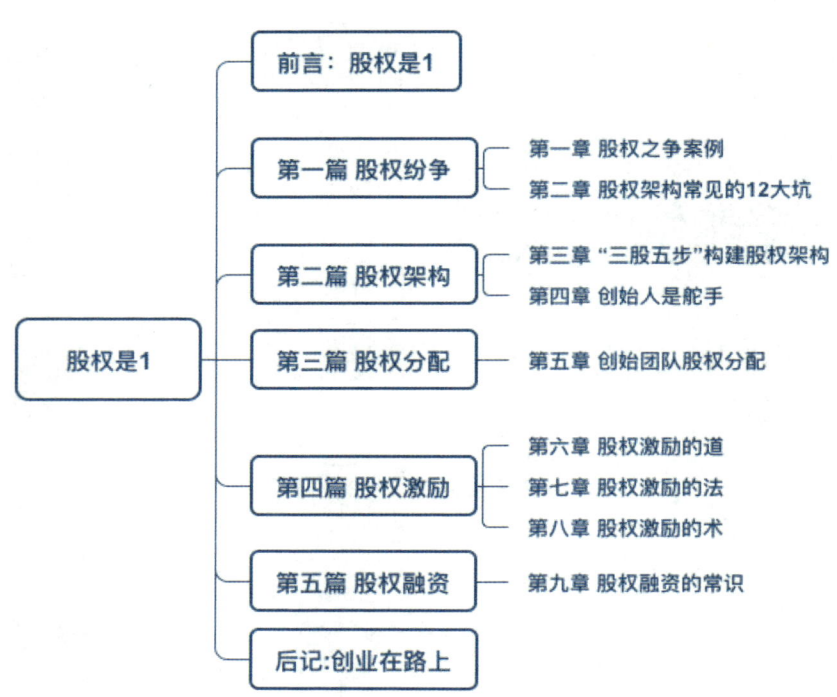

本书思维导图

第一篇

# 股权纷争

# 第一章　关于股权，不得不说的"战争"

前事之不忘，后事之师。——《战国策》

股者，企业之根，死生之道，存亡之理，不可不察也！故，"股权无小事"，要么不出事，出事全是大事！现代企业，股权是最重要的标志；契约社会，股权就是利益的护身符！在现代公司股权与治权相分离的框架下，股权之争无一不是源起于利、终于企业实际控制权归属之后的尘埃落定。

翻开历史，股权战争屡屡上演，"真功夫控制权争斗""国美黄光裕 VS 陈晓之争""马云 VS 雅虎支付宝之争"，更有全民关注的经典商战大戏——"万科控制权之争"，等等。一再上演的经典股权战争，都是争夺公司实际控制权的博弈，斗智更斗勇。

我们又会发现，年年岁岁花相似，岁岁年年人不同，事物的本质并没改变，变化的只是表现形式，所不同的只是与时俱进的剧本和桥段，不同的只是你方唱罢、我方登台，各领风骚三两年。正所谓"太阳底下没有新鲜事"，过去未去、现在还在、未来已来！股权战争正在发生的、将来还会发生的，于历史而言，都已发生；于现在与未来，必将发生。因为，"人心不古、人性恒久"。

故，以史为鉴，本章通过七大经典股权战争的介绍，从股权的视角剖析这些中国企业发展史上真实上演的、活生生、血淋淋的股权案例，从中找出可供我们学习和借鉴的关键点。这七大案例背后都是奔跑路上创业者们的血泪史,都是惨痛代价换来的教训与经验。

吃一堑长一智,是聪明;不吃一堑,就长一智是智慧!希望大家都能够从别人的堑中,长自己的一智,让自己别走弯路,少踩坑。

从股权的角度,七大案例可分为三类:第一类是股权架构设计先天不足引发的后果,如真功夫、海底捞;第二类是控制权失控引发的动荡,如国美、一号店、万科;第三类是合伙人的股权比例与责权利能不匹配引发的纠纷,如西少爷、罗辑思维。

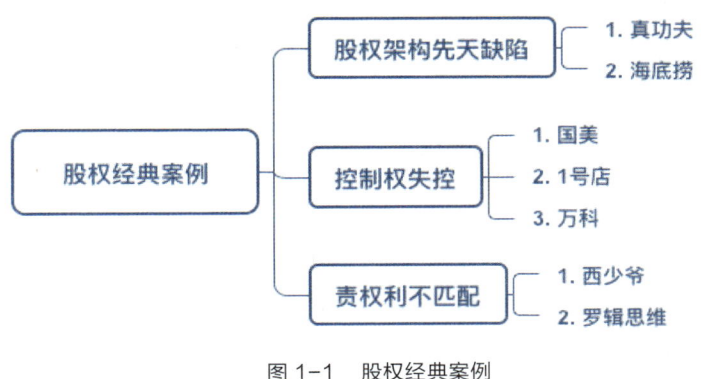

图 1-1　股权经典案例

接下来，让我们走进这些名企，逐一探究股权之争的根源：

## 一、真功夫：祸起萧墙的背后是股权架构先天缺陷

当年真功夫是中式快餐当仁不让的领导者，也是中餐"标准化""连锁化"的先行者，是最有希望挑战，甚至超越麦当劳、肯德基等西式快餐的中餐代表。遗憾的是，"最坚固的壁垒往往都是从内部被攻破的"，回顾案情的来龙去脉，可以发现，股权架构存在的先天不足早已埋下隐患！

**1. 案例简介**

真功夫的前身是潘宇海在东莞长安镇107国道旁边开的一家168甜品店。1994年，姐姐潘敏峰和姐夫蔡达标加入，把168甜品店改为168快餐店。彼时的股份结构是，潘宇海占50%，姐姐和姐夫各占25%。初期，潘宇海掌握着企业完全的主导权。

1997年，真功夫借助其"电脑程控蒸汽设备"，攻克了中式快餐业的"速度"和"标准化"两大难题，开始在全国各地开设连锁店，企业快速发展起来。随着企业规模的扩大，蔡达标在谋篇布局、制定战略、策划及经营方面的才能得以体现，并逐步强化了其在公司的地位。2003年，企业主导权从潘宇海转到了蔡达标手中。

2006年9月，蔡达标、潘敏峰夫妇离婚，潘敏峰所持有的25%的股权归蔡达标所有。

真功夫出色的商业模式和发展业绩，以及中式快餐市场的广阔发展前景，吸引了众多股权投资基金的青睐。2007年10月，股权投资基金投资真功夫，估值高达50亿元，各投1.5亿元，各占3%的股权，蔡达标和潘宇海的股权

比例都由 50% 摊薄到 47%。

蔡达标开始着手"去家族化"改革，从肯德基、麦当劳等餐饮连锁企业挖来众多职业经理人，而在此过程中，真功夫多位与潘宇海关系密切的中高层离职或被辞退，这使得潘宇海被进一步边缘化。这无疑也引起了潘宇海的反弹，股东冲突由此引爆。同时，蔡达标与潘宇海的发展思路也出现严重分歧。蔡达标追求企业快速发展，而潘宇海重视企业稳健经营。

更致命的是，股权架构存在先天不足，冲突不可避免。围绕真功夫的控制权，蔡、潘两股势力展开了激烈争斗。其间不顾大局拆台、"脱壳计划"暗战、股权转让骗局……明枪暗箭，步步惊心，与现在的宫廷剧相比，有过之而无不及。

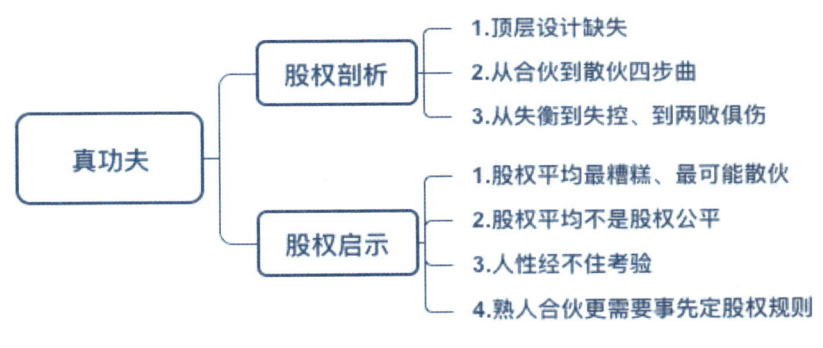

图 1-2　真功夫股权分配

过程不详述，暂时的结局是：蔡达标和潘宇海两人为争夺公司控制权的多年缠斗之后，2011 年，蔡达标等人因涉嫌挪用资金、职务侵占等被警方逮捕，潘宇海接管真功夫。2014 年，广州中院做出终审判决，蔡达标获刑 14 年。股权投资基金退出真功夫，公司 IPO 进程中止。

## 2. 股权剖析

### 2.1 顶层设计缺失

真功夫的经营管理问题是多方面的，如家族矛盾、领导权争夺、人员流失等。但股权架构是一直存在的顶层设计问题，其他问题则进一步加剧了股权架构不合理所引发的利益和权力争斗。反之，顶层设计的天然缺陷，也导致了诸多经营管理问题的"难解"，最终只能是换汤不换药的权宜之计。其后真功夫的发展和波折起伏的命运，一再表明了股权架构之于企业发展的重要性。

### 2.2 从合伙到散伙四步曲

同心同德→同床异梦→同室操戈→同归于尽，从合伙到散伙的四步曲。

这虽然是我们在课堂上分享时的戏称，但源于骨感的现实，许多的合伙创业一再上演这四步，短则两三个月、长则三五年，尤其是顶层设计严重缺失的合伙创业。真功夫之类股权平均的合伙创业，事实上没有真正的主导人，当核心股东发展思路不一时，很容易造成股东矛盾升级。如果股权架构设计不合理，且没有及时优化，矛盾引发冲突，散伙基本不可避免。不论是我们直接的客户还是我们的学员，成百上千的案例印证了这一点。而这一点——从合伙到散伙的四步曲——在真功夫事件上，体现得淋漓尽致。

### 2.3 从失衡到失控、到两败俱伤

在不同的发展阶段，每个股东对企业的贡献、价值肯定是不同的，相对应的权力与利益也是不同。而股权比例对等，即意味着股东的责权利与股权比例不匹配。这种责权利的失衡一旦突破人心承受的极限，自然就造成股东间心生罅隙，进而引发团队矛盾、滑入失控局面。

阶段性的责权利失衡是正常，但如果这种失衡一直存在，则积重难返，进而引发矛盾与冲突。当问题出现时，双方又没有理性地协商来解决问题，反而进一步加剧冲突，以至于不可收拾，两败俱伤。当初有很多种办法其实

可以避免这种你死我活局面的形成，比如签署一致行动人协议，或者将股权设置得略有倾斜，或者形成一个动态调整规则，甚至设置一个退出机制，允许一位股东退出并给予大量的分红权。这实际上都会实现双赢，避免两败俱伤的局面。

### 3. 股权启示

#### 3.1 股权平均最糟糕、最可能散伙

"合适的才是最好的"，只有合适的股权架构，没有最好的股权架构，每家公司所处行业不同、商业模式不同、团队成员不同，所以没有一个 放之四海而皆准的最好的股权架构。量体裁衣、因地制宜、与时俱进，每一个企业、每一个发展阶段都会有一个与之相适应的股权结构。

不过，可以肯定的是，股权平均是最糟糕、最差、最可能散伙、出现僵局的股权架构。这种平均主义直接导致了"群龙无首"，导致了组织决策效率的丧失，并为后续的冲突打下了"分道扬镳"的"坚实"基础，可谓是必死的架构。纵观国内外，股权平均的架构能有善终者极少——不出问题是偶然的，出问题是必然的。

在国人的面子文化里，股权平分架构常常源于"地位、身份的平等"。换言之，股权占比一开始有差异，似乎就意味着彼此地位、身份的不平等，面子上挂不住。可惜面子再大，也经不住时间、利益的考验。没出问题，只能说赚钱不够多、诱惑不够大、矛盾不够冲突、分歧不是根本性的。真功夫即是活生生的案例。这是平均股权不被看好的根本原因。

企业发展、壮大，从成功到成熟，包含了太多的不确定因素。企业发展艰难时，股权平均某种程度上意味着肩并肩的共担，意味着有难同当的平等。但"患难与共"的共担逻辑无法无缝对接为"富贵与共"的共享逻辑。彼时发展起来的真功夫，如日中天，为资本所看好、所追捧。这时的真功夫与初

创时的真功夫，完全不一样。股权平均已从共担转为了"共享（巨大现金流）"，此时未及时调整的责权利匹配，引发了不同股东间的心理失衡——事实上两大股东都心理失衡了，这是引发争斗的根源。

### 3.2 股权平均不是股权公平

股权平均不是公平，责权利能匹配才是公平，规则公平才是公平。

在股权分配中，这一点体现的就是付出多少（出资、劳动、知识等）就应该得到多少股权比例或份额。在一个企业中，每个人的贡献是不可能相同的。所以，股权平均可能是最大的不公平，只是曾经沧海的股东们，都不愿意面对这一问题，心照不宣地谁都不先提。但随着公司的发展，冲突的加大，早晚得面对责权利能匹配的问题。

### 3.3 人性经不住考验

创业者走到一起几乎都有一个因缘就是"情"，可能是友情、乡情、同学之情、同事之情、同门之情，等等。刚开始，利益不大、冲突不大、诱因不大，"情"可暂时掩盖矛盾。一旦企业发展好，最容易因为利益（分配失衡）撕破原来的感情面纱，赤裸裸的利益带来的理性算计是最容易伤害或不顾感情的。真功夫、西少爷等企业就是最现实的例子。古今中外的事实证明，在利益面临，人性经不起考验。所以，在顶层的股权设计时，切忌考验人性。

在课堂上，许多学员会说："我们是兄弟，利益好商量。"我通常的回答是："你这是在考验人性，拿钱考验你们之间的感情与信任；10万元，可能好商量；100万元、1000万元，也许还好商量；1个亿，你们商量看看？！"

### 3.4 熟人合伙更需要事先定股权规则

熟人合伙创业，尤其是亲朋好友之间的合作，在股权上，通常从面子上不好意思"丑话说在前面"，心里想，但面子上不明讲。分歧与矛盾日积月累，最后往往导致"兄弟式合伙、仇人式散伙"。

从创业之初，重视合伙的游戏规则，把相关的股权分配、调整、转让、退出、回购的规则以书面的形式明确化、具体化，这样企业才会向着一个健康的方向发展，避免再次出现类似真功夫因股权规则缺失而产生的野蛮悲剧。

总之，从股权的角度，创业者至少可以从真功夫一波三折的过程及结局借鉴三点：

一是股权架构对企业的发展至关重要，股权架构是顶层设计，设计不合理，后患无穷，代价惨重；

二是股权平均是最糟糕、最容易出现问题的股权架构，是九死一生的架构，出问题是必然的，不出问题是偶然的；

三是股权的分配要以"价值创造"为依据，责权利动态匹配，而不是一成不变。

## 二、海底捞：成功化解股权架构先天不足的典范

海底捞以"服务至上、顾客至上、客户体验"闻名于世，成为服务业，甚至是高科技行业、互联网行业争相学习的对象，小米创始人雷军曾号召向海底捞学习"把客户体验做到极致"。更厉害的是，海底捞原来是平均分配的股权架构，竟兵不血刃地解决了，以至于诞生了"海底捞法"——解决股权平均难题的方式之一。

### 1. 案例简介

1994年四个要好的年轻人在四川简阳开设了一家只有4张桌子的小火锅店，这就是海底捞的第一家店。4个人各占25%的股份，后来，这4个年轻人结成了两对夫妻，两家人各占50%的股份。

2007年，海底捞步入快速发展期，为了获得对公司的绝对控制权，张勇

以原始出资额的价格,从施永宏夫妇的手中购买了18%的股权,张勇夫妇成了海底捞68%的绝对控股股东,从而彻底解决了公司股权平均的问题,使海底捞迈向更高的发展台阶、进入全国扩张的快车道。

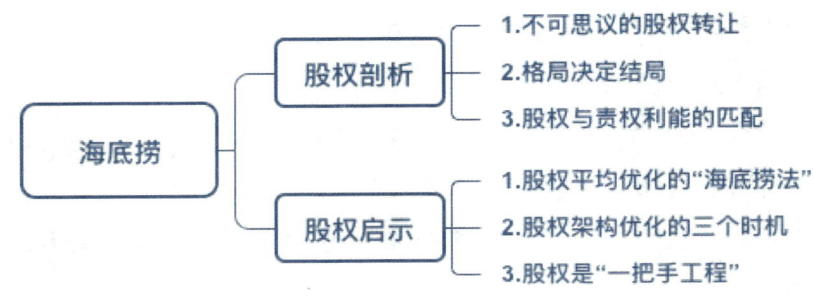

图1-3　海底捞股权分配

## 2. 股权剖析

### 2.1 不可思议的股权转让

张勇以原始出资额的价格,从施永宏夫妇的手中购买了18%的股权,张勇夫妇成了海底捞68%(超过2/3)的绝对控股股东。关键这事发生在2007年,海底捞业已成立13年,而且当时正是海底捞快速发展期。此时的海底捞,一方股东能将18%的股权,以13年前的原始出资额的价格,转让给了另一方股东,这简直就是匪夷所思、不可理喻!保守估计,这18%的股权估值超过10亿。

### 2.2 格局决定结局

施永宏如此回答:"不同意能怎么办,一直是他(张勇)说了算……后来我想通了,股份虽然少了,赚钱却多了,同时也清闲了。还有他是大股东,对公司就会更操心,公司会发展得更好。"这一方面得益于海底捞从一开始就是张勇为主、施永宏为辅,形成了张勇是核心股东的事实,另一方面也得益于施永宏的大度、豁达与忍让。

海底捞股权架构从最初的平均到最后走向集中，这体现了张勇作为CEO极强的大局观和掌控力。显然，这并非一般人所能做到。挑战的不是CEO的专业能力也不是资源积累、业务经验，而是对未来胜势和商战风险深刻洞察后的舍我其谁的霸气，是公司利益至上、"小我"第二的格局。从这样的结局来看，我们可以说，股权转让的背后，是股东各方对公司长远发展的考虑与妥协。其中的惊险一跃就在于股东个人能否跳出"股东利益"的"小我"，上升到"公司利益"的"大我"的格局。

### 2.3 股权与责权利能的匹配

从前期与后期的发展来看，如股权平均，张与施的责权利明显是不对等、不匹配的。调整后，张勇带领海底捞不断走向辉煌，也验证了股权架构优化后，张勇有能力作为大股东承担更大的责任、行使更大的权力、获得更大的利益。这对各方股东、公司、员工是多方共赢的局面。

辅导过的其他诸多创业项目、成长型企业的经验也反复证明，一个创业公司的成功，一定是在一个实至名归的老大带领公司前进的情况下实现的。股权平均意味着利益上的大锅饭，并导致了事实上的责权利能不对等、不匹配。这样的局面，短期可以维持，有历史形成的合理性，但长期一定产生矛盾、导致分崩离析。

## 3. 股权启示

### 3.1 股权平均优化的"海底捞法"

"海底捞法"，快刀斩乱麻，一步到位。海底捞的解决方式，直接协商调整股权比例，调整到一个绝对控股——持股占比超过2/3即66.67%。它以公司的长期发展为目标，谁能带领公司走向成功，谁就成为老大。这需要各方理性地面对问题，尤其需要妥协方理性地自我评估和角色定位、豁达与忍让。这是股权平均调整的方式之一，另外的三种常用方法，我们在下一章《股权十二坑》中的第一个坑详细介绍。

### 3.2 股权架构优化的三个时机

股权架构优化有以下三个最佳时机：一是创业之初做好顶层设计，未雨绸缪，成熟的企业家、创业者大都在这个时点做好顶层设计；二是碰到重大困难或看到腾飞的希望时，海底捞正是事业大腾飞之际一劳永逸地解决了这个问题；三是有第三方投资介入，借助第三方的专业化视角、中立的立场，借力推进问题的解决。无数的案例证明错过这三个时点，纠错成本巨大。

### 3.3 股权是"一把手工程"

股权无小事，绝对是"一把手工程"，这个问题的解决一定是老大亲力亲为，亲自抓。

面对股权平均的架构，海底捞是成功化解、为数极少、彻底解决的正面案例，尤其是在企业发展势头良好的情况下。这充分说明了创始团队的格局、胸怀与智慧。这其中的关键在于，团队中有一位名副其实、关键时刻能够拍板定案的老大！一个创业企业成功的关键，80% 在团队；而团队成功的关键，80% 在带头人。

## 三、国美：决战黄金控制点 33.34%

当年的国美股权与控制权之争，故事情节跌宕起伏，双方围绕控制权关键点的攻守招招精彩，绝对可称之为公司治理与股权争夺的经典案例。让我们来回顾其中的关键节点，以资借鉴。

## 1. 案例简介

我们直接快放国美电器股权与控制权之间的关键事件:

### 1.1 2006年修改章程,将原属于股东会的职权赋予了董事会

国美控制权之争的第一个关键事件是2006年黄光裕修改国美公司章程,将原属于股东会的职权赋予了董事会——如任命董事,不必受制于股东大会设置的董事人数限制。还有各种方式增发、回购股份,发行可转股,实施对管理层的股权激励等职权。

按常理,股东大会是由全体股东组成的,是公司的权力机构;董事会是由董事组成的,是公司的执行机构。董事会是通过股东会审议选举产生的,股东大会是公司最高权力机构。当时,黄光裕拥有国美超过1/3的股份,考虑到自己并非绝对控股国美公司,为了尽可能维护自己的利益、地位,排除其他股东的影响,黄光裕将原本属于股东会的权力授权给董事会,再任命自己信任的人担任公司董事,这样就能牢牢掌握公司的控制权。

此次修改章程,黄光裕原意是加强自己的控制权,但正所谓"人算不如天算",他万万没想到自己会入狱,更没想到自己亲自任命的董事会"背叛"自己,反而因此失去了控制权。

### 1.2 黄光裕入狱,失去对董事会的控制

2009年,黄光裕因幕后交易入狱。陈晓出任国美董事局主席之后,推出两件重大事项:一是引入贝恩资本来改变大股东的形象,改变股东的结构;二是推出了股权激励。对核心高管采取股权激励。这原本是股东会职权,因职权转移,国美董事会可以执行。而这一"授权",正得益于黄光裕此前的精心设计。

这两件事的结果是对国美原有股东股份进行了(等比例)稀释,自然也起到了对黄光裕股权的一定程度稀释作用,结果是导致黄光裕家族的股份被摊薄至32.46%,失去了对国美的一票否决权,加上董事会与股东会的职权错

位,导致黄光裕在后期的董事会决议事项中失去了话语权。

至此,股权层面,黄光裕失守33.34%黄金分割点,失去了对国美的一票否决权;董事会层面,黄光裕失去话语权,双重失守,失去对国美的控制权。如要重新夺回控制权,唯一途径就是增持股份,持股超过33.34%。

### 1.3 增持股份至35.98%,增强话语权

继2010年8月24、25日两天动用2.904亿买入国美电器0.8%股份后,黄光裕在2010年8月30日至31日再度斥资4亿港元,买进1.77亿股,至此,黄光裕持股总量增至35.98%,在股东大会中的话语权进一步加强。

### 1.4 陈晓退出,杜鹃改组董事会,推进和优化股权激励

2011年3月初,陈晓离开国美,张大中出任国美电器董事局主席,杜鹃改组董事会。同时,杜鹃代表黄光裕表态,建议董事会优化和延展股权激励方案,并分期适当扩大激励规模,让更多国美员工分享企业发展所带来的成果。

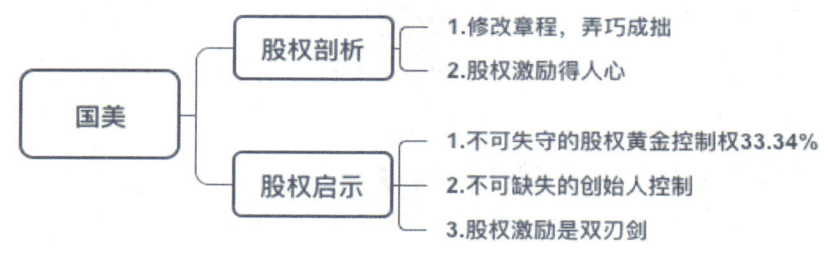

图1-4 国美股权分配

## 2 股权剖析

### 2.1 修改章程,弄巧成拙

显然,2006年的修改章程,将原属于股东会的职权赋予了董事会,直接

引发了国美控制权之争。如果没有这次修改，重大事项的表决权在股东会，需 2/3 通过，那么，黄光裕持股 33.98%，拥有一票否决权，后续一系列稀释股权的事项均可被否决。

教训就是董事会控制并不安全，控制股权才是第一位。如果同时在股权、董事会两个层次拥有控制权，才是上了双重保险。这样才是最安全。

### 2.2 股权激励得人心

两次股权激励的成效说明股权激励对员工很重要，很得员工的心。

第一次股权激励，陈晓推出，大多数核心高管站队陈晓。

陈晓主政时代推出过一份覆盖 105 名高管为期四年分四次行权的股权激励方案，此方案是当时中国家电业金额最大的股权激励方案。11 位公司高管及其他员工总共 105 人获得 3.83 亿股国美股权，行权价格为 1.9 港元。由于股权激励机制的导入，大部分高管都站队陈晓。

在黄光裕入狱之前，出于各种原因，对核心高管实行高薪政策，但未推行股权激励。没及时推出股权激励被认为是黄光裕丧失高管团队凝聚力的关键一步，也是后期高管站队陈晓的重要原因。这也直接导致，在陈晓推行股权激励时，大多数核心高管站队陈晓，这直接验证了股权激励对员工的吸引力，绝不是高薪可以替代的。

第二次股权激励，杜鹃代表黄光裕表态，稳定军心。

陈晓离开后，为稳定队伍，杜鹃代表黄光裕表态，对股权激励方案进行期限延展，并适当扩大激励规模，让更多国美员工分享企业发展所带来的成果。对此，国美股东大会以超过 85% 的赞成票通过相应的计划条款修订之决议案。这就实现了国美的股权激励方案由"陈晓版"过渡到"黄家版"，从而对管理层的稳定，起了重要作用。

## 3. 股权启示

### 3.1 不可失守的股权黄金控制权 33.34%

在股权生命线上，绝对控股的 2/3 的 66.67%、相对控股的 51%、一票否决权的 1/3（相对于绝对控股）的 33.34%，是三大战略控制点。因此，持股比例不低于 1/3 即 33.34%，可谓是股权的黄金分割点，是公司控制权的生命线，不可失守。自然，33.34% 也就成了控制权争夺的兵家必争之地，国美的控制权之争正是围绕 33.34% 展开了拉锯战。

### 3.2 不可缺失的创始人控制

股权决定话语权和控制权，创始人一定要保持对自己公司的控制权。为了防止职业经理人对企业创始人利益的侵害，应推进"创业者权益"保障计划。"创业者权益"保障体现的是创始人对公司的控制权，就是不管公司股权发生什么样的变化，创始人都是公司的主要决策人。以美国为例，一家企业在美国上市之时，专业律师就会告诉他如何建构创始人的权利保护机制，这是公司章程的基本条款。在关键时候，这项条款将是创始人对抗职业经理人越位以及恶意收购行为的杀手锏。

### 3.3 股权激励是双刃剑

作为顶层设计，股权架构设计和股权激励方案推行时，必须考虑公司的控制权问题。

尤其值得指出的是，股权激励的实施需要考虑时机。在黄入狱之际，陈所推出的股权激励无疑是收买人心之举，保证了核心高管们能够同国美共进退。但不管是主观还是客观上原因，此次股权激励影响了大股东的控制权，影响到黄对国美的控制权，引发了职业经理人与股权之间的矛盾，不可取。

而杜鹃后续推进的持续股权激励，是明智之举。不仅稳定了军心，留住了核心员工；而且鼓励团队成员于企业危难之际共同进退，完成了企业与员工间的生命、利益共同体的打造。虽然动因各异，但时机把握都相当到位，目的均顺利达到。

国美股权之争，涉及股权、董事会、日常经营管理、核心员工四个层面的争夺，但最后决定结局的还是股权。这个案例以血淋淋的经验与教训验证，股权控制才是王道。

## 四、1号店：创始人痛失控制权

1号店是典型的"孩子养大了，被别人抱走了"，成为创始人失去控制权的一个悲情案例。不得不说的是，于刚是有情怀的创始人。情怀归情怀，现实归现实，于刚团队创业中途离开了一手创办的1号店。

### 1. 案例简介

梳理1号店股权变迁，可大致看到1号店创始团队失去控制权的全过程，希望能给创业者一些启示。

**1.1 成立**

2008年于刚和刘峻岭创立了1号店，启动资金是创始团队的几百万，不久融到了2000万元资金。

**1.2 融资痛失控制权**

2010年金融危机袭来，投资机构不再看好电商，1号店资金紧缺。困境中的1号店开始与平安集团接洽。2010年5月，平安出资8000万元，收购1号店80%的股权。至此，于刚团队已经无法左右1号店的走向。

**1.3 被平安转手沃尔玛**

随着整合的进行，平安发现1号店对主营业务拓展并没有起到预期效应。

2011 年 5 月，平安将 20% 股权作价 6500 万美元出售给沃尔玛，同时沃尔玛出资购买了用于兑现 1 号店管理团队与平安集团签订的股权激励协议的股权。12 月，沃尔玛从平安集团手中接手 50% 的股权。2012 年 10 月沃尔玛宣布控股 1 号店，直至 2015 年实现全资控股。

### 1.4 于刚离开 1 号店

2015 年 7 月 14 日，1 号店正式确认创始人于刚和刘俊岭离职。于刚在离开 1 号店时群发的内部信中这样表达了一位创始人的心情："我们把 1 号店看成我们的孩子，倾注了所有的心血和情感，我们吃饭、走路、做梦都想到 1 号店，1 号店是我们的一切，我们用"心"而不仅是用"脑"做 1 号店。"然而，这样一位创始人，仍然没有逃脱痛失控制权，黯然离开的命运。

### 1.5 1 号店并入京东

2016 年 6 月 21 日，京东和沃尔玛宣布达成深度战略合作，沃尔玛旗下 1 号店并入京东，同时沃尔玛获得京东约 5% 的股权。至此，1 号店的命运尘埃落定，退出市场只是时间问题。

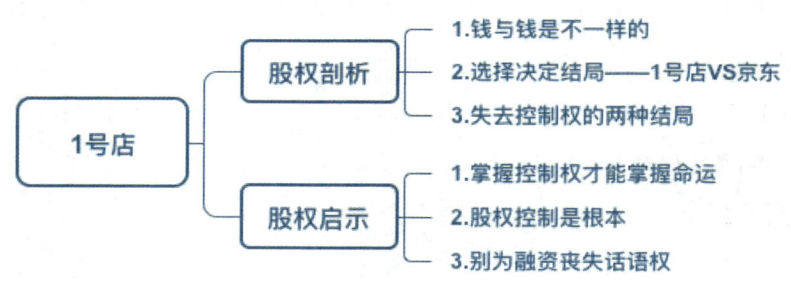

图 1-5　1 号店股权分配

## 2. 股权剖析

### 2.1 钱与钱是不一样的

投资人通常分为财务投资人和战略投资人两种。风险投资基金属于典型的财务投资人,他们投资的主要目的是通过股权投资溢价退出获取财务收益,通常不直接参与被投资公司的经营管理,一般不要求控股被投资公司。

战略投资人通常和被投公司处于同一行业、相近行业或处于同一产业链的不同环节,投资主要考虑自身产业链的战略布局。因此,战略投资人通常会加强对被投资公司股东会与董事会的控制,深度介入被投公司的管理。

平安与沃尔玛,一开始就是奔着控制权来的。于刚团队将 80% 的股权转让给平安集团,实质是将公司的控制权拱手相让。

### 2.2 选择决定结局——1 号店 VS 京东

当年,沃尔玛的第一选择曾经是京东,但刘强东断然拒绝了沃尔玛的控股要求。2010 年,正值电商的寒冬,刘强东融资也十分困难。苏宁用自己的钱熬,当当网跑到美国上市融资。平安用 8000 万元换得了 1 号店 80% 的控股权。

如果于刚跟刘强东一样坚持不让出控股权,把电商的寒冬熬过去,也许就能引来财务投资。平安入股之前,1 号店的资金链并没有耗完,再撑几个月,结局也许会截然不同。最好的结果是像京东一样引入多元化的投资,但话语权还捏在刘强东手里。

### 2.3 失去控制权的两种结局

一是成为偏重于执行的职业经理人。事实上,自从被平安控股 80%,于刚团队的身份也由公司的创始人变成了职业经理人。如果安心于这种定位,再加上双方的彼此需要,也是可以相安无事的。但在残酷竞争的创业环境中,这是很难的,往往只能是暂时的平衡。

二是创始人离开,这是早晚的结局,只是时间问题。无数的事实都证明了这一点。1 号店、汽车之家、新浪等都是前车之鉴。

### 3. 股权启示

#### 3.1 掌握控制权才能掌握命运

创始人如果要自己掌握命运,必须牢牢掌握住公司的控制权。这里引用真格基金创始人、天使投资人徐小平先生的警示:"如果(创业者)一开始就把主权让出去,60%给出去,再伟大的企业也做不下去;'我(创业者)只要把事情做起来,这个股份多少不重要',这是错误的观点——凡是不以股份(控制权)为目的的创业,都是耍流氓。"

#### 3.2 股权控制是根本

虽然控制权有多种方式,如股权层面的控制权、董事会层面的控制权、公司经营管理的实际控制权等。但股权层面的控制权至关重要,也是最安全的方式。股权是对公司的终极控制权利,公司最重大的事项通常是基于股权由最高权力机构股东会决定的,如公司章程修改、董事任命以及融资等。

#### 3.3 别为融资丧失话语权

对创业公司而言,资金无疑是重要的,但别为融资放弃话语权。在控制权上,底线是守住一票否决权。变通的做法是"让利益,留权力",把股权的所有权、收益权让渡给投资机构,创始人掌握决策权。具体操作后面章节详细阐述。

1号店的最终结局告诉我们,作为创始人,一旦在股权层面失去对公司的控制权,就退变为"职业经理人",在公司重大决策上就失去了话语权,就无法掌控公司和团队的命运。这应引起每一位创始人的警惕!

## 五、万科控制权之争:苍蝇不叮无缝的蛋

俗语说:"苍蝇不叮无缝的蛋,你唯一能做的就是别有缝。"话糙理不糙。

围绕万科产生的股权之争，这不是第一次，如果后期还不完善，相信也不是最后一次。股权上的瑕疵，在资本市场更容易被放大，成为"野蛮人"的猎物。

### 1. 案例简介

万科股权之争是中国 A 股市场历史上规模最大的一场公司并购与反并购攻防战，堪称教科书的经典案例。

自 2015 年 12 月 17 日，一份王石内部讲话公开挑战宝能系，万科股权之争正式进入正面肉搏阶段，大戏正式拉开序幕，由台下走向台上。至 2017 年 6 月 9 日晚，中国恒大转让 14.07% 的万科股权予深铁，终破"万宝之争"僵局。此次转让后，深圳地铁正式成为万科第一大股东，万科大股东再次易主。

自 2015 年 1 月前海人寿买入万科股票算起，这场大戏耗时两年半，整个过程跌宕起伏，引发全民关注、社会大讨论。具体案情，太占篇幅，在这儿不再详述，大家可网上查阅。

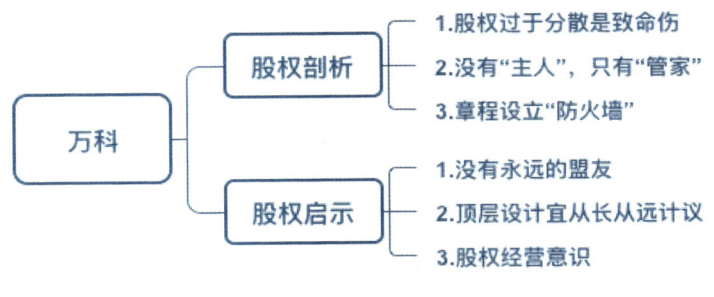

图 1-6　万科股权分配

### 2. 股权剖析

#### 2.1 股权过于分散是致命伤

股权过于分散是万科的致命伤，这为野蛮人叩门留下了一把钥匙。郁亮甚至表示，控制万科只需要 200 亿元。也正是宝能有机会下手的最重要原因。

同样是地产企业、上市公司，恒大高度集中的股权架构就没有被"野蛮人"下手的隐患。

### 2.2 没有"主人"，只有"管家"

股权过于分散的一个直接后果就是没有真正的"主人"，看似大大小小的股东很多，但从法律上谁都可以说，但谁说了都不算。王石及团队负责经营管理，但从法律上，他们只是"管家"的角色，"万科的守护者"，不是真正的"主人"，也说了不算。

### 2.3 章程设立"防火墙"

万科在2014年设立了一道"防火墙"，在新的公司章程中清楚写道：要改组董事会至少需要30%以上的股份。一旦持股达到30%，就将触发全面要约收购。同时，万科公司章程还规定，单独或者合计持有公司有表决权股份总数10%以上的股东可以召开临时股东大会，通过普通决议的方式选举或罢免董事，但必须经过出席股东大会的股东(包括股东代理人)所持表决权的过半数通过。如果没有这道"防火墙"，万科早就失守。但即便如此，也是不够的，也无法弥补股权过度分散的缺陷。

## 3. 股权启示

### 3.1 没有永远的盟友

公司的控制权主要有四种方式：股权层面的控制权、董事会层面的控制权、经营管理的实际控制、软实力控制。王石及团队自认为完全可以通过后三者掌控万科。王石一直坚信第一大股东华润是坚定地支持自己及团队的，这样，董事会层面的控制权是没有问题的。不料，"大意失荆州"，在董事会上第一大股东华润没有站在王石这一边，正所谓"没有永恒的朋友，也没有永恒的敌人，只有永恒的利益"。事实一再证明，董事会层面的控制权随时有失守的可能，股权层面的控制才是最稳妥的。

### 3.2 顶层设计宜从长从远计议

企业现在面临的问题，往往是三五年前的行为决定的，这条铁律同样适合于万科，万科面临的控制权之争困境，从王石放弃股权控制那一天已是命中注定，只是时间、时机问题。所以，股权的顶层设计必须从长、从远计议。

### 3.3 股权经营意识

万科的企业经营无疑是成功的，但股权的经营，从结果来看，两次被别人"侵入"，无疑是有瑕疵的，所以，企业家更要重视股权的用心经营，要有股权经营意识。

万科是名企，王石更是名人，但在股权架构设计与控制权上，不得不说的是，问题很严重。从经营管理上、名义上，王石是万科的老大，但在法律层面、股权层面，万科没有事实上的老大，没有法律意义上、产权意义上的主人。王石及其团队只是万科的"职业经理人"，是"管家"，而非真正的"主人"！

## 六、西少爷：没有老大的团队注定散伙

西少爷团队"完美演绎"了从合伙到散伙的四步曲：同心同德→同床异梦→同室操戈→同归于尽。在创业路上，这不是个案，而是常见的现象。散伙的原因很多，但分家的一个重大原因就是，成立之初，股权架构上就没有真正的老大，没有真正能够带领公司走下去的带头人。

### 1. 案例简介

#### 1.1 公司成立

2013年6月19日，孟兵、宋鑫、罗高景三人一起注册了奇点兄弟计算

机科技（北京）有限公司（简称"奇点兄弟"），注册资金 53.2 万元，孟兵、宋鑫、罗高景三人分别占股 40%、30%、30%。因技术门槛过高，产品迟迟开发不出来，奇点兄弟靠接一些网站外包工作维持运营，同时寻找新的方向。危急时刻，天津李德忠向奇点兄弟注资 10 万元，获得 6% 的股权。

### 1.2 转行做肉夹馍

2013 年 11 月初，宋鑫回西安找肉夹馍师傅学艺，因资金紧张，奇点兄弟发起了第一次众筹，"用前三家店 40% 的分红和股权凑齐 50 万启动资金"。半个月后，宋鑫学成回到北京，租到了西少爷的第一家店，即于 2014 年 4 月 8 日五道口开业的那个小亭子。

### 1.3 大火的同时产生分歧

《我为什么要辞职去卖肉夹馍》一文火了之后，西少爷肉夹馍也一炮而红，分歧也在此时产生。三人的分工是：罗高景负责店面，宋鑫负责后厨供应链，孟兵则以团队 CEO 的身份去见投资人。见完投资人的孟兵向宋鑫、罗高景提出两点建议：一是他要三倍投票权；二是组建 VIE［可变利益实体(Variable Interest Entities；VIEs) 结构，也称为"协议控制"，其本质是境内主体为实现在境外上市采取的一种方式］。组建 VIE 需要 50 万美元，宋鑫觉得早期做这件事很浪费，毅然拒绝。双方没有谈妥，但正式的投资条款中却出现了三倍投票权，宋鑫不同意，跟孟兵大吵一架。

正式的投资协议已经下达，却因为内部分歧而迟迟没有签字。孟兵提出以 27 万元收购宋鑫 28% 的股权，让其保留 2% 的股权。宋鑫不愿接受这样的条款，提议每年跟孟兵签一份协议，按估值的打折价转让一定的股权，孟兵没有同意。因一直没有进展，宋鑫提出回西安学豆花，孟兵给的期限是 3 天。宋鑫在一周后回到北京，被微信告知已被公司开除，且要归还公司所有股份，开价是 30 万。双方就补偿与股权回购问题，没有达成一致。

价值观的差异以及合伙人之间长期积压的不和，终在 2014 年 6 月 15 日爆发，宋鑫被迫离开公司经营管理层。

### 1.4 宋鑫成立新西少

2014年9月18日，宋鑫创办的新西少餐饮品牌在北京开了第一家门店。同年11月，获得洪泰基金数百万天使投资。

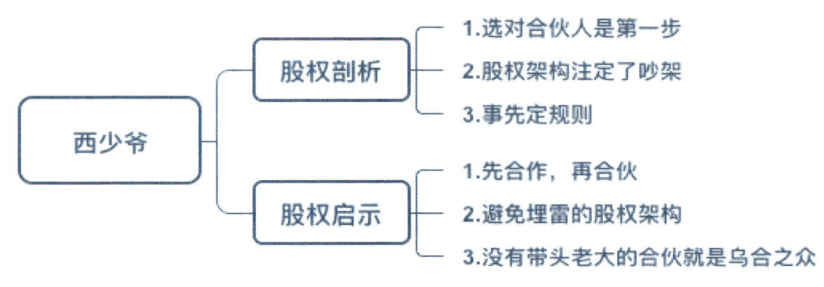

图1-7 西少爷股权分配

## 2. 股权剖析

### 2.1 选对合伙人是第一步

选对合伙人非常非常重要，选错人，就等着吵架吧。选择合伙人必须看三点：一是价值观一致，二是能力互补，三是事业方向认同。大部分创业团队散伙分家要么是由于创始人价值观不一致或不认同而产生严重分歧，要么是某人能力或资源对公司发展未带来核心价值被迫出局。股东之间的理念、性格及信任程度，决定了公司生死。显然，西少爷三个人在选人上出了大的问题，这正是后期一系列分歧、纠纷的根源。

### 2.2 股权架构注定了吵架

三个人合伙，三个分别持股40%、30%、30%的股权架构，势均力敌；再加上选错了合伙对象，这两者叠加在一起，吵架基本上不可避免，散伙基本上也只是时间问题。假如三个人分别持股70%、20%、10%，有一个人掌控绝对的话语权，另外两人想吵也吵不起来，可能又会是另外的结局。

### 2.3 事先定规则

事先拟定规则明确的股权协议很重要，对股权架构、组织结构、运营和决策机制、股权分配等方面都应做好安排。而且，一定要事先定；出事了，再谈，一般没法谈成，只有散伙。从这个点讲，股权问题贵在预防，不能等问题出现了再来解决，那时可能就无法解决了。

## 3. 股权启示

### 3.1 先合作，再合伙

多数合伙人团队在3～6个月的磨合期出现问题。所以，建议先合作，再合伙，3～6个月再进入合伙，正式谈婚论嫁。

### 3.2 避免埋雷的股权架构

孟兵、宋鑫、罗高景三人分别占股40%、30%、30%，这就是典型的吵架型、僵局型股权架构。这种平均式股权架构，为股权纷争留下了隐患、埋下了深水鱼雷。

类似的股权架构有两人合伙的50%:50%、51%:49%、60%:40%、65%:35%，三个合伙的40%:30%:30%、34%:34%:34%，四人合伙的25%:25%:25%:25%、30%:30%:20%:20%，等等。

### 3.3 没有带头老大的合伙就是乌合之众

如果一个团队没有一个真正的、服众的带头老大，名义上是个团队，实际上是个团伙。古今中外的史实一再证明，任何伟大的组织都离不开一位强有力的带头老大。西少爷显然缺少一位事实上、法律上的老大，注定做不大、做不强、走不远。

西少爷团队的散伙，固然与商业模式的变迁、价值观的磨合有关，但一个最重要的原因是，无论是从股权控制、法律层面，还是从日常经营管理的分工，都没有一个真正意义的老大，没有能够一锤定音的老大。

## 七、罗辑思维：分手也许是最好的结局

发展至今，罗辑思维无疑抓住了知识付费、内容创业的风口。但不为人知的是，创业之初的罗辑思维也是一波三折，陷入过股权的"大坑"。所幸的是，当事人都是有智慧的，及时"止损"。虽然，最后是以分手告终，再重整团队、重新出发。理性地来看，当时的和平分手虽是无奈，但也可能是最好的结局，远胜过勉强在一起，却互相伤害，最后同归于尽。

### 1. 案例简介

罗辑思维是迄今为止最为成功的自媒体之一，但其发展过程也经历过重大的股权之争。整个过程，相当简单：

2012 年 4 月，申音出资 110 万元、罗振宇等三人各出资 30 万元，设立独立新媒（北京）信息科技有限公司，注册资本 200 万元。2012 年 12 月，《罗辑思维》开始运营，由吴声策划、申音运营、罗振宇主持，产品涵盖微信公众订阅号、知识类脱口秀视频及音频产品。

2013 年 12 月，股东及股权变更为：申音 164.7 万（持股 82.35%），罗振宇 35.3 万（持股 17.65%）。

2014 年 5 月 18 日凌晨 3 点多，申音微博发声，证实二人分家。工商登记信息显示，2014 年 7 月 4 日，公司股东已变更为申音一人。

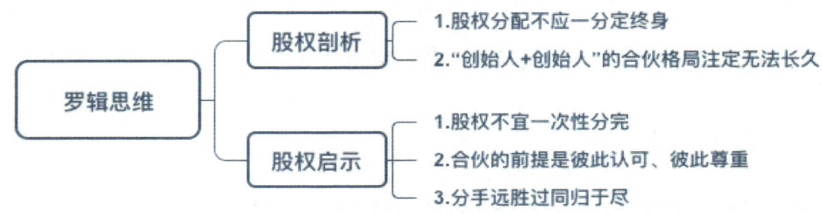

## 2. 股权剖析

### 2.1 股权分配不应一分定终身

在公司初期分配股权时，罗振宇绝对不会想到罗辑思维的野蛮疯长，会创造如此巨大的价值。说白了，创业之初估计申音与罗振宇都没想到会这么火，结果一火起来，原来的股权分配比例，明显违背了责权利匹配的原则，但双方又没有一个动态调整机制，或者双方无法达成一致，分手成为必然。

"创业公司都面临这个话题，就是创始人之间的价值是在不断动态调整的，创始之初最重要的那个人，几年发展之后不一定是最重要的，内容创业者尤其如此。"

所以，股权架构一成不变是有问题的，科学的做法是根据合伙人的贡献采取股权动态调整。申音占82.35%，是绝对大股东，而罗振宇仅占17.65%，却是自媒体明星 IP。在罗辑思维的持续成长过程中，罗振宇的贡献大于申音。可罗振宇的股权比例还是按公司设立初期17.65%的持股比例，其心理失衡在所难免，这是人性使然。如果他们能采用股权动态调整机制，根据各自对公司发展的贡献大小，适时调整持股比例，或许他们还能继续。

### 2.2 "创始人 + 创始人"的合伙格局注定无法长久

在发展方向上，申音想做平台，想批量产生罗振宇这样的自媒体明星，但罗振宇想的是打造以自己为主的自媒体，这是完全不同的两个方向。而两个人都想来主导，这是不可能并存的。相反，后来加入的脱不花，则定位为执行，与罗振宇形成"创始人+合伙人"的组合，在大的决策与方向选择上，肯定是以罗振宇为主，这样的组合才能长久。正如同，"曹操+刘备"的组合不可长久，而"刘备+关羽+张飞"的组合才能长久。

### 3. 股权启示

#### 3.1 股权不宜一次性分完

合伙人团队成员与作用在不同的阶段是会变的，股权也要随之进行动态的调整。创业之初，不要一开始就把股权分完，预留一个期权池，将来根据合伙人贡献的大小进行调整，将期权池的股权分给贡献价值更大的合伙人。或者约定一个激励周期或激励条件，集体稀释出一定的股权激励贡献方。

#### 3.2 合伙的前提是彼此认可、彼此尊重

合伙要彼此认可、彼此尊重，而且认可与尊重不是停留在口头和态度上，而是要体现在股权分配与利益分配上。这就需要做好责权利能的动态分配。否则，注定不可持久，分手只是时间问题。

#### 3.3 分手远胜过同归于尽

合伙之初要设计好退出机制，避免由同甘共苦变为同室操戈、相爱相杀。从现在的结果来看，申、罗二人的分手是最好的结局，远胜于硬绑在一起。如果强扭在一起，最可能的结果就是从内耗走向最后的"同归于尽"。

罗辑思维创业之初的股权分配，最大的问题是一分定终身，缺少动态调整的机制，以至于当商业模式调整，各自的责权利与贡献产生变化时，股权分配却没有相应的调整。**一分定终身，缺少动态调整机制，也正是多数创业团队股权分配的常见问题。**当商业模式、每个人的责任、贡献、重要程度产生变化时，如无法相应地调整股权分配比例，创始团队成员的心态会产生变化，为团队的不稳定留下隐患。

本章的七个案例只是众多股权纠纷的缩影，但一孔见天，从中可知，股

权是企业的顶层设计,事关企业的长远、稳健发展。股权健康的企业不一定能够长足发展,但是股权不健康的企业肯定无法长足发展。

听闻了别人的"事故",我们下一章近观自己公司的股权架构,对照常见的12大坑,看看你掉入哪个坑里了,如何跳出坑?!

**本章思考题:**

1. 阅读七大案例过程中,你印象最深刻的是哪个点?
2. 七大案例,对你的三点启发分别是什么?
3. 对照案例,梳理自己公司的股权存在哪些问题,如何优化。

# 第二章　股权架构常见的 12 大坑

他山之石，可以攻玉。——《诗经·小雅》

上一章，我们剖析了七家知名企业的股权战争，从中可见股权无小事。如果你认为股权问题、股权纠纷离自己还很远的话，我想说的是，合伙创业的第一天就会面临股权架构如何设计的问题。

事实上，多数创业者没有对此给予足够的重视，或压根就没意识到，但等到出现问题时，已是骑虎难下、左右为难。创业过程中，产品有问题，可以通过快速迭代解决；技术或运营有问题，影响也只是短期发展，后期可以快速补上；唯独股权出问题，危害极大、纠错成本极高，想一想上一章所述的案例就知道代价有多大。

**因为股权问题，多少创业付出了沉重，甚至是"车毁人亡"的代价！**

**因为股权问题，多少初创企业倒在通往成功的路上！**

**因为股权问题，多少创业团队"创业尚未成功，团队已分崩离析"！**

在对千余家创业者的股权培训、咨询和落地辅导过程中，我们总结出最常见的 12 大缺陷，称之为股权架构的"12 大坑"。坑是形象的描述，是指在股权架构设计方面常见的错误、需要特别注意的问题。稍不注意，你就可能掉进这个坑里。如果你真正清楚这些问题，就完全可以绕过这些坑。

表1按股权危机指数（危险程度）、纠错成本指数（代价大小），12大坑从高到低排序。大家可以先对照自己公司的股权架构做个自检（如果存在相对应的问题，选择"是"，不存在选择"否"），统计下是否有踩坑、踩了几个坑。

注：股权危机指数，一星到五星，星数越高，表示危险性越强，危害越大；股权纠错成本指数，一星到五星，星数越高，表示纠错成本越大，代价越高。

| 序号 | 股权架构常见的坑 | 是（打√） | 否（打√） | 股权危险指数 | 股权纠错成本指数 |
|---|---|---|---|---|---|
| 1 | 股权架构中，没有名副其实的老大？ | | | ★★★★★ | ★★★★★ |
| 2 | 没有真正的、独当一面的合伙人？ | | | ★★★★ | ★★★★ |
| 3 | 创始团队完全按照出资比例分配股权？ | | | ★★★★ | ★★★ |
| 4 | 没有签署书面的合伙人股权分配协议？ | | | ★★★★ | ★★★ |
| 5 | 创业合伙人的股权没有退出机制？ | | | ★★★★ | ★★★ |
| 6 | 外部投资人控股？ | | | ★★★ | ★★★★★ |
| 7 | 给兼职人员发放大量股权（5%以上）？ | | | ★★★ | ★★★ |
| 8 | 给短期资源承诺者发放大量股权？ | | | ★★★ | ★★★ |
| 9 | 没有给未来团队预留一定比例（10%以 | | | ★★★ | ★★ |
| 10 | 创业团队没有跟法定继承人（特别是配偶）就创业股权进行钱权分离的协议？ | | | ★★ | ★★ |
| 11 | 直接自然人股东过多（5个以上）？ | | | ★★ | ★★ |
| 12 | 存在直接股权代持问题？ | | | ★★ | ★★ |
| | 合计 | | | | |

表1-1 股权架构自检

下面，逐一来剖析这些众多创业"前辈"们踩过的坑，坑坑都有血与泪！

## 一、股权架构中没有名副其实的老大

股权危险指数：★★★★★

股权纠错成本指数：★★★★★

此坑无论从危险程度、纠错代价，还是从发病频率、常见性上，都毫无争议地列为第一！

创业成功与否，80%看团队，团队的80%看老大！

### 【现象】

据统计，超40%的企业没有明确、名副其实、能够一锤定音的老大。这势必影响到企业的决策效率，引发创业团队内部的控制权争夺。

好兄弟、好同学、好同事，一起创业，能力相当，出于情感、面子等原因，通常的选择是平分股权。最常见的股权平分或接近平分，如两人架构下的50%:50%、51%:49%、60%:40%、65%:35%等，三人架构下的40%:30%:30%、40%:40%:20%、34%:33%:33%等，四人架构下的25%:25%:25%:25%、30%:30%:20%:20%等。类似的股权架构，老大事实上是缺位的。

另外也存在的情况是，部分创业公司存在股权上的老大，只因为是最早的创始人，但无论从综合能力、个人魅力等方面都不是带领这个团队走向最终成功的最佳人选，即股权上的老大与事实上的老大不匹配。这种情况下的老大也不是真正的、名副其实的老大。

如果无法建立股权的动态调整机制，把决策权授予真正的老大，也是很难创业成功。

**【问题】**

股权架构设计的关键之一就是老大的股权、控制权的设计。要么一开始就有清晰明确的老大，要么磨合出一个老大。很多公司的股权战争，缘于老大不清晰或名不副实，没有谁真正说了算，比如真功夫、万科、西少爷等。

类似的股权架构具备致命的缺陷，这主要涉及两个问题：

一是决策权问题，即在产生意见的重大分歧时，没人拍板。老大的缺位，造成公司没有实际控制人，没有主人，在意见分歧时无法决策、一锤定音。因为创业阶段需要的是效率，所以需要集权、需要"股权专制"，不是股权民主，更不是股权平均。正所谓"听多数人意见，与少数人商量、一个人拍板"。尤其在创业初期，一个重要的原则是：集权、高度集权、绝对集权！程序上可以民主，但决策权、拍板下决定，一定是集权。

二是责权利险匹配问题，表面上的股权平均实际上搞平均主义，不可避免地带来责权利险匹配的失衡。很简单，任何一家公司股东的长期贡献度是不可能完全一样的。

**【对策】**

股权平均调整的方式有四种：

方式一，"海底捞法"：快刀斩乱麻，一步到位。海底捞的解决方式，直接协商调整股权比例，调整到一个绝对控股——持股占比超过 2/3 即 66.67%。它以公司的长期发展为目标，谁能带领公司走向成功，谁就成为老大。这需要各方理性地面对问题，尤其需要妥协方理性地自我评估和角色定位、豁达与忍让。

方式二，增资方式：通过定向增资相对降低他人股权比例。实际控制人单独增资，增资到个人股权达到合理的比例。显然，这种股东间通过"经济实力"来掰手腕的方式，拼的是财力，不跟投、不增资的股东，只好被稀释。

方式三，股权激励渐进式：原有股东共同稀释出一定比例股权，设立股权激励周期，按贡献激励，从而逐步调整股权比例，改变股权平均的局面。这种方式理性而温和，但过程慢。这种方式的最大挑战是设立科学的贡献评估规则。

方式四，三权分立法：先以投票权委托、一致行动人（协议）的方式解决决策权集中的问题，再结合方式二或方式三逐步解决责权利险匹配的问题。

这里要强调一下，股权平均不是说绝对不可以。当初的谷歌，两个创始人的股权就是相等的，或者说几乎是完全一样的。这就需要两个人都有非常高的智慧与格局：一是这两个人要有一个人心理上认可另一个人是老大，老二虽然也占50%的股权，但是他从心里服气另外一位股东；二是这个真正当老大的有一种胸怀，就是他做的贡献大，但是他愿意跟他的搭档共享。这不是一般人可以效仿的。

### 【案例】

一家公司，三哥们儿创业，股权比例是34%:33%:33%，绝对好哥们儿的模式。创业一年，谈了几个投资者，都因股权架构问题受阻。三个好哥们儿都不让步，结果，一个不错的项目就这样黄了。

一个更奇葩的公司，股权比例是45%:45%:10%，结果是小股东绑架了两个大股东，结果就不用说了。各种奇葩、不合常理的情况都有发生。

这两家创业公司股权平均，股权架构都存在致命的缺陷，造成老大事实上的缺位，一碰到意见重大分歧时，就难以做决策，公司的发展不可能顺利。

## 二、没有真正的、独当一面的合伙人

股权危险指数：★★★★

股权纠错成本指数：★★★★

在 VUCA 时代，合伙创业成为必需，是否有独当一面的合伙人成为衡量的标准！

注：VUCA 是 volatillity 易变性、uncertainty 不确定性、complexity 复杂性、ambiguity 模糊性的首字母缩写。

【现象】

据统计，近 30% 的创业企业只有创始人光杆司令，没有合伙人。只有老大孤家寡人一个，其他人不在一个层面上，没有协商、对话能力，更没有独当一面的能力。体现在股权架构上，老大一股独大，在股权上高度集中，几乎是 100% 集中于一人身上，其他人只是象征性持有 1% 或 2%。一个初创公司的联合创始人只有区区 1% 的股权，算是合伙人吗？你说他是合伙人，拿着这 1% 的股份，他从内心也不可能把自己当作合伙人，最多只是名义上的合伙人！

天使投资人徐小平先生说："合伙人的重要性超过了商业模式和行业选择，比你是否处于风口上更重要。"对于一个初创团队而言，是否拥有合伙人是值得投资与否的重要指标。

天使投资人徐小平先生举例称："我们曾经投了一个电商。它的创始人做互联网，另一位联合创始人做供应链。按我的理解，股权分配应该是五五开，六四开，至少也得是八二开。结果后来项目失败了，我看了一下，联合创始人只拿了 1% 的股份。"

## 【问题】

这种情况下也不是说绝对不行,但很难做大,到目前为止极少有伟大的公司,是创始人一个人把它干起来的。这正是大多数小规模企业可以起步,但做不大的重要原因,**"起步靠个人,做大靠团队"**。合伙人的重要性就体现在这儿。

在过去,很多老板是一人包打天下,但在 VUCA 时代,竞争加剧、不确定性加剧的移动互联网时代,创始人单打独斗心力难支,合伙人并肩兵团作战共进退才能胜出。合伙创业、抱团打天下成为必选项,比如新东方三驾马车、腾讯五虎、阿里巴巴十八罗汉、复星四人帮、携程四君子,等等,进入了合伙创业的时代。创始人需要寻找在产品、技术、运营或其他重要领域可以独当一面的合伙人。

## 【对策】

### 1. 寻找或培养你的合伙人

一个相对完整的创始团队是创始人加联合创始人,即一位 CEO 加 2~4 位 CXO,如 CTO、CMO、CFO、CHO 等,具体需要什么条件、什么时机需要视商业模式、发展阶段而定,如下图合伙人画像:

图 1-9 合伙人画像:增强核心竞争力

**2. 从股权分配上，常见的有三个模型可供参考**

模型一：老大绝对控股型，创始人70%～80%及以上，联合创始人合计20%～30%。

模型二：创始人相对控股型，创始人51%及以上，联合创始人合计49%，但决策权集中于创始人。

模型三：创始人一票否决型，创始人34%及以上，联合创始人合计66%，但决策权集中于创始人。

**3. 在战斗中，快速充实团队**

这要求创始人一边关注事，一边关注团队，时刻关注人与事的动态匹配。需要强调的是，重要岗位、关键人才最好提前3～6个月到位，预留一个磨合的时间，不至于派上战场前还彼此不了解。否则，磨合成本、机会成本、时间成本会非常高。

## 三、创始团队完全按照出资比例分配股权

股权危险指数：★★★★

股权纠错成本指数：★★★

出于对《公司法》的表面理解，初创团队往往简单地按出资分配股权，背离了责权利险能匹配的管理原则，后期极易引发团队内耗。

**【案例】**

E公司是一家创业公司，方向为家装辅材的移动互联网平台，初期创始团队共同出资2000万元，共七个股东，完全按出资比例分配股权。

问题来了，七个股东，前期四个全职，三个兼职，运营一年后，变成三个全职，四个兼职。兼职股东均为跨国公司高管，年薪50万～100万元不等，而全职的股东在自己公司拿着1万元的月薪。一年下来，全职的股东心理不平衡了："同样出资占股份，凭什么我们拿着低工资、全力创业、苦逼地干活，而他们在外拿着高薪？！"

### 【现象】

据统计，近一半的创业企业创始团队完全按照出资比例分配股权，将团队成员出资当成决定股权分配数量的依据。

### 【问题】

创始团队完全按出资比例分配股权，会带来三个不可调和的难题：

1. 如何解决出钱少、能力强、贡献大的创始股东与出钱多、贡献小的创始股东之间的平衡问题？

导致有钱但缺乏创业能力与创业心态的合伙人成了公司大股东，有创业能力与创业心态，但资金不足的合伙人成了创业小伙伴。

2. 如何解决同样出资、全职股东与非全职股东的平衡？

全职、非全职的股东都是按出资比例分配股权，做着做着，全职的股东心理出现不平衡。

3. 如何解决出钱又出力、只出钱不出力的关系？

出钱又出力的、只出钱不出力的一样按出资比例分配股权，时间一长，前者觉得不公平了！

如果把创业看成一场远距离拉力赛，赛车手最后胜出的原因，包括跑道的选择、赛车手的素质与跑车的性能。跑车赖以启动的那桶汽油，肯定不是胜出的唯一重要因素。创业企业合伙人的早期出资，就好比是那桶汽油。

**【对策】**

把最初的股权分为人力股、资金股、资源股三大类。人力股针对创始团队，按分工、能力、贡献等制定分配规则。资金股细分为创始团队出资与外部投资人出资两部分，创始团队出资部分按团队成员出资比例分配。资源股按资源兑现情况设定兑现规则。

人力股、资金股、资源股的区分，既考虑了资金的重要性，又避免了完全按出资比例分配股权的问题。只出钱不干活的股东"掏大钱、占小股"，让人成为股权分配的最大变量。具体操作参照下一章节的"三股五步法"。

## 四、没有签署书面的合伙人股权分配协议

**股权危险指数：**★★★★
**股权纠错成本指数：**★★★

碍于情面或经验不足，没有签署书面的合伙人股权分配协议，仅仅是口头约定，极易引发争议。是"先君子，后小人"，还是"先小人，后君子"，结果大有不同。

**【现象】**

据统计，高达 40% 的创业企业没有签署股权分配协议。朋友或亲戚或同学或同事合伙创业，早期大家一起埋头干活一起拼，啥协议都没有。

没有签署书面股权协议的原因有三：

1. 可能真不懂，对合伙创业没概念，多见于初次创业者。

2. 扯不下面子，觉得兄弟不好谈，分得不好，伤了和气，正如同很少有人去做婚前财产公证一样。也可能觉得签不签关系不大，后面碰到问题再说，结果是一拖再拖，直到矛盾产生，才来面对。前面不把话说清楚，后面没办法把话说清楚。

3. 觉得先干起来再说，走一步算一步，把蛋糕做大了，再谈如何分蛋糕。这是先有鸡，还是先有蛋的问题。实际上先把规则定好，才有利于专心做事。

## 【问题】

没有股权分配协议，产生的问题是多方面的，可概括为三个方面：

1. 阳光照不到的地方，必然会有阴暗面。**没有协议和明确的规则，必然产生暗规则；大家都猜老大的心思，钩心斗角就来了**。一是碰到困难，或挫折，或亏损，或没钱时，二是看到希望的曙光，或有盈利，或有融资进来时，问题来了，吵成一团！大家面子上不说、不在乎，不代表心里不想、真的不在乎。

2. 事先不明确，出现问题后又无法心平气和地商量规则，结果出现僵持不下的局面。

3. 口说无凭，争执不下。常常会出现的场景是，我记得当时是这么说的，他记得是那么说的，谁都说服不了谁，谁都觉得自己的记忆是准确的。白纸黑字写清楚就是要避免出现这个大家的记忆偏差，或者说有人故意说话不算话等情况。白纸黑字，避免争议。

## 【对策】

建议创业团队在合伙之初签署股权分配协议，"先小人，后君子"。股权分配协议，建议包括以下四大方面：

1. 持股方式：自然人直接持股，还是持股平台持股，大有不同。

2. 持股类型：实股、期权、虚拟股，或组合方式。

3. 定人、定量、定价。

具体的，会涉及资金股按多少估值出资、出资比例；人力股如何分配、分几年兑现、兑现条件、兑现价格与数量、如何考核；资源股如何约定兑现条件与标准等。

4. 定规则：调整规则、退出规则、回购规则、继承规则等。

## 五、合伙人的股权没有退出机制

股权危险指数：★★★★

股权纠错成本指数：★★★

企业成长各阶段，都不可避免地面临人员因各种原因退出的问题，处理不当，会让退出者心有怨恨，让继续奋斗者心有瓜葛。

### 【现象】

据统计，约 40% 企业没有在合伙之初制定合伙人退出机制。即便是已经有合伙人退出机制的企业，退出机制的合法性、合理性、实操性，以及合伙人团队对退出机制的认同感有多高，也是个问题。

"铁打的营盘流水的兵"，每个股东都可能因为各种各样的因素，在不同的时间点退出，比如说更好的机会、身体原因、家族原因等，需要妥善处理退出事宜。

### 【问题】

几个人合伙创业一年多，有合伙人与其他合伙人不合，或有更好的机会，提出离职。但是这个合伙人持有 20% 的股权，该如何处理？

退出的合伙人坚决不同意退股，理由很充分：

1. 《公司法》没有规定，公司章程也没有约定，股东离职得退股；
2. 股东之间也没签过任何协议约定，甚至没就退出机制做过任何沟通；
3. 他出过钱，也是创业元老，凭什么一定要退股？

其他合伙人认为，你中途退出，如不回购股权，对继续战斗的合伙人"不公平、不合情、不合理"。但问题是，事先没有约定合伙人的退出机制，又协商不成，股权的退出回购陷入僵局，束手无策。

### 【对策】

对于类似情形，我们通常建议：

1. 鉴于多数人"谈利益，伤感情"的观念，建议合伙人之间首先就退出机制的公平合理性充分沟通并达成共识，做好团队的预期管理，然后再做方案落地。先把退出规则约定好，任何股东退出都有办法，哪怕创始人退出，如果其他创始人有愿意上的，都不影响公司的正常发展。

2. 在企业初创期，合伙人的股权分为资金股与人力股，资金股占小头（10%～30%），人力股占大头（70%～90%），人力股的兑现与约定的服务期限挂钩，甚至约定核心业绩指标。

3. 如果合伙人离职，资金股与已经成熟的人力股，约定回购比例和回购价格，未成熟的人力股无偿收回。

具体细节详见第五章《创始团队股权分配》章节。

## 六、外部投资人控股

**股权危险指数：**★★★

**股权纠错成本指数：**★★★★★

非全职的投资人是真正意义上的老大，团队负责执行。站在投资者的角度，可以掌控公司。但团队很难有创业心态、主人翁心态。处理不善，多数的结局：团队出走，重起炉灶，投资者前期的投入打水漂，两败俱伤。故，纠错成本指数评为五星。

### 【现象】

据统计，高达 20% 创业企业由外部投资人控股。这些企业在未来招募合伙人与外部融资时，都会面临一个难题：法律上的老大不干活，干活的无法掌控方向，谁主导公司？打个简单的比方，掌握方向盘的不是实际控制人，坐在副驾驶位置的才是。这样的股权架构给后续合伙人与投资机构进入添堵，进而限制公司的发展。

常见的有投资者占 51%、60%、70%，甚至 80%。创业初期，还相安无事，一是项目对资金的信赖度高，二是创业团队的能量还小。但随着公司的发展，创业团队开始慢慢产生心态变化，觉得责权利不匹配，付出与产出不平衡。

### 【问题】

许多资金雄厚的企业或个人倾向于投资几百万控股一个创业企业。相对应的，很多初创团队一开始对股权的价值与重要性不当回事，当大白菜卖。等到公司启动融资，发现股权结构不对、想对股权架构进行调整时，就发现"股权无小事",动人家的蛋糕是活生生"烤"验人性,真不是好商量的小事情。处理不当,结果很可能是鸡飞蛋打。

外部投资人控股的创业公司,在起步之后,不可避免地面临三个问题:

1. 公司如何定位?是外部投资人的子公司,还是一家独立发展的公司?
2. 公司的长远发展谁说了算?是控股的外部投资人,还是创业团队?
3. 投资人与团队的责权利险如何界定和体现?

## 【对策】

有三个可供选择的方向与路径:

第一种,外部投资者持续解决资金问题,不需要向第三方融资。这样,外部投资者为事实上的董事长,主导公司的发展,负责找人、找钱、找方向;团队就定位为执行。双方接受这种定位,各司其职,相安无事,继续发展。

第二种,三权分立机制,同时建立动态股权激励机制。建立三权分立机制,投资方占大股,拥有所有权、收益权,但决策权在创业团队手上。同时外部投资者不断稀释股权,激励创业团队,逐步调整到创业团队主导公司。

第三种,双方签一个对赌协议,约定公司项目做到某里程碑,投资人部分套现,释放股权给团队或融资。比方说前期投资人投了300万元,控股70%,约定如果项目赚钱了,或者能够拿到下一轮融资,投资人则转让20%的股权激励团队、转让20%的股权用于融资,则投资人股权降至30%。

## 【案例】

D公司是一家创业公司,定位为电子行业的移动互联网平台,初期投资方出资300万元占80%,创始团队20%。

项目运行两年后，发展顺利，但股权架构的问题出现了。创始人认为，自己既出钱又出力，吭哧吭哧却干成了小股东，投资人只出钱不出力却是大股东，不公平，责权利险严重不对等。

公司的发展需要更多的合伙人级别的人进入，但投资人不愿意释放有诚意的股权（合伙人3%～5%）吸引合伙人进来，结果是谈了许多人都没有谈成。公司的发展面临人才困境。

同时，接触了十几家投资机构，对方看完公司股权架构后，给出的结论均是：看好行业和团队，目前的股权架构存在不确定性，不宜投资。

优秀合伙人与后续机构投资人进入公司的通道都给堵上了。

## 七、给兼职人员发放大量股权（5%以上）

**股权危险指数：**★★★

**股权纠错成本指数：**★★★

创业这件事，全力以赴都未必成，兼职只是打酱油的。更严重的是，兼职人员股权过高，经常会导致全职核心的合伙人团队心理失衡。

### 【现象】

很多初创企业热衷于找一些高大上的外部兼职人员撑门面，常见的如融资顾问、品牌顾问、营销顾问、管理顾问、创意顾问等，并发放大量股权（5%以上）。一家初创企业更是一次性给了一位融资顾问10%的股权，结果这位融资顾问一分钱也没帮忙融到。

## 【问题】

找兼职人员、用外脑的出发点是好的，也不是说不可以给兼职人员股权，只是比例不宜过高。因为这些兼职人员既没有多少时间投入，也没承担创业风险，过高的股权比例与其对创业项目的参与度、贡献度不匹配，性价比不高。更不好的影响是，兼职人员股权过高，经常会导致全职核心的合伙人团队心理失衡，"整个不来公司，也没给公司有啥贡献，占了8%，我是联合创始人，全力以赴创业，才区区2%"。

## 【对策】

对兼职人员问题，有三点建议：

1. 对于外部兼职人员，能用钱解决的，或者说能用分红解决的，不要给股权，尤其是刚开始阶段。因为兼职人员未来能给公司带来多大的长期贡献、能够付出多大的精力，这个初期不好判断。

2. 如果一定要用股权，建议以微期权（5%以内，通常是1%～3%）的模式合作（特大贡献、明星人物除外）。并且，对期权设定成熟机制，比如约定顾问期限、顾问频率、顾问成果等行权条件，达到约定的行权条件后再兑现股权。

3. 经过磨合，如果弱关系的兼职人员成为强关系的全职团队成员，可以再增加股权。对双方而言，兼职也是吸引人才加入的一种非常稳妥、非常高效的一种过渡方式。

**【案例】**

Y公司是一家化妆品电商初创企业，非常重视品牌建设，给了品牌顾问公司10%的股权，另加每年100万元的品牌咨询费。两年合作下来，收效甚微。主要原因：一是品牌顾问公司投入时间与精力不高；二是品牌顾问公司本身人员流动大，提供的品牌咨询服务不连贯；三是品牌顾问公司原有业务偏传统行业，对新兴的电商品牌建设涉猎不多，实际帮助不大。

这种兼职的品牌顾问给10%显然是不合适的。一是没有采用期权方式；二是没有约定具体的行权条件；三是股权比例过高，期望值过高，注定达不到预期。

## 八、给短期资源承诺者发放大量股权

股权危险指数：★★★

股权纠错成本指数：★★★

创业者往往会高估资源承诺者两件事：一是高估资源承诺者的兑现能力；二是高估资源承诺者的靠谱程度。所以，给股权要秉承"审慎原则"。

**【现象】**

据统计，近1/3的初创企业给短期资源承诺者发放大量股权。很多创业者在创业早期希望借助外部资源，容易给早期的资源承诺者许诺过多股权。这在一些高度依赖资源的创业企业中比较常见。

## 【问题】

资源承诺者占股过多，往往引发的问题是：资源承诺者承诺的资源无法兑现，对公司的帮助远没有想象的那么大（这也是比较常见的），但股权已兑现，资源承诺者又不愿退出。

短期资源承诺者占股经常面临的问题是：

1. 资源的实际价值难以量化评估，如果不兑现，实际价值为零。

2. 资源的实际到位、实际兑现有很大变数，半数以上无法兑现。

3. 很多资源是阶段性发挥短期作用，难以发挥战略性作用，与股权的长期性不匹配。

4. 价值高的资源，资源方通常不愿意免费导入，也不一定认可初创企业的股权价值。

## 【建议】

对于外部资源合作，有三点建议：

1. 对于价值低、短期性的资源，没必要用股权去交换。对于资源承诺者，优先考虑项目合作，利益分成，而不是长期股权深度绑定。

2. 如果一定要以股权换资源，建议采用"微期权+利益分成"的方式，约定具体的行权条件，且股权比例不宜过高（20%）。

3. 对具体有长期、战略价值的资源，建议采用"微实股+期权+利益分成"的组合方式。事先约定股权兑现、回购的具体条件，协议约定规则，不见结果不兑现股权，约定回购条款。

# 九、没有给未来团队与员工预留一定比例的股权

股权危险指数：★★★

股权纠错成本指数：★★

创业者往往会低估创业的难度，低估发展过程中对人才的需求，认为就凭现有团队足以革命成功。

## 【案例】

Q公司是一家方向为工业人工智能的创业公司，创始团队目前有三人，以技术背景为主，产品、技术较强，但营销是短板，只预留了5%的期权池。

分析来看，这个团队是不完整的，最起码需要一位重量级的营销合伙人加入。同时，核心的技术骨干、营销骨干，也需要股权激励，以加强凝聚力、增强动力。

沟通下来，三人创始团队中有两位不同意进一步稀释出部分股权加大期权池，表面上理由是认为不需要增加合伙人，现有团队足以胜任工作，维持现状即可稳健发展。

机构投资者显然不认可这个结论，所以，Q公司一直没有拿到投资，营销上迟迟没有大的突破，公司艰辛中维持，发展缓慢。

## 【现象】

据统计，有20%以上的创业企业没有给后续人才进入预留股权通道。如果创业团队后续对预留股权招募人才达不成一致意见，这会影响到人才招募，进而严重影响公司发展。

**【问题】**

创业就像接力赛,需要分阶段有计划地持续招募人才。股权是创业公司吸引人才的重要手段。因此,创业团队最初分配股权时,应该有意识地预留一部分股权放入股权池,为持续招募人才开放通道。

**【对策】**

预留股权需要考虑两个需求:

1. 建立一个相对完整的合伙人团队还需要的股权比例。这需要考虑:现有团队的完整程度如何,还需要几位合伙人,大概需要多少股权能够吸引到合适的人。

2. 3～5年内核心员工股权激励的需求,为此需要设定一个多少比例的期权池。初期常见的期权池为10%～20%。过低就会在实际激励中捉襟见肘。

## 十、没有跟配偶签署钱权分离的协议

股权危险指数:★★

股权纠错成本指数:★★

家庭是创业者的港湾与后盾,如何处理好股权的继承问题,需要理性与智慧。

**【现象】**

股权架构设计,不单单只是涉及合伙人之间的事,还与合伙人的配偶有关，涉及一系列的夫妻财产筹划与安排。

大股东离婚案已成为资本市场的一个焦点。无论是日照钢铁董事长杜双华，还是土豆网 CEO 王微、真功夫创始人蔡达标，都遇到同一件麻烦事儿——婚变并导致股权争夺大战。股东婚变，已非婚姻当事人的一己私事，处理不当，其破坏力不仅波及于股东本身，还会影响公司。

据统计，有高达 60% 的创业企业没有就配偶股权做到钱权分离。如果婚姻出现变数，股权会出现纠纷。

## 【问题】

全职直接参与公司运营管理的核心团队是创业合伙人。而容易被忽视的是，创业合伙人的配偶，是背后最大的隐形创业合伙人。中国的离婚率近年有上升趋势，创业者群体的离婚率更是高于平均水平。根据法律，婚姻期间的财产属于夫妻共同财产，除非夫妻间另有约定。

创业者离婚的直接结果是，公司实际控制人发生变更，引发股权纠纷，如真功夫、土豆网等。

## 【对策】

为了既保障公司股权与团队的稳定性，又兼顾配偶合理的经济利益，稳固创业者后方的和谐家庭关系，"配偶股权条款"应运而生。钱权分离，约定股权为创业者个人权益，同时，创业者同意与配偶分享股权变现利益。

1. 钱权分离：原则上，婚姻期间财产是夫妻双方共同财产，但夫妻双方可另外约定财产的归属。钱权分离，约定配偶股权变现利益，放弃股权的管理权。这种方法可以保障公司股权与团队的稳定性，又兼顾配偶合理的经济利益，稳固创业者的和谐家族关系。

2. 实践中，股权投资中的"土豆条款"以"配偶同意函"的形式存在。

3. 股东协议中增加条款，要求所投公司的合伙人（尤其是创始人）结婚或者离婚必须经过董事会，尤其是优先股股东的同意后方可进行。

## 【案例】土豆网 CEO 离婚催生"土豆条款"

2010 年 3 月，土豆网 CEO 王微与杨蕾双方离婚。双方离婚后半年多，2010 年 11 月初，"土豆"先于优酷向美国证监会提交了 IPO 申请。就在外界正猜测优酷与土豆谁将能首先登陆纳斯达克时，意外发生了。

杨蕾在土豆网提交上市申请的第二天，向法院起诉，要求分割婚姻关系存续期间的财产。双方婚姻存续期间，土豆网成立了上海全土豆网络科技有限公司。王微在该公司中占股 95%。这部分股份中，有 76% 涉及夫妻共有财产问题。杨蕾提起诉讼主张其中的一半股份。上海市徐汇区人民法院随后冻结了王微名下三家公司的股权，包括上海全土豆网络科技有限公司的股份。至此，"土豆"的上市计划瞬间泡汤，"土豆"的第一次上市"试水"就此卡壳。

王微与杨蕾于 2011 年 6 月达成庭外和解，王微总共支付前妻杨蕾 700 万美元的经济补偿，使"土豆"上市的障碍被清除了。2011 年 8 月 17 日，"土豆"终于在美国纳斯达克上市了，但因 CEO 王微的离婚而丧失了上市的最佳时机。

土豆网 CEO 王微的离婚官司演变成风险投资机构研究的经典案例，成为风投机构和创业企业谈判桌上博弈的素材。以后风投或私募项目应该把夫妻关系当作考量因素之一，并在投资协议中要求所投公司创始人结婚或者离婚必须经过董事会，尤其是优先股东的同意。这就是"土豆条款"。

# 十一、直接自然人股东过多（5个以上）

股权危险指数：★★

股权纠错成本指数：★★

直接自然人股东过多最大的问题就是造成决策效率低下，"七嘴八舌"，干扰过多。

### 【案例】初期就23个直接股东的创业公司

一家云计算初创公司，因多种原因，直接股东有23人，其中过半为种子投资人，常年不在公司。关于股东决策的方式没有规范，所以每次召开股东会议，都浪费了很多时间。更要命的是，有几位投资人常年在国外或出差，签个名都是快递寄来寄去，几个来回，一个月都过去了。

为了破解这个问题，我们召开了一次"股权设计专题股东会"，给各位股东分析了存在的问题，建议成立一个有限合伙企业作为持股平台，创始人作为GP，其他股东作为LP。股东们达成一致，现场签署股东决议，优化股权架构与公司治理。整合之后，有限责任公司的直接股东就两个，一个是创始人，一个创始人作为GP的有限合伙企业，股权架构简单、清晰、高效。

### 【现象】

推崇"人多力量大"或"抱团取暖"，或出于融资的需要，或其他很多方面的考虑，导致直接股东过多，甚至一上来就十几个、二十几个直接股东。

【问题】

自然人股东过多,直接带来三个问题:

1. 直接股东过多,增加决策成本,降低决策效率

每个股东都会认为自己是企业的主人,在每一个决策中都要主张自己的意见,争吵不下,难以达成共识。每次开股东会都是争争吵吵,极其没有效率,浪费时间。

2. 直接股东多,人多纠纷多,导致公司管理混乱

一家初创公司,有大大小小股东十几个,而且关于股东决策的方式没有规范,所以每次都是为了一个很小的事情召开股东会议,浪费了很多时间,而且往往是议而不决,没有做出决策,还造成股东之间的纠纷。

日常管理上,每个股东都有较强的"主人"意识,都想参与管理,指手画脚,让员工不知该听谁的,导致员工无法正常工作,造成管理上的混乱与无效率。

3. 手续繁杂

每一次工商变更,把签名凑齐都成了一项挑战,甚至要拖上一两个月时间。因此,建议创业者在注册公司的时候,一定要对有限责任公司的直接股东人数慎重考虑,不要因为直接股东过多,影响到公司的正常运营效率。

【对策】

1. 直接的自然人股东尽可能少,最好是两三个直接的自然人股东,其他的股东尽量以持股平台的方式,间接持股。

2. 约定决策程序和机制,形成"听多数人意见、与少数人商量、一个人拍板"的"民主集中式"决策机制。

## 十二、存在直接股权代持问题

股权危险指数：★★

股权纠错成本指数：★★

代持是初创期非常常见的现象，但建议一旦企业进入正常发展轨道，尽可能规范代持问题，尽可能避免直接代持。

### 【现象】

据统计，近 60% 以上的初创企业，存在代持问题。

股权代持又称委托持股、隐名投资或假名出资，是指由于各种原因，一方主体（隐名股东）不愿意直接在公示资料中体现为公司的股东，而与另一个主体（显名股东）约定，由显名股东代其持有公司股权的现象。简单地讲，因各种原因，出钱的人借用别人的名义、身份证去注册股权。

### 【问题】

根据最高法的判例，股权代持在一定法律程序下是受保护的，但代持有风险。
对企业而言，有两大风险：

1. 最大的风险在于可能因代持陷入股权纠纷、股权界定不清晰的困境，影响企业的资本运作。

2. 对公司经营管理的影响。隐名股东参与公司经营管理事项的决策只能通过显名股东代为表决，如果公司重大事项的表决未按隐名股东的意愿做出，则隐名股东很可能丧失在公司中应有的表决权利，抑或是显名股东为了自己的利益或其他目的擅自做出决策，不仅损害公司利益，更可能侵害了隐名股东的权益。

对被代持人即出钱的股东而言，至少有三类风险：

第一类，代持股东背信弃义。把你的股权卖了，或跟其他股东串通起来，做出一些对你不利的决策等。如显名股东不按隐名股东的意愿行使表决权，私自占有、收益或擅自处分股权等情形。

第二类，代持股东出现意外，比如他死亡了，或者他欠债了，被法院强制执行，这样会执行他的股权或者他的家属来继承他的股权。

第三类，显名风险，想变成正式的名义上的股东，这个时候发现其他股东不同意。根据有关规定，如果隐名股东请求公司变更股东并办理工商登记的，必须经公司其他股东半数以上同意，否则人民法院不予支持。

总体上，股权代持协议的签署在通常情形下是有效的，如果显名股东能完全按照隐名股东的意愿履行相应的权利义务，则这种代持关系可以维持相对稳定，不过一旦出现纠纷，则股权代持将会是一个较为复杂的法律关系，不仅包含协议双方，还牵涉公司所有的股东及第三人等，且最终的结果也很难确定。

## 【对策】

对代持的三点建议：

1. 尽可能减少代持，最好不出现代持，这是稳妥的做法。

2. 如果代持不可避免，应通过持股平台间接代持，增设防火墙，以最大限度地降低代持可能对公司的影响。

3. 确保代持名义股东与实际出资人之间的股权代持协议的合法有效，规避风险。

名义股东与实际出资人在签订股权代持协议的同时，应当签订名义股东与实际出资人之间的借款合同，名义出资人为保障实际出资人的借款债权将其名下股权质押给实际出资人，并办理股权质押工商登记。名义股东法律上持有代持股权，但该股权又被质押给实际出资人，实际出资人在法律上占有并锁定代持股权。

### 【案例】

甲乙均为自然人，C为有限责任公司，乙作为C的早期投资人，持有C部分股权。甲乙协商，乙实际出资占40%的股权，但该部分股权仍由甲表面持有，双方签订了《代持协议》约定：乙占股C公司的40%，C的股权在公开市场流通前，由甲代持该部分股权。之后，由于经营不善，C的股权价值大幅度降低，由此导致乙投资失利，于是乙起诉到法院要求确认《代持协议》无效，并判令甲将股权转让款全部返还。

《代持协议》是否有效，关键要分析甲乙关于股权转让与委托持股的民事法律行为的法律效力。

以上逐一分析了股权架构设计中常见的十二个缺陷，并针对性地给出了建议与对策。已有公司的创业者可以对照自己公司的股权架构，自诊一下，看是否落入坑中、如何择机优化；准备注册公司的准创业者可以好好设计股权架构，避开这些坑。

本章侧重于对单一问题进行点对点的分析与解决，而股权问题事实上是一个系统性、体系化的顶层设计问题。所以，我们应系统地分析、整体设计股权架构，这就是"三股五步法"，下一章见！

**本章思考题：**

**1.** 对照十二大坑，诊断自己公司股权设计陷入了哪几个坑。

**2.** 优化自己公司股权架构的实操措施。

第二篇

# 股权架构

# 第三章 "三股五步"构建股权架构

凡事预则立,不预则废。言前定则不跲,事前定则不困,行前定则不疚,道前定则不穷。 ——《礼记·中庸》

不谋万世者,不足谋一时;不谋全局者,不足谋一域。——陈澹然[清]

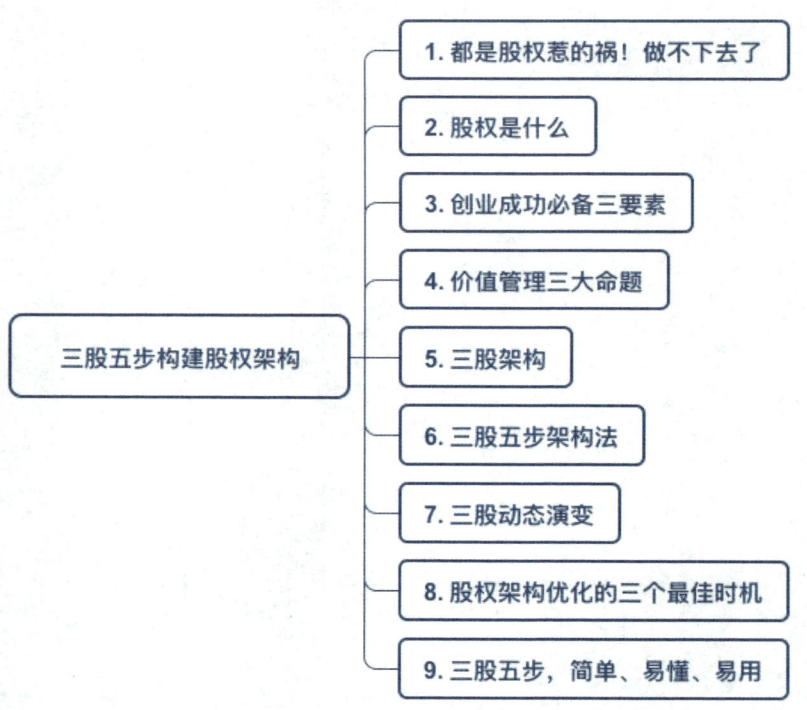

图 2-1 三股五步构建股权架构

股权，是什么？

对创业者而言，股权代表着梦想、权力、财富；

对员工而言，股权代表着进取与希望；

对投资人而言，股权代表着信任与回报；

对公司而言，股权链接着公司的人财物、利益分配与公司治理，代表着共识共担共创共享的理念与文化。

所以，股权架构设计是公司的顶层设计，股权无小事，事关公司长期发展，事关相关利益方的诉求。

股权问题处理不好，股东们从"同心同德"到"同床异梦"到"同室操戈"，到最后"同归于尽"，再好的产品、技术与运营，都会功亏一篑。

设计好股权架构，做大"蛋糕"，成就的是"创业故事"与中国"合伙人"；设计不好股权架构，摔碎"蛋糕"，酿成的是"创业事故"与中国"散伙人"。

下面，让我们先从一次股权对话开始。这是我辅导的一个真实的案例，这个案例将贯穿本书的第三至九章，每章开头以真实的对话探讨股权的实际问题，引出理论，每章最后再回到对话，总结回尾。

## 一、都是股权惹的祸！做不下去了

2016 年 8 月的某天周一下午 3 点，张总如约准时来到我在上海的办公室。张总刚刚结束上一次创业，准备正式开启第二次创业征程，经朋友推荐，找我咨询新公司的股权架构设计问题。

我们的对话直奔主题。

我："张总好，听朋友说，你刚离开上一家公司，你还是上一家公司的创始人和实际操盘手。那为什么离开了，准备重新创业？"

CEO 张："都是股权惹的祸！做不下去了！"

我："具体说说，怎么回事？"

CEO 张："事情是这样的，当初我和几个朋友有做一个行业性移动互联网交易平台的想法，但我们缺少启动资金，就找了一个实业公司的陈总来投资。协商的结果是：合计出资 400 万元，其中陈总出资 320 万元占股 80%，不参与日常管理，我和团队出资 80 万元占股 20%，全面负责日常管理。由于时机对、切入点对，上线后三个月移动平台的月流水过 2 亿，拿到了国内顶级投资机构估值 1 亿的投资意向书。但投资机构一尽调，就明确因股权架构问题无法投资，一是财务投资人占股过高，二是创始团队在股权上没有经营管理的话语权，三是公司长期发展的独立性不强。投资没拿成，结果两边起火，团队这边原来就觉得拿这点股权、拿着低工资不值，而陈总那边觉得这个公司还蛮值钱的，想合并到自己的公司。所以，彻底没法干下去了！"

我："呵呵，你这个公司的股权架构，一上来踩了股权架构十二坑中的至少五六个坑，名副其实的'踩坑大王'啊。"

张总的脸一红。

CEO 张："所以，现在准备重新创业，先来找王老师设计下股权架构，别再踩坑了，伤不起呀，时间和机会成本太高了！"

我："OK，我们需要好好规划下新公司的股权架构，不要再犯致命的错误了。"

CEO 张："王老师，需要提供哪些信息？"

我："我们先来探讨三个关键问题：

Q1: 股权是什么？股权的本质是什么？

Q2: 创业需要什么？什么因素是创业成功必要的、需要用股权深度链接的要素？

Q3: 如何评估各要素的价值贡献、合理分配价值，并针对性设计股权架构和规则？

探讨清楚这三个问题，我们就知道如何来设计一个'合法、合理、合情'、有利于企业长期发展的股权架构和规则了。"

……

下面内容，就是当天与张总聊的主要话题。

## 二、股权是什么

Q1: 股权是什么？股权代表什么？股权的本质是什么？

搞清楚股权是什么，我们才能进一步探讨如何设计"合法、合理、合情"的股权架构。

股权的界定，有两重意义：一是法律上的意义，二是管理上的意义。

从法律上，股权是股东权利的简称，通俗的解释是：股权即股票持有者所具有的与其拥有的股票比例相应的权益及承担一定责任的权利。

《公司法》（2016 年版）第四条：公司股东依法享有资产收益、参与重大决策和选择管理者等权利。

具体而言，公司股东享有以下十项主要权利，简要地介绍如下。

**1. 法律意义上的股东权利**

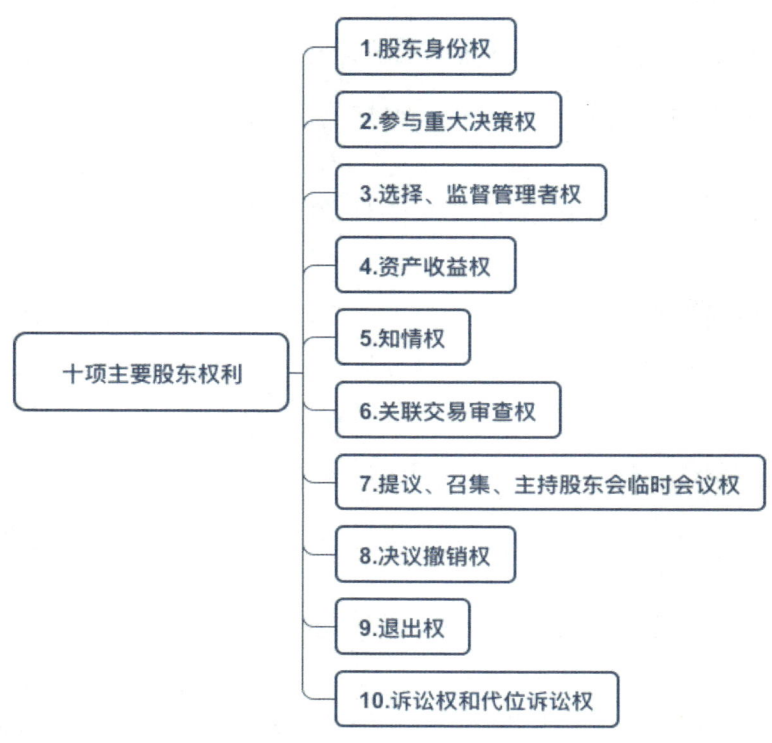

图 2-2　十项主要股东权利

（1）股东身份权：股东应当重视股东名册的登记和工商登记，这些是主张股东权利的直接证据。

（2）参与重大决策权：股东会是公司的权力机构，有权决定公司的经营方针和投资计划，审议批准公司的年度财务预算方案、决算方案、利润分配方案和弥补亏损方案，对公司增加或者减少注册资本做出决议，对发行公司债券做出决议，对公司合并、分立、变更公司形式、解散和清算等事项做出决议，修改公司章程等。股东会会议做出修改公司章程、增加或者减少注册资本的决议，以及公司合并、分立、解散或者变更公司形式的决议，必须经代表 2/3 以上表决权的股东通过。

（3）选择、监督管理者权：股东会是公司的权力机构，决定公司的重大事项，将经营权授予董事会和董事会聘任的经理。

（4）资产收益权：最直接的体现就是股东按照实缴的出资比例或者章程规定的其他方式分取红利；在公司新增资本时，除非公司章程另有约定，股东有权优先按照实缴的出资比例认缴出资。

（5）知情权：股东享有了解公司基本经营状况的权利。

（6）关联交易审查权：公司的控股股东、实际控制人、董事、监事、高级管理人员不得利用其关联关系损害公司利益。违反该项规定，给公司造成损失的，应当承担赔偿责任。

（7）提议、召集、主持股东会临时会议权：代表 1/10 以上表决权的股东（以及 1/3 以上的董事、监事会或者不设监事会的公司的监事）有权提议召开股东会临时会议，董事会应当根据提议召开临时会议。

（8）决议撤销权：公司法赋予小股东请求撤销程序违法或者实体违法的股东会、董事会决议：股东会或者股东大会、董事会的会议召集程序、表决方式违反法律、行政法规或者公司章程，或者决议内容违反公司章程的，股东可以自决议做出之日起 60 日内，请求人民法院撤销。

（9）退出权：股东在一定情形下退出公司或者解散公司。

《公司法》规定，有下列情形之一的，对股东会该项决议投反对票的股东可以请求公司按照合理的价格收购其股权：①公司连续五年不向股东分配利润，而公司该五年连续盈利，并且符合本法规定的分配利润条件的；②公司合并、分立、转让主要财产的；③公司章程规定的营业期限届满或者章程规定的其他解散事由出现，股东会会议通过决议修改章程使公司存续的。自股东会会议决议通过之日起六十日内，股东与公司不能达成股权收购协议的，股东可以自股东会会议决议通过之日起九十日内向人民法院提起诉讼。在公司经营管理发生严重困难，继续存续会使股东利益受到重大损失，通过其他途径不能解决时，持有公司全部股东表决权百分之十以上的股东，可以请求人民法院解散公司。

（10）诉讼权和代位诉讼权：董事、高级管理人员违反法律、行政法规或者公司章程的规定，损害股东利益的，股东可以向人民法院提起诉讼。

### 2. 管理意义上的股权

法律意义上的十项股东权利，在管理实践中，通常把上述的股东权利归为三大类：所有权、收益权、管理权（决策权），奉行"三权分立"法则，如下图所示：

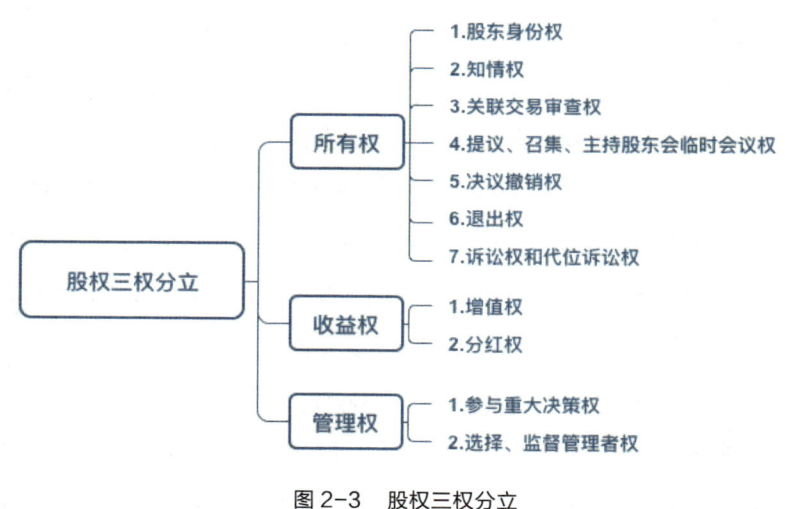

图 2-3　股权三权分立

"三权分立"法则是我们在股权架构设计、股权分配、股权激励过程中应用的重要法则。

【法律条款】(《公司法》2016年版)

第三十四条 有限责任公司股东按照实缴的出资比例分取红利;公司新增资本时,股东有权优先按照实缴的出资比例认缴出资。

但是,全体股东约定不按照出资比例分取红利或者不按照出资比例优先认缴出资的除外。

对于分红权,《公司法》给出了一般规则,即股东按照实缴的出资比例分取红利;但同时充分尊重股东意思自治,允许股东以约定方式改变红利的分配规则,改变后的分配比例、方式没有任何限制,完全由股东商定。这是所有权、收益权、决策权三权分立的法律依据。

所有权、收益权、决策权三权分立的常用方式有四种:投票权委托、一致行动协议、有限合伙企业持股、AB股,即同股不同权。这四种方式的具体内容和实际操作,我们将在第四章"创始人是舵手"中详细阐述。

### 3. "责权利险能"——股权纠葛的主因

通过对股权纠纷的原因进行分析,发现股权纠葛的主要原因是"责权利险能"不匹配。创始团队股权纠纷80%的问题与"责权利险能"匹配相关,即与"责权利险能"界定不清、不匹配有关。

图2-4 股权是责权利险能的有机统一

（1）责任：需要承担的责任是什么？

（2）权力：拥有哪些实际权力？

（3）利益：利益是什么？

（4）风险：承担什么风险？多大的风险？拿什么来承担对应的风险？

（5）能力：是否有完成责任、行使权力、分享利益相匹配的能力？如何问责？

股权是权力与利益的综合体，是责权利险能的五位一体的具体体现。无论是轮番上演的知名企业股权大剧，还是在中小企业不断引发的股权纠纷，究其背后，争的是权与利，实质是责任、权力、利益、风险、能力之间的错位！

①责任与股权的错位。

股权平均引发纠纷的主因是股权平均，但责任不可能平均，短期还能容忍，但长期肯定引发冲突。一家公司的老大所承担的责任、压力，是任何其他人所无法比拟的，可能比其他所有人的总和还要多。如果老大的股权过低，显然是有问题的。

②责任与能力的错位。

企业的成长会对合伙人不断提出更高的要求。如果合伙人无法快速成长，可能就跟不上企业成长的要求，能力无法胜任岗位，无法担当应承担的责任，出现合伙人掉队现象。这是创始团队在企业成长过程中必须面对、解决的问题。

③责任与风险的错位。

责权利的背后是风险，给你责任、权力、利益，成了固然皆大欢喜；但亏损了、办砸了，你如何承担责任，背后的风险你拿什么来担当。这是极易引发经营团队与投资人冲突的地方。投资人出的是真金白银，但承担经营责任的主要是经营团队，但如果经营失败，投资的资金打了水漂，主要是投资人承担风险。所以，通常的建议是经营团队也要部分出资，并拿低于市场正常水平的工资，以表示与投资人共同承担责任和经营风险。

④能力与股权的错位。

正常情况下,股权应与责任对应。如果股权拿了,但能力不足,责任完不成,股权还占着,问题就来了。正如马化腾在回顾腾讯创业初期的股权分配时所说:"有人想加钱占更大的股份,我说不行,根据我对你能力的判断,你不适合拿更多的股份,因为一个人未来的潜力要和应有的股份匹配,不匹配就要出问题。"

【案例】

在一次课堂上,一位 CEO 学员提出了自己的问题。创业之初,他拉了一位技术同事作为技术合伙人,CTO,给了 10% 的实股。创业一年下来,这位 CTO 显然无法胜任,成为团队的短板。问题来了,10% 的股权已工商变更,而且当初没有约定如何动态调整。

这该如何处理?

故,股权纷争的背后是责权利险能的匹配问题。企业的发展是动态的,责权利险能的匹配也永远是一个动态的过程,所以股权分配也应该是一个动态进化与调整优化的过程。

明晰了股权是什么、股权的实质是什么,自然而然就面临第二个问题:需要用股权链接哪些必要的要素,即创业成功必备的要素是什么?

## 三、创业成功必备三要素

Q2:创业成功到底需要什么要素,最重要的因素到底是什么?

为什么同一时机、同样的商业模式,有的企业成功了,有的企业失败了,差别在哪里?

在对上千家企业股权培训、咨询与辅导的实操过程中,通过不断的碰撞、总结与提炼,我把创业的关键成功要素归纳为最重要的三要素:**人力、资金、资源**!

### 1. 第一要素:人力——团队

一个有凝聚力、执行力、核心竞争力的创始团队是创业最重要的要素,团队把握机会的能力、执行力、适应能力、灵活性是决定性因素。没有超强的团队,再好的商业模式也只能停留在商业计划书里。

天使投资人徐小平先生说:"合伙人的重要性超过了商业模式和行业选择,比你是否处于风口上更重要。"这是因为企业随时都会面临风险,需要解决问题,有了合伙人就可以一起应对风险。

### 2. 第二要素:资金——资金是企业的血液

多数创业企业都会面临资金紧缺压力,尤其是初创期。资金是一个企业的命脉,是企业创建、生存和发展的必要条件。想创办一家企业需要资金,而企业在运转过程中更需要大量资金。在一定时间内缺少资金,出现了造血功能障碍,又没有新的血液(资金)输入,企业的生命就会很快枯萎、死亡,这是不争的事实。

### 3. 第三要素:资源——助力创业的启动、加速

尤其是在创业初期,创业公司没有品牌,实力不强,在市场竞争中往往处于不利地位。在这个阶段,适用的资源如供应链资源、客户资源、人脉资源等,能够加速创业公司的成长,对公司是至关重要的,而且部分资源又是

无法用钱买来的。

团队、资金、资源是创业成功的三大主要的、不可或缺的必备要素。

那么，如何用股权深度链接这三大必备要素，就面临第三个难题：

Q3: 如何评估各要素的价值贡献、合理分配价值，并针对性设计股权架构和规则？

**德鲁克说：**"没有评估，就没有管理。"追根溯源，就追溯到价值管理的三个本质命题：价值创造、价值评估、价值分配，即什么创造了价值、如何评估价值、如何分配价值。

深入分析，你就会发现，创业成功必备三要素价值创造的方式不同、价值评估规则不同，价值分配的规则自然不同。

## 四、三要素的价值管理

### 1. 价值管理的三大命题

#### 1.1 价值创造

谁创造了价值→对它创造的价值进行评估→按照一定的标准进行价值的分配，这是完整的逻辑过程。价值创造需要回答谁创造了价值，是价值评估、价值分配的基石，回答不了谁创造了价值，也就无法解决价值评估和价值分配问题。做大蛋糕才有得分，蛋糕做不大，根本就没啥可分。

#### 1.2 价值评估

价值创造解决了价值源泉问题，但是否创造了价值、实际创造了多少价值，需要我们去度量，即确定各价值创造因素的价值贡献度，这就是价值评估需要解决的问题。

从价值分配的角度看，没有价值评估的价值分配，因为缺少了分配的依据，必然分配不公平、不合理。所以说，价值评估是一种纽带，它把价值创造与价值分配紧密结合起来了。

正确、有效的价值评估能够协同价值创造与价值分配，是有效价值分配的前提条件。缺少有效的价值评估，就无法进行有效的价值分配。

### 1.3 价值分配

价值分配是在价值创造的基础上，根据价值评估的结果进行的。有效的价值分配能够解决价值创造的动力问题，甚至是源泉问题，特别是以人才为主要驱动要素的知识经济时代。

价值创造、价值评价，基本上不涉及利害关系，但价值分配与价值创造各方的利害攸关。在价值链上，价值分配处于一个非常重要的地位。这个问题解决不好，必然导致价值链的脱节，使价值创造、价值评估无法实现，进而激励机制的导向和牵引作用也就无从谈起，相反将引发各种矛盾。

## 2. 创业三要素的价值管理

具体到创业成功必备三要素，人力、资金、资源三者的价值创造、价值评估、价值分配差异甚大。

### 2.1 三要素的价值创造

人力，主要靠脑力和体力来创造价值，体现为用心、创意、业绩，需要有一个时间过程、验证过程。

资金，对出资方而言，出资到位即为价值创造到位。至于如何去用好这笔资金、资金价值最大化，则是人力（团队）的问题。

资源，真正为创业企业所用、产生结果、创造价值，才是真正的"资源"，所以产生价值需要一个"兑现"过程。

### 2.2 三要素的价值评估

如何评估创业成功必备三要素，人力、资金、资源的价值是股权设计的重点与难点，而且三者的评估方式与规则是完全不同的。

人力，即团队价值的评估，一是评估能力、行为、价值观；二是评估业绩，即成果或结果。人力价值的体现和评估需要考虑时间因素，而且往往有主观的成分在里面。

资金价值的评估相对客观、即时，资金到位即为价值体现，1000万元就是1000万元，不论这1000万元是谁出的。

资源价值的评估只能以成果或结果来考量，在没有体现为结果之前，资源只能定位为"可能创造价值"，而且这种"可能"往往不是企业单方面可以掌控的。所以，需要以客观的结果进行评估。

### 2.3 三要素的价值分配

**人力的价值分配，以时间、贡献为主，以有效的绩效评估为基础；资金的价值分配，出资到位，即时兑现；资源的价值分配，以结果为准，兑现结果的同时兑现股权，"不见兔子不撒股权"。**

股权激励解决的主要是价值评估与价值分配问题，但同时，也解决了价值创造的动力问题。把一群人用正确的股权激励方式组织起来，可以以前所未有的力量释放人的潜能，让他们做到原本不可思议的事。

## 3. 三要素对应三股

正因为三要素在"价值创造、价值评估、价值分配"三大命题上都是差异甚大，混为一谈，理不清，"剪不断，理还乱"。所以，顺其自然、水到渠成地把创业成功必备三要素，相对应地区分为人力股、资金股、资源股，称之为**"三股架构法"**，用来设计企业的整体股权架构。

许多股权纠纷难以解决，主要原因就是把原本价值创造方式、价值评估标准、价值分配方式与不同的股权因素混为一谈，没法谈清楚，没法谈明白。道理很简单，1000万元的订单、100万元的投资、1000万元的供应链资源，这三者无法简单地比较哪个对公司的发展更重要。正如同,你无法比较眼睛与耳朵,手与腿,那个对人更重要一样。

**人力股、资金股、资源股的区分,路归路,桥归桥,把问题归类处理,把三者区分开来,分开来谈,分别针对性地约定各自的评估和分配规则。**

图 2-5　三股架构图

把三者区分的一个现实原因,三者的适用法律不同。人力股,应当主要以期权方式体现,属于企业和团队的激励范畴,在工商登记前适用企业的股权激励管理办法和《劳动合同法》,行权、工商登记后适用《公司法》《合伙企业法》;资金股,出资到位、工商登记即适用《公司法》;资源股,兑现前基于契约,主要适用《合同法》,兑现后适用《公司法》。

## 五、三股架构

下面来逐一、具体地分析人力、资金、资源三股:

| 要素 | 权重 | 规则 | 常见比例 |
|---|---|---|---|
| 人力股 | X% | 按贡献分配 | 30%~80% |
| 资金股 | Y% | 按出资分配 | 20%~50% |
| 资源股 | Z% | 按兑现分配 | 10%~30% |
| | 100% | | |

表 2-1　三股架构表

## 1. 人力股

三股之中的人力股，激励团队的股权部分，是股权架构设计中的核心，也是最让人头痛、纠结、引发冲突的部分。

以下几个问题是设计人力股需要深入思考的：

### 1.1 人力股占多少（定总量）

人力股占比的通常区间为 30%～80%，具体的占股比，视商业模式、资金需求、团队成员而定。一般而言，轻资产、高科技、互联网类等人力导向型、技术密集型、人才密集型公司，建议人力股占比 50% 及以上为宜，甚至达到 80%；重资产、重资源类等资金密集型、资源密集型公司，人力股占比 50% 以下，以 20%～30% 为宜。

### 1.2 人力股分给谁

人力股的分配对象分为创始团队、核心员工两个层面，通常体现为针对创始团队的股权分配、针对核心员工的期权池两个部分。

创始团队通常构成为创始人加上 2～4 个联合创始人，是创业启动的原动力，是人力股的主要对象。具体的分配，在第五章《创始团队股权分配》中详细讲述。

核心员工是股权池针对的激励对象，通常是创业到了某一里程碑阶段，比如天使轮融资、产品正式上线等，创业明朗化、股权价值显现的情况下，从年限、业绩、岗位、贡献等方面进行价值评估，实施股权激励。股权激励的具体细节，将在专门章节中详细讲述。

**1.3 人力股如何分**

人力股是人力资本在股权上的价值体现，评估的规则是贡献，谁的贡献大，谁就应该分得多。具体分配细则，在第五章节《创始团队股权分配》中详细讲述。

## 2. 资金股

资金股的评估规则是出资多少，按出资比例，"金钱面前，人人平等"，谁出资多，谁占股多。

在实际操作中，通常把资金股细分为内部资金股、外部资金股。内部资金股对创始团队融资，估值偏低；外部资金股对外部投资机构融资，估值参照市场价。

**2.1 内部资金股，针对内部投资者，出钱，也出力**

为什么设内部资金股，团队只分人力股不可以吗？

首先，创业需要启动资金（种子资金），而且这个钱，最好是创始团队来出。

其次，出钱是一种态度，一种风险担当的决心、勇气和精神，是 all-in 的体现。

最后，完全不出钱的创始团队，很难让外部投资者信任，也就很难吸引到投资。

内部资金股的设计，通常的做法是：与外部投资者相比，按一个优惠的内部估值，针对角色设定一个认购上限，让创始团队各成员自行认购。通常建议创始人认购至少过半，甚至 80%，联合创始人累计认购余下部分。

**2.2 外部资金股，针对外部投资者，只出钱，不出力**

这个很简单，通常是在项目正式启动、团队磨合一段时间后启动对外融资。通常第一轮融资释放的股权比例为 5%～30%，具体视项目资金需求、项目成熟度、商业模式、团队成熟度、资金市场情况等确定，具体细节见第九章《股权融资的常识》。

### 3. 资源股

资源股是许多创业公司没有明确列出，却事实上大量存在的一个类别。资源股的评估规则是按约定兑现了多少价值，兑现了多少股权。因为资源再多再好，没兑现，对公司没有产生实际价值，资源是没什么实际意义的。

不可否认，一部分创业公司的资源股名副其实，为公司的发展提供了不可或缺的支持与帮助。然而，接触的相当一部分创业公司，资源股却成为说不出的痛，"就算交了学费"。不可否认、不可忽视的事实是，资源股成为社会上一些忽悠大师、自诩明星的温床！拿着股权，却没实际贡献。

【案例1】：一位创始人，碰到一位号称政府资源如何如何牛的牛人，承诺给公司争取到上千万元的补贴。创始人超激动，一上来就赠送了对方10%的股权，在公司注册之初就直接注册了。结果呢？三年下来，啥也没有。可是，对方也不愿意让出这10%，除非创始人按当前估值回购。

【案例2】：一个创始人，给了一位上市公司高管张先生5%的股权，期待这家上市公司给自己公司带来一定的订单。悲催的是，张先生，所谓的高管，不久就调整了原有岗位。结果，创业公司没有得到这家上市公司的一张订单，但张先生却不愿轻易退出5%的股权。

诸多的案例都证明，多数创业者都高估了资源变现的能力。无法变现的原因，一是受限于资源承诺者对资源的真实掌控能力；二是受限于创业公司自身的承接能力，是否有能力变现。

不管什么原因，只要资源没有变现，没有转变成公司的业绩，再多的资源都与你没有一毛钱的关系。所以，建议：

（1）合作之初，资源股建议以受限股或期权的方式操作，不建议在资源变现前体现为实股，不建议轻率地进行工商登记。

（2）尽可能以持股平台间接持股的方式持股。

（3）资源股应明确规则，约定解锁或行权条件，责与利对等，激励与约束对等。

接下来，我们具体阐述三股五步法的操作步骤。

## 六、三股五步架构法

股权架构设计初始化的目标，一是解决当前的问题；二是为后续发展打好基础，留下发展进化的空间。具体而言，人力股主要解决创始团队的股权分配问题，期权池为新进人才预留空间；资金股主要解决启动资金、引进投资机构资金；资源股主要解决启动阶段的资源问题。

三股五步法，回归创业成功三要素的价值创造、价值评估与价值分配的根源，区分对待，系统化、模式化、整体性解决股权架构。

具体操作分为五步：

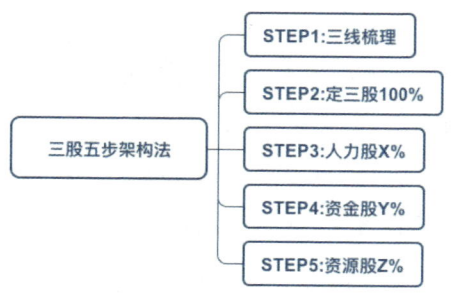

图2-6　三股五步架构法（五步）

## 1.STEP1：梳理业务线、人才线、资金线三大主线

股权架构设计着眼公司的长远稳健发展，为战略服务。因此，第一步对公司发展规划进行整体梳理，明确公司发展的节奏、阶段，各阶段"要做什么、要多少、什么样关键人才、要多少资金"。

| 三大主线＼时间 | 第一年 | 第二年 | 第三年 | 备注 |
| --- | --- | --- | --- | --- |
| 业务线 | 阶段性目标、里程碑 | | | 关键节点 |
| 人才线 | 每个阶段重点引入的人才、分配股权的对象原则是：核心竞争力、核心业务、核心人才 | | | 关键人才核心竞争力 |
| 资金线 | 每个阶段的资金需要、资金缺口、资金来源 | | | 现金流 |

表 2-2　公司发展三大主线要素梳理表

## 2.STEP2：定出三大股的权重

创始股东按民主集中制的原则，以匿名投票的方式，各自填写出自己的意见，然后取平均值，如分歧较大，则说明自己的理解与理由。最后，按集中的原则，由创始人拍板确定人力股、资金股、资源股的各自权重，如下表所示：

| 要素 | 权重 | 参考区间 |
| --- | --- | --- |
| 人力股 | X% | 30%~80% |
| 资金股 | Y% | 20%~50% |
| 资源股 | Z% | 10%~30% |
| 合计 | | 100% |

表 2-3　三股权重

在此基础上，分别定出人力股、资金股、资源股的细分方案，如下表所示：

| 类别 | 细分 | 常用方式 | 分配规则 | 兑现（成熟）规则 |
|---|---|---|---|---|
| 人力股 | 创始团队 | 实股+受限股（或期权） | 按贡献分配目标达成考核挂钩 | 按项目进度、融资贡献考核、业绩考核 |
|  | 核心骨干 | 期权、业绩股 |  |  |
| 资金股 | 内部 | 启动资金 | 按出资 | 出资到位 |
|  | 外部 | 估值 |  |  |
| 资源股 | 上下游、合作方 |  | 按兑现分配 | 资源变现 |

表 2-4　三股细分方案

### 3.STEP3：人力股分配方案

人力股针对全职核心人才，分配的原则是谁承担的责任大、贡献大、能力强，谁就分得多。通常分为创始团队股权、期权池两个部分，前者针对创始团队成员，后者针对核心骨干员工。创始团队股权分配将在《创始团队的股权分配》章节中详细阐述，期权池的分配将在《股权激励》章节中阐述。

### 4.STEP4：定出资金股的内外融资估值与方案

如上表所示，资金股通常分为内部资金股、外部资金股。内部资金股针对创始股东，解决启动资金（种子资金）问题，估值由创始股东协商确定，通常考虑启动资金的需求。外部资金股，通常考虑近一两轮融资的需要而预留股权。当然，也可以暂时不考虑预留外部资金股，待实际融资时再同步稀释股权。

### 5.STEP5：约定出资源股的兑现条款、交易结构

针对外部合作的机构或个人，约定具体兑现条款与交易结构，按协议兑

现股权。

下面，以一个实操案例，来演示三股五步法的实际操作过程与步骤。

### 6. 实操案例：三股五步设计初创公司的股权架构

F公司创业项目为1~12岁儿童的绘本阅读及素质教育平台，初创团队4人，角色分别为CEO、COO、CTO、CMO。正式注册公司前，2017年4月找到我们的股权咨询项目组，咨询股权架构设计相关问题，给后期的发展做好顶层设计，以免后患。

咨询项目组，与创始团队一起梳理其股权架构方案，达成初步方案。整体过程按三股五步法操作：

**STEP1：与创始团队一起梳理创业规划，即业务线、人员线、资金线**

业务线：

第一阶段：2017年4月筹备，5月自筹资金到位、正式启动，6月开出第一家线下店中店（与书店合作，划出一个区域专用），9月线上平台正式上线，10月开出第二家店中店，12月底开出第三家店中店。

第二阶段：2018年在华东市场拓展店中店20~30家，线上付费会员2~3万个。

人才线：2017年9月前8人，2017年底20人，2018年50~60人。

资金线：2017年5月自筹资金50万~80万元作为启动资金，年底跑出可复制的单店模型，启动天使轮融资。

**STEP2：定出人力股、资金股、资源股的权重**

咨询师先让四位创始股东各自打分，然后取平均值，最后达成共识：人力股50%、资金股40%、资源股10%，如下表：

| 三股 | 权重 | 股权细分 | | 股权类型 |
|---|---|---|---|---|
| 人力股 | 50% | 创始团队 35% | 创始人 20%<br>COO、CTO、CMO各5% | 受限股，四年锁定期 |
| | | 期权池 15% | 骨干员工，天使轮后 | 期权，四年行权期 |
| 资金股 | 40% | 内部资金股 30% | 实股认购2万 1%即估值200万元 | 实股 |
| | | 外部资金股 10% | 天使轮按2000万~3000万元估值对外融资 | 实股 |
| 资源股 | 10% | 3%、5%、8%、10% | 导入会员数分级兑现 | 期权 |

表 2-5　三股五步案例

**STEP3：定出人力股分配与激励方案**

人力股整体占股 50%，根据团队对各自角色定位和责权利能的分析，并达成共识：

（1）人力股 CEO 占股 20%，三位联合创始人分别占股 5%；

（2）统一为受限股，四年锁定期，解锁条件为公司总目标达成、个人业绩考核不低于 80 分（100 分制）；

（3）统一约定一致的调整、退出、兑现条款。

**STEP4：定出资金股的内外融资估值与方案**

资金股整体占股 40%，内部资金股 30%，按 2 万 1% 的价格自筹资金，创始团队认购。内部认购比例为：创始人认购 20%，三位联合创始人分别认购 4%、3%、3%，内部融资 60 万元，作为启动资金。

外部资金股 10%，对外按 2000 万～3000 万元估值融资。同步约定，如 10% 的股权融资满足不了资金需求，则同比再稀释 10%～20% 进行融资。

**STEP5：定出资源股兑现条款**

与一家有会员资源的上市公司合作，约定导入收费会员 1 万名，对方占股 3%；导入收费会员 1 万 ~ 3 万名，对方占股 5%；导入收费会员 3 万 ~ 10 万名及以上，对方占股 8%；导入收费会员 10 万名及以上，对方占股 10%。

最后，把以上内容整理成文，形成《合伙人章程暨股东协议》，整体股权架构成型，基本可以支撑公司未来三到五年的发展需要。

## 七、三股动态演变

随着公司的发展，股权架构不可能一成不变，应动态进化与调整。

比如，对资金的需求超过当初的预期，或实际融资的估值低于当初设想的估值，前期预留的资金股已全部用完，应该三股同比例稀释出需要的资金股用于融资，这实质上是在加大资金股的比例。

如果期权池已用完，需要引进更优秀的人才，或对员工进行更大力度的股权激励，应三股同比例稀释出需要的人力股用于股权激励，这实质上是在加大人力股的比例。

如果资源股已用完，需要以股权换资源，应三股同比例稀释出需要的资源股，这实质上是在加大资源股的比例。

更为重要的是，企业在不同的发展阶段，面临的挑战不同、问题不同，所以，股权架构设计的侧重点也不同，如下表：

| 发展阶段 | 主要目标或挑战 | 关键任务 | 股权架构设计侧重点 |
| --- | --- | --- | --- |
| 初创阶段 | 如何生存 | 确定市场<br>开发产品和服务 | 合伙人团队股权分配<br>启动资金、天使轮融资、启动资源 |
| 成长阶段 | 如何成长<br>组织的规模扩张 | 获取资源<br>运营管理 | 融资、整合资源、股权激励 |
| 扩张阶段 | 有计划的规模成长 | 管理规范化 | 股权激励 |
| 成熟阶段 | 以规范的方式传播企业文化 | 企业文化 | 控制权 |

表 2-6　不同阶段的股权架构设计侧重点

### 1. 初创阶段

这个阶段的主要目标和挑战是如何生存下去，活着才有机会，关键任务就是确定目标市场，开发适销对路的产品和服务。在这个阶段，公司品牌、资源等都是匮乏的，所拥有的就是做起来很值钱、做不起来不值一毛钱的股权。所以，如何通过股权凝聚合伙人团队去拼搏，如何用股权去融资、去置换必要的资源是这个阶段的侧重点。其中，重中之重就是创始团队股权的分配问题，涉及合伙人如何进入、如何分配、如何退出的问题。

这个阶段通常是内部资金股、人力股占比高，外部资金股和资源股占股较低。

### 2. 成长阶段

这个阶段的主要目标和挑战是如何成长、规模扩张，关键任务是获取成长所需要的资金、资源。通常这个阶段需要大量、多轮次（pre-A、A、B 轮）的融资，面临着公司如何估值，投资机构对公司评价的问题。在整个商业模式中，其中的交易结构可能是重中之重，需要慎重考虑。

这个阶段通常是资金股和资源股占股会随着融资、整合资源的进度而提高。

### 3. 扩张阶段

这个阶段的主要目标和挑战是有计划地规范成长、做大规模，关键任务是管理规范化。公司进一步发展、扩张，面临融资、分股分权分钱的问题。这个阶段如何做好股权激励，凝聚众人齐心协力，把公司做大做强，是股权架构设计的重心。华为就是股改成功、企业扩张成长的最佳案例。

这个阶段通常是提高人力股的比例，用于股权激励。

### 4. 成熟阶段

这个阶段在股权上，创始人面临不断的融资、股权激励，股权不断地被稀释，需要对公司的控制权进行安排，避免公司控制权的争夺。这个阶段，如何避免"养大的孩子被别人抱走"，如何做好控制权的设计是股权设计的重点。如雷士照明、国美之争、万科之争都是控制权的争夺战。

当然，股权分配、股权控制等问题在各个阶段同时存在，但在初期股权相对集中，控制权的问题不突出，而在后期，股权不断稀释的情况下，这个问题就凸显出来了。

## 八、股权架构优化的三个最佳时机

许多企业面临的一个问题是：前期的股权架构不合理，比如存在股权架构设计的多个大坑，严重影响了公司的正常发展，如何进行调整和优化？

调整和优化的总体思路，还是回归到价值创造、价值评估、价值分配三个根本性问题。具体参照股权架构设计的三股五步法，先梳理业务线、人才线、资金线三大主线，合理划分人力股、资金股、资源股三大股的比例，再细分三大股，从而形成合法、合理、合情的股权架构优化方案。

做任何事情，都有个时机问题，一个恰到好处的时点，早了不宜，晚了不行，股权架构设计更是如此。接触的创业公司，基本上从正反两方面验证了这一点，一旦错过了最佳的调整时机，代价沉重。

股权架构优化有以下三个最佳时机：

### 1. 创业有起色时

过早时，创业还只是个不成熟、有待验证的想法，对商业模式、人员分工、创业目标都难以明确，这时，股权架构难以成形。过了摸索期，商业模式、公司目标、组织架构与人员分工有了雏形，这是股权架构优化的第一个恰当时机。这时的优化与调整将为后期的发展打下良好基础，方便随企业的发展，不断优化、迭代。

如果这时没有一个合法、合理、合情的股权架构，没有一个动态调整、优化的股权激励机制，势必影响后续的发展，甚至埋下失败的种子。无数的案例证明错过这个时点，纠错成本巨大。

### 2. 碰到重大困难或看到腾飞的希望时

碰到重大困难时，是对合伙人创业精神与信心的重大考验与洗礼，"困难是验金石"，是重构和优化股权架构的一个时机，更是对真正合伙人的嘉奖。如果这时不及时重新调整股权架构，是对团队的不负责任，下面的路也走不顺。

看到腾飞的希望时，要慎重考量：现有股权架构是否有利于下一步的大发展？是否能够激发团队的创业激情与投入？是否对下一步的腾飞内置了一个动力无限的股权引擎？

错过这个时点，没有及时调整、优化股权架构，后果可能是：碰到困难，溃败得更快；或者，本有希望腾飞，可惜创业团队的创业激情没了。

### 3. 有第三方投资方介入

这是一个好时机，正可以借助第三方的专业化视角、中立的立场，重新审视股权架构是否合法、合理、合情。这也是最后一个最佳时点，错过了这个时点，后期的纠错成本成倍增加。更重要的是，这时不进行调整和优化，最大的问题是可能因股权架构不合理而拿不到投资，错失发展机会。

股权架构设计存在重大缺陷的情况，应择机优化，抓住优化的最佳时机，事半功倍。如错过机会，则会越陷越深，直至不可调和，比如真功夫。

## 九、"三股五步，简单、易懂、易用！"

与张总沟通了 1 个半小时左右，最后做个小结。

CEO 张："王老师这么一分析，好像股权架构设计并不是深不可测。"

我："大道至简，关键是抓住事物的本质和规律。'三股五步法'对应创业三要素，把股权区分为人力股、资金股、资源股，这样，路归路，桥归桥，从根源上区分价值创造的要素与主体，针对性地设定价值评估、价值分配的规则与标准。"

CEO 张："是，王老师的'三股五步法'，把复杂的股权问题简单化、体系化，一下子解决了股权架构设计的顶层设计难题，关键是简单、易懂、易用。"

我："我们来总结下，梳理出你新公司的股权架构？"

CEO 张："好！刚才在沟通过程中，我边听边画，基本画出来了，按三股五步法梳理下来。"

### STEP1：梳理创业规划，即业务线、人员线、资金线

业务线：第一阶段是 2016 年 9 月底自筹资金到位、正式启动，12 月底平台上线；第二阶段为 2017 年 5 月底模式测试和优化，同步启动天使轮融资。

人才线：2016 年 12 月底前 6 人左右，2017 年 6 月 8~10 人，2017 年 12 月 15~20 人。

资金线：2016 年 9 月自筹资金 100 万元作为启动资金，2017 年年中启动天使轮融资，融资 500 万元。

### STEP2：定出人力股、资金股、资源股的权重

人力股 50%、资金股 40%、资源股 10%，如下表：

| 三股 | 权重 | 股权细分 | | 股权类型 |
|---|---|---|---|---|
| 人力股 | 50% | 创始团队 35% | 创始团队 | 受限股，四年锁定期 |
| | | 期权池 15% | 骨干员工，天使轮后 | 期权 |
| 资金股 | 40% | 内部资金股 30% | 实股认购5万 1% | 实股 |
| | | 外部资金股 10% | 天使轮按5000万元估值对外融资 | 实股 |
| 资源股 | 10% | | 行业资源整合 | 实权+期权 |

表 2-7　三股架构

**STEP3：定出人力股分配与激励方案**

人力股整体占股 60%，初步分配计划如下：

（1）人力股 CEO24%，两位联合创始人分别 8%，期权池 20%；

（2）统一为受限股，四年锁定期，解锁条件为公司总目标达成、个人业绩考核不低于 80 分（100 分制）；

（3）统一约定一致的调整、退出、兑现条款。

**STEP4：定出资金股的内外融资估值与方案**

资金股整体占股 40%，内部资金股 20%，按估值 500 万元即 5 万 1% 的价格自筹资金，创始团队认购。内部认购比例为：创始人认购 16%，两位联合创始人各自认购 2%，内部融资 100 万元，作为启动资金即注册资本。

外部资金股 20%，对外按 5000 万元估值融资。

**STEP5：定出资源股兑现条款**

资源股针对行业有影响力、能够协助公司整合资源的权威人士。计划为 5 人，每人 2%，方式为"1% 实股 +1% 期权"，实股按 5 万元 1% 的价格。

我："不错，思路很清晰，落实一些细节即可。"

CEO 张："王老师，股权架构有了，人力股这部分占60%，尤其是创始团队40%股权分配规则，是我马上就要和两位联合创始人沟通的问题，沟通有哪些细节？"

我："创始团队分配问题，最好是让团队成员一起来研讨，这样大家也好理解为什么这么分、为什么这么来设计规则。"

CEO 张："那好，我约两位联合创始人下周一起过来，和王老师共同探讨。"

我："好，下次我们需要沟通两个主题：创始人控制权、创始团队的股权分配，大致需要两小时的时间。"

CEO 张："好，到时提前约时间。"

与张总的沟通，暂告一个段落，我起身送张总离开。在陪张总去电梯的路上，我明显感觉到张总的表情舒展了许多，仿佛心里的一块大石头落了地。

能够切实地帮助创业者，我也非常有成就感，希望"简单、易懂、易用的三股五步法"可以帮助更多的创新创业者化解创业路上的股权难题，避开雷区，少踩坑、少走弯路。

**本章思考题：**

1. 为什么把股权区分为"人力股、资金股、资源股"三股？
2. 如何应用"三股五步法"构建或优化自己公司的股权架构？
3. 人力股的分配细则是什么？

# 第四章　创始人是舵手

*听多数人意见，少数人商量，最后一个人拍板。——柳传志*

2016—2017年，万科与宝能的控制权之争注定会成为中国企业史上的一部经典商战大片，引发人们重新审视公司的治理问题。1988年万科改制时，王石主动选择做职业经理人，只要名不要利，放弃了在公司持股获得公司控股权的机会，为今天的万科股权大战埋下了导火索。

万科控制权之争给创业者的启示在于：一个初创公司该如何进行股权设计？如何处理创始人、联合创始人、早期员工、外部资源提供者、兼职创业者、天使投资人等一系列利益相关者的股权关系？以及为了保持公司治理的稳定性，创始人拥有公司控制权的意义何在？

在此首先表明的是，本书的观点：创始人是企业的核心与灵魂，其地位和作用是不可替代的，尤其是在初创阶段。所以，专用一章的篇幅来探讨创始人如何掌握公司的控制权。

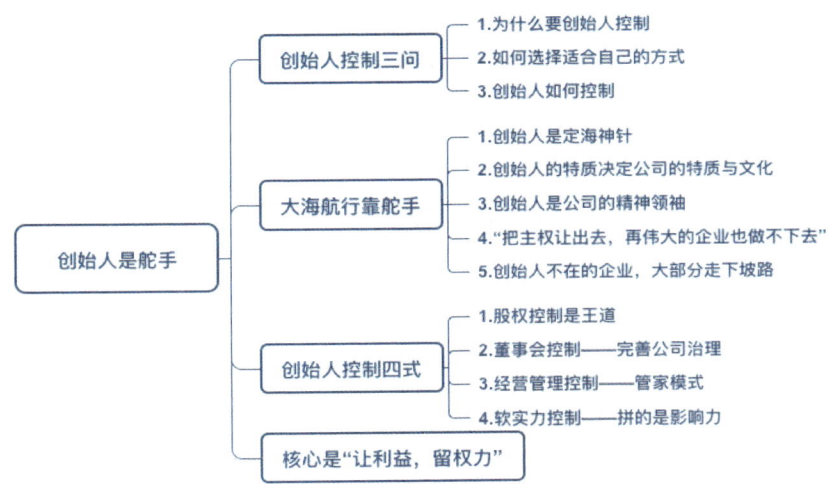

图 2-7　创始人是舵手

## 一、创始人控制三问

2016 年 8 月 18 日下午 3 点,张总带着两个创业伙伴来到我在上海的办公室,我们一起探讨创始人控制权、股权分配的话题,开始了"股权下午茶"。

刚开始,张总先简要介绍了团队成员的背景、角色与分工。李总,BAT 系企业工作五年,负责 B2B 平台的运营,做到 P9 级别,在新公司的角色是

COO，全面负责移动平台的运营管理。徐总，一家大宗商品互联网交易平台的产品经理，在新公司的角色是 CTO，全面负责移动平台的技术与产品开发。

（为叙事方便，我把三位分别简称为：CEO 张、COO 李、CTO 徐。）

CEO 张："随着公司的发展，需要不断地释放股权来融资、激励员工等，我的股权肯定是不断减少，保持在 2/3 以上，肯定是不可能的。那如何才能保证对公司的控制？"

我："是，这就是我们接下来要聊的控制权问题。这里有三个重要问题：

Q1：为什么要创始人的控制权？目的是什么？控制权会不会导致刚愎自用？

Q2：保证创始人控制权的方式有哪些？

Q3：如何选择适合自己的控制权方式？

我们先来聊第一个问题：

Q1：为什么要创始人的控制权？目的是什么？控制权会不会导致刚愎自用？"

CEO 张："强调创始人的控制权，是为了保证公司的发展不会失控。我上次创业就是吃了这个亏，自己掌握不了公司的发展方向，导致公司做不去。"

我："那会不会导致独裁、刚愎自用？"

COO 李："有可能，如果老大一意孤行，也是个事。"

CTO 徐："有可能，但不一定。但我觉得控制权集中还是必要的，不然，七嘴八舌，事情没法干。"

我："好，第二问题：控制的具体方式有哪些？"

CEO 张："只知道一些皮毛，听说过投票权委托、一致行动人等方式，请王老师详解。"

我："好，那我就先阐述一下前两个问题，我们再回过头来讨论第三个问题。"

## 二、大海航行靠舵手

创始人是指事件的第一发起人、倡导者,是第一个提出事件概念的人,是从 0 到 1、10、N 的创始者、资源整合者。具体到一个公司,创始人是公司的老大,是公司的船长、掌舵手,大海航行靠舵手!对这个公司而言,创始人的重要性在于,他为公司指明航向,为公司制定路径,决定了公司的基因与特质。

### 1. 创始人是定海神针

无论是柳老先生所说的"搭班子、定战略、带队伍",还是通常所说的"找人、找钱、找方向",都意味着创始人决定和把控公司的发展方向,奠定基础,构建框架,而这都事关公司的发展大计。每个人经验和阅历不同,看待与判断事物的方式与标准也不同。所以,创始人做出什么样的判断,决定了公司这艘大船的方向与航线。

### 2. 创始人的特质决定公司的特质与文化

同样是互联网公司,阿里巴巴、腾讯、百度、360、小米的基因与特质是完全不同的,这与创始人的特质是密不可分的。每位创始人的知识背景、工作经验和人生阅历不同,这从基因和种子上就决定公司是不同的。从某种程度上讲,创始人的性格与特质决定了公司的企业文化。

### 3. 创始人是公司的精神领袖

在创业初期,创始人可以说是公司的核心竞争力,是一个公司精神上的原生力量!这种原生力量,伴随公司实现不同阶段的跨越式发展,是团队信念的加油站。你难以想象,海尔离开了张瑞敏、华为离开了任正非、联想离开了柳传志、阿里巴巴离开了马云、腾讯离开了马化腾、小米离开了雷军,这些公司会怎样？！

### 4."把主权让出去，再伟大的企业也做不下去"

2015年于刚离开自己一手创办的1号店时，发表了内部信，其中满怀深情地写道："我们把1号店看成我们的孩子，倾注了所有的心血和情感，我们吃饭、走路、做梦都会想到1号店，1号店是我们的一切，我们用'心'而不仅是用'脑'做1号店。"然而，早在2010年前，于刚就把自己"孩子"的80%股权以8000万元的价格卖给了平安集团，直接让出了绝对控股地位。短短1年后，平安就开始将所持有的1号店股权逐步转让给沃尔玛，尽管仍是公司的董事长，但于刚对此已经无能为力。随着与沃尔玛的对赌失败，于刚黯然离场。至于之后1号店又转到京东旗下，并逐步沦为炮灰的历程，已经和这位创始人没什么关系了。

这里引用天使投资人徐小平先生的警示："如果（创业者）一开始就把主权让出去，60%给出去，再伟大的企业也做不下去；我（创业者）只要把事情做起来，这个股份多少不重要，这是错误的，凡是不以股份为目的的创业都是要流氓。"

### 5. 创始人不在的企业，大部分走下坡路

比如说，福特汽车、惠普、上海家化、当年的苹果，创始人离开了，都已经没有了当年的发展势头。而且，出现困难的时候，还需要创始人来挽救，比如说，当年的柳传志挽救联想，梁建章挽救携程，乔布斯挽救苹果，戴尔挽救戴尔公司。这其中的一个重要原因，创始人对公司的情感与投入度、影响、责任感，是其他任何人都无法替代的。

那么，问题来了，创始人要如何保护、保证自己在公司的话语权？

这正是创始人的控制权问题！

## 三、创始人控制四式

公司的控制权主要分为四个层面：股权层面的控制权、董事会层面的控制权、经营管理的实际控制权、软实力层面的实际控制权，如下表：

| 控制层面 | 控制方式 | 控制关键点 | 规避风险点 |
|---|---|---|---|
| 股权 | 1.绝对控股、相对控股、一票否决<br>2.股权与投票权分离 | 67%、51%、34%<br>三权分立 | 避免股权僵局<br>避免顶层失控 |
| 董事会 | 董事会席位 | 席位过半 | 避免董事会失控 |
| 经营管理 | 日常经营管理 | 法人代表、公章 | 避免公章、法人章、营业执照、资金等失控 |
| 软实力 | 专利、秘方、IP、品牌 | 掌握关键要素 | 避免产品、技术外泄，避免IP、品牌失控 |

表2-8 公司控制权的四个层面

当然，最安全的方式是股权层面控制、董事会层面双重组合、双保险。国美当年的黄光裕与陈晓之争的来由就说明了双重组合的重要性。原来黄光裕在股权层面有一票否决权，董事会席位过半。但黄光裕入狱之后，失去对董事会的控制，结果陈晓又巧借董事会的权力引入投资、推行股权激励稀释了黄光裕的股权，造成黄光裕在两个层面失去控制权。这是创始人需要引以为鉴的。

下面，我们逐一剖析四个层面控制权的实践操作。

### 1. 股权控制是王道

股权层面的控制权是至关重要的，也是最安全的方式。股权是对公司的终极控制权利，公司最重大的事项通常是基于股权由股东（会）决定的，如公司章程修改、董事任命以及融资等。

**1.1 最重要的三条股权生命线：67%、51%、34%**

在股权设计实务中，经常会有"股权九条生命线"的说法，即67%、51%、34%、30%、20%、10%、5%、3%、1%九条线（见图17）。但后面六条线主要针对的是股份有限公司与上市公司，对初创公司而言，没有实质意义。而前三条线即绝对控制线、相对控制线、安全控制线则是至关重要的，即所谓的"股权生命线"。

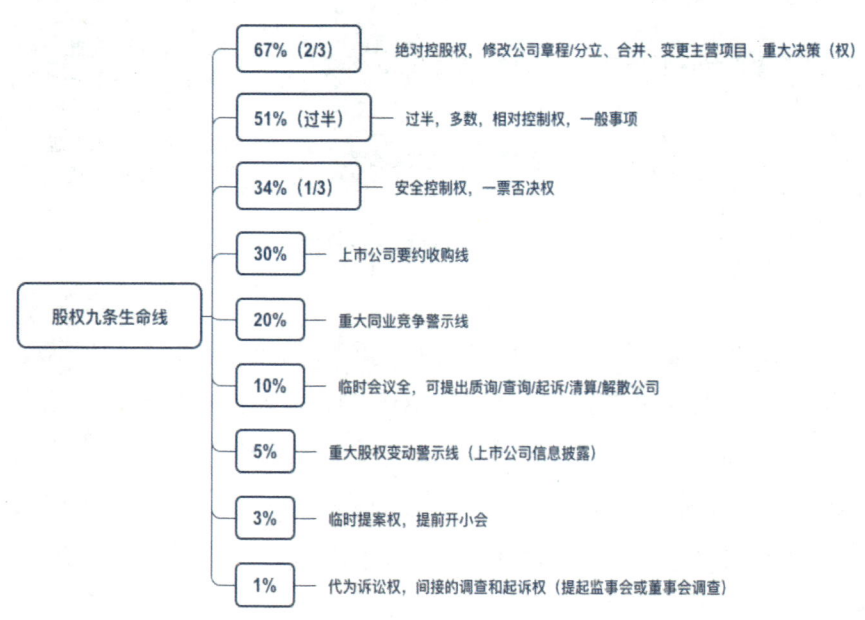

图 2-8　股权九条生命线

我们重点阐释对企业最重要的前三条线即绝对控制线、相对控制线、安全控制线。

### （1）绝对控制线——67%

【释义】一些重大事项（如公司）的股本变化，关于公司的增减资，修改公司章程/分立、合并、变更主营项目等重大决策，需要2/3以上票数支持的。

【法律依据】《中华人民共和国公司法》

第四十三条第二款　股东会会议做出修改公司章程、增加或者减少注册资本的决议，以及公司合并、分立、解散或者变更公司形式的决议，必须经代表三分之二以上表决权的股东通过。

第一百零三条第二款　股东大会做出修改公司章程、增加或者减少注册资本的决议，以及公司合并、分立、解散或者变更公司形式的决议，必须经出席会议的股东所持表决权的三分之二以上通过。

【说明】

（1）绝对控制既适用于有限责任公司的股东会，也适用于股份有限公司的股东大会。二者相比较而言，股份有限公司股东大会要求的是出席会议的三分之二以上表决权通过，并不要求股份有限公司的股东一定要占比三分之二以上。

（2）三分之二含本数，即大于等于三分之二，也就是说，绝对控制线为67%不确切，也可以是66.7%、66.67%等。

（3）《公司法》第四十二条有规定，但公司也可以自行约定，即公司章程可以约定股东会是否按照出资比例行使表决权。如果约定为否，67%的绝对控制线也就失去了相应的意义。

【案例】持股90%照样说了不算

某初创高科技有限责任公司，两个自然人股东，持股比例分别为90%、

10%。在重大事项表决权上，公司章程约定须两人一致同意。这样，67%的绝对控制线也就失去了相应的意义，导致的结果是10%的股权反而控制了整个公司。

### （2）相对控制线——51%

【释义】一些简单事项的决策、聘请独立董事、选举董事、董事长、聘请审议机构，聘请会计师事务所，聘请/解聘总经理等。如果公司上市、经过2~3次稀释后（如果不低于34%）还可以控制公司。

【法律依据】《中华人民共和国公司法》
第一百零三条第二款前半段　股东大会做出决议，必须经出席会议的股东所持表决权过半数通过。

【说明】
（1）公司法仅有股份有限公司中的过半数表决条款。换言之，对于有限责任公司而言，公司法并未明确规定股东会普通决议的程序，而是让股东们自行通过章程确定。

（2）有限责任公司在自由约定时务必把握好"过半数"与"半数以上""二分之一以上"的区别，过半数不包含50%，而后两者包含50%。章程中必须避免出现"半数以上""二分之一以上"的约定，否则可能造成出现股东会决议矛盾。

（3）自由约定时还需明确说明是"股东人数过半数"还是"股东所持表决权过半数"。

## （3）安全控制线——34%

【释义】股东持股量在1/3以上，而且没有其他股东的股份与他冲突，叫否决性控股，具有一票否决权。

【法律依据】同"绝对控制线"法律依据。

【说明】

一是与绝对控制线相对，三分之二以上表决权通过关于公司生死存亡的事宜，那么如果其中一位股东持有超过三分之一（以上）的股权，那么另一方就无法达到三分之二以上表决权，那么那些生死存亡的事宜就无法通过，这样就控制了生命线，因而表述为安全控制权。

二是所谓一票否决只是相对于生死存亡的事宜，对其他仅需过半数以上通过的事宜，无法否决。

三是同理，33.34%可作为"安全控制线"。

四是过1/3有一票否决权，但实务操作中，持股低于1/3，也可以明确约定有一票否决权。

【案例】参见第一章的国美控制权之争、万科控制权之争

需要说明的是，公司初期还好，企业的股权还可集中在创始人或团队手上。但随着一轮接一轮的融资，不断地把股权激励给核心人才，通常在B轮之后，创始人很难监控住股权的三条生命线，比如绝大多数的公司在IPO前，创始人的股权都不高于30%，尤其是需要多轮融资的互联网公司。所以，在实际操作中，更多的做法是，让公司的投票权和股权相分离，具体的做法有投票权委托、一致行动人协议、有限合伙企业持股、AB股计划等。

**1.2 股与权分离的五种方式**

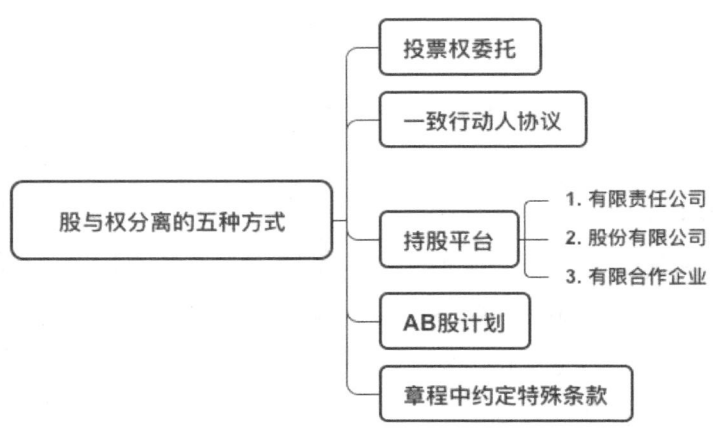

图 2-9　股与权分离的五种方式

**（1）投票权委托**

投票权委托，就是公司部分股东通过股权委托协议约定，将其表决权委托给其他特定股东行使，比如委托给创始人行使。例如，阿里巴巴把 30 个合伙人放在合伙人团队里，这 30 个人所拥有的股权基本上就是委托给马云，由马云来代表他们行使决策权，做到了决策权的集中。根据阿里巴巴上市招股书，马云仅持有 7.8% 的股权，而软银把不低于阿里巴巴 30% 普通股的投票权委托给了马云与蔡崇信行使。

表决权委托协议核心条款（仅供参考）

鉴于：甲方自愿将其所持有的公司股权对应的全部表决权委托给乙方行使。

为了更好地行使股东的权利，甲乙双方经友好协商，达成以下协议：

第一条 表决权委托

1.1 在本协议有效期内，依据公司届时有效的章程行使包括但不限于如下权利（委托权利）：

(a) 召集、召开和出席公司的股东会会议；

(b) 代表甲方对所有根据相关法律或公司章程（包括在公司章程经修改后而规定的股东表决权）需要股东会讨论、决议的事项行使表决权，包括但不限于出售、转让、质押或处置其股权的全部或任何一部分，以及指定和选举公司的法定代表人、董事、监事、总经理及其他应由股东任免的高级管理人员。

1.2 本协议的签订并不影响甲方对其持有的公司股权所享有的收益权、处分权（包括但不限于转让、质押等）。

1.3 本协议生效后，乙方将实际上合计持有公司＿＿＿％的股权对应的表决权，乙方应在本协议规定的授权范围内谨慎勤勉地依法履行委托权利；超越授权范围行使表决权给甲方造成损失的，乙方应对甲方承担相应的责任。

第二条 委托期限

2.1 本协议所述委托表决权的行使期限，自本协议生效之日起至＿＿＿止。但是如出现以下情况，经甲方书面要求，表决权委托可提前终止：

（1）乙方出现严重违法、违规及违反公司章程规定的行为；

（2）乙方出现严重损害公司利益的行为。

2.2 本协议经双方协商一致可解除，未经双方协商一致，任何一方均不得单方面解除本协议。本协议另有约定的除外。

第三条 委托权利的行使

3.1 甲方将就公司董事/股东会议审议的所有事项与乙方保持一致的意见，因此针对具体表决事项，甲方将不再出具具体的《授权委托书》。

3.2 甲方将为乙方行使委托权利提供充分的协助，包括在必要时（例如为满足政府部门审批、登记、备案所需报送档之要求）及时签署相关法律文档，但是甲方有权要求对该相关法律文档所涉及的所有事项进行充分了解。

3.3 在乙方参与公司相关会议并行使表决权的情况下，甲方可以自行参加相关会议但不另外行使表决权。

3.4 本协议期限内因任何原因导致委托权利的授予或行使无法实现，甲乙双方应立即寻求与无法实现的约定最相近的替代方案，并在必要时签署补充协议修改或调整本协议条款，以确保可继续实现本协议之目的。

第四条 委托权转让

未经甲方事先书面同意，其不得向任何第三方转让其于本协议下的任何权利或义务。

### （2）一致行动人协议

一致行动人协议，即股东通过协议的约定，达成一致行动协议，对某些特定的事项，约定采取一致行动，意见不一致的时候，其他股东要跟随一致行动人投票。

比较典型的做法，就是马云的阿里巴巴，当初孙正义和雅虎收购了阿里的大部分股份，但是他们在协议里面有约定，遇到重大决策的时候，他们要跟马云保持一致，这就是一致行动人协议，以马云为一致行动人，从而保持了决策权的集中。

**一致行动协议核心条款（仅供参考）**

鉴于：

(1) 甲方为×××股份有限公司（"公司"）的股东，占____%的股份；乙方为公司的股东，占____%的股份；丙方为公司的股东，占____%的股份；丁方为公司的股东，占____%的股份。

(2) 为保障公司持续、稳定发展，提高公司经营、决策的效率，各方拟在公司股东大会中采取"一致行动"，以共同控制公司。

为此，各方经友好协商，就各方在公司股东大会会议中采取"一致行动"

事宜进一步明确如下：

1. "一致行动"的目的

各方将保证在公司股东大会会议中行使表决权时采取相同的意思表示，以巩固各方在公司中的控制地位。

2. "一致行动"的内容

各方在公司股东大会会议中保持的"一致行动"指，各方在公司股东大会中通过举手表决或书面表决的方式行使下列职权时保持一致：

(1) 共同提案；

(2) 共同投票表决决定公司的经营计划和投资方案；

(3) 共同投票表决制订公司的年度财务预算方案、决算方案；

(4) 共同投票表决制订公司的利润分配方案和弥补亏损方案；

(5) 共同投票表决制订公司增加或者减少注册资本的方案以及发行公司债券的方案；

(6) 共同投票表决聘任或者解聘公司经理，并根据经理的提名，聘任或者解聘公司副经理、财务负责人，决定其报酬事项；

(7) 共同投票表决决定公司内部管理机构的设置；

(8) 共同投票表决制定公司的基本管理制度；

(9) 在各方中任何一方不能参加股东大会会议时，应委托另一人参加会议并行使投票表决权；如各方均不能参加股东大会会议时，应共同委托他人参加会议并行使投票表决权；

(10) 共同行使在股东大会中的其他职权。

3. "一致行动"的延伸

(1) 若各方内部无法达成一致意见，各方应按照 ____ 方的意向进行表决；

(2) 各方承诺，如其将所持有的公司的全部或部分股权对外转让，则该等转让须以受让方同意承继本协议项下的义务并代替出让方重新签署本协议作

为股权转让的生效条件之一;

(3) 如果任何一方违反其做出的前述承诺(任何一条),必须按照其他守约方的要求将其全部的权利与义务转让给其他守约方中的一方、两方或多方,其他守约方也可共同要求将其全部的权利与义务转让给指定的第三方。

4. "一致行动"的期限

自 2018 年 ____ 月 ____ 日至 ____ 年 ____ 月 ____ 日止。

5. 协议的变更或解除

(1) 本协议自各方在协议上签字盖章之日起生效,各方在协议期限内应完全履行协议义务,非经各方协商一致并采取书面形式本协议不得随意变更;

(2) 各方协商一致,可以解除本协议。

上述变更和解除均不得损害各方在公司中的合法权益。

### (3) 持股平台

将其他股东的股权放在持股平台里,间接持有主体公司的股权,而创始人拥有持股平台的决策权,从而做到创始人控制主体公司。

持股平台可以是有限责任公司、股份公司,也可以是有限合伙企业,常见的有如图所示三种形式。有限责任公司只设置一个董事一个经理,由创始人来担任,以此保证了其他合伙人所有股权,通过一个平台来发声。

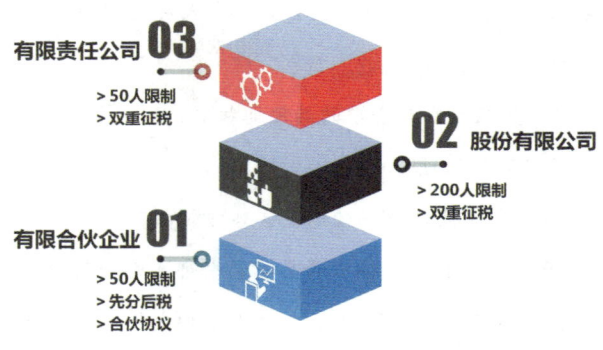

图 2-10 持股平台常见的三种形式

实际操作中，更多的是设置有限合伙企业作为持股平台。有限合伙企业在中国是一种比较新的企业形式，有限合伙企业的合伙人分为普通合伙人（俗称管理合伙人或 GP）和有限合伙人（LP）。普通合伙人执行合伙事务，承担管理职能，而有限合伙人只是作为出资方，不参与企业管理。这样，其他的股东作为有限合伙人（LP），创始人股东是普通合伙人（GP），普通合伙人（GP）对企业的经营管理负责，有限合伙人（LP）在其中没有经营权，自然的也不能发出自己的声音，这样保证了创始人对企业的控制权。马云的蚂蚁金服目前就是这种设计方式。

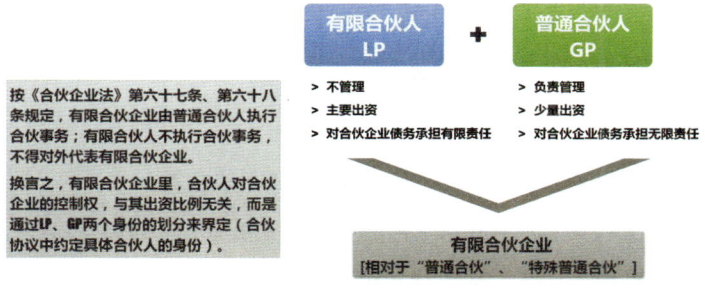

图 2-11　有限合伙企业组织架构特点

### （4）AB 股计划

AB 股计划，即通常所讲的"同股不同权"的设计。把股票区分为 A 序列普通股 (Class A common stock) 与 B 序列普通股 (Class B common stock)，A 序列普通股每股只有 1 个投票权，B 序列普通股可以约定拥有多倍投票权。假设为 10 倍，如果创始人拥有 20% 的股份，那么创始人就可以有二百份的投票权，其他 80% 的股份的只有 80 个投票权，这样创始人虽然只 20% 的股份，也可以掌握 71.4% 的投票权。所以，AB 股的架构非常有利于管理层排除其他股东的干扰，坚定地实现公司的中长期发展蓝图。

AB股计划主要适用于美国资本市场，在遵循"同股同权"的香港资本市场与国内A股市场很难有直接适用的空间。在《公司法》中明确规定，股份的发行，实行公开、公平、公正的原则，必须同股同权，同股同利。只允许股东们在公司章程中做出特别约定，一些股东可以将部分股东权力让渡给另一些股东，使得这些股东控制的投票权比例超过其股权比例。在国内，创始人比较好的选择是通过谨慎地规划股权架构、设立间接持股平台等方式更直接地保障控制权；或者也可以采用投票权委托、一致行动人协议等法律更认可的方式灵活操作。

　　国内科技公司应用AB股的知名案例有京东和百度。

### 【案例】上市前京东的AB股计划

　　刘强东曾说过："如果不能控制这家企业，我宁愿把它卖掉。"他也一直在用各种方式保证自己对于京东的控制权。在上市前，刘强东通过Max Smart持有京东18.4%的股份。虽然持股比例并不高，但通过与DST全球基金、红杉资本等达成投票权委托协议，掌握了超过50%的控制权。但IPO意味着控制权面临着被进一步稀释的风险，所以在上市前夕，京东通过议案设立AB股。

　　京东在上市前AB股计划中，刘强东的一股拥有20股的投票权，基本上可以确保他对京东的控制。

　　根据京东招股说明书，上市前夕京东的股票会区分为A序列普通股(Class A common stock)与B序列普通股(Class B common stock)，机构投资人的股票会被重新指定为A序列普通股，每股只有1个投票权。刘强东持有的23.1%股权(含其代持的4.3%激励股权)将会被重新指定为B序列普通股，每股有20个投票权。因此，上市前夕实行AB股计划后，虽然投资人会收回此前委托给刘强东行使的投票权，但通过AB股计划1:20的投票权制度设计，刘强东掌控的投票权不仅不会下降，肯定还会远远超过目前51.2%的投票权。因此，刘强东完全不存在腾讯入股后对公司失控的问题。

如果没有投票权委托或AB股架构保障控制权，刘强东或许难以力排众议，大力发展物流和仓储，京东恐怕也难以实现今天的辉煌。

### 【案例】百度的"牛卡计划"成功抵制被收购或控股

牛卡计划是指公司在招股（IPO）中提供双重级别的普通股，这两种股具有两种级别完全不同的投票权，原始股东具有极大的投票权，包括董事选举和重要的公司交易——如合并或出售公司及公司资产。这个"集权控制"将能阻止其他人把公司作为潜在的合并者、收购者，或者其他控制权转化的变化。

"牛卡计划"是百度特意针对公司上市后可能发生的恶意收购等而特别设定的"不同表决权股份结构"。百度将上市后的百度股份分为A类（ClassA）、B类（ClassB）股票。将在美国股市新发行股票称作A类股票，在表决权中，每股为1票，而创始人股份为B类股票，即原始股，其表决权为每1股为10票。李彦宏创始团队所持股份为B类股票，每股享有10票表决权。这样一来，只要李彦宏等创始人所持的股份在11.3%以上，收购者就无法控制百度。

在2005年，当时的Google还雄心勃勃地想占据中国市场，当时他们的策略就是收购或者控股百度。百度的"牛卡计划"体现了AB股架构的另一大优势：防止恶意并购，避免了自己被Google收购的被动局面。

### 【案例】搜狗的AB股计划

于2017年11月9日在美国纽交所成功挂牌上市的搜狗采用的也是AB

股架构。正是通过 AB 股的区分，腾讯是最大的股东，在经济上成为最大的受益者；而搜狗的控制权仍然掌握在搜狐手中。

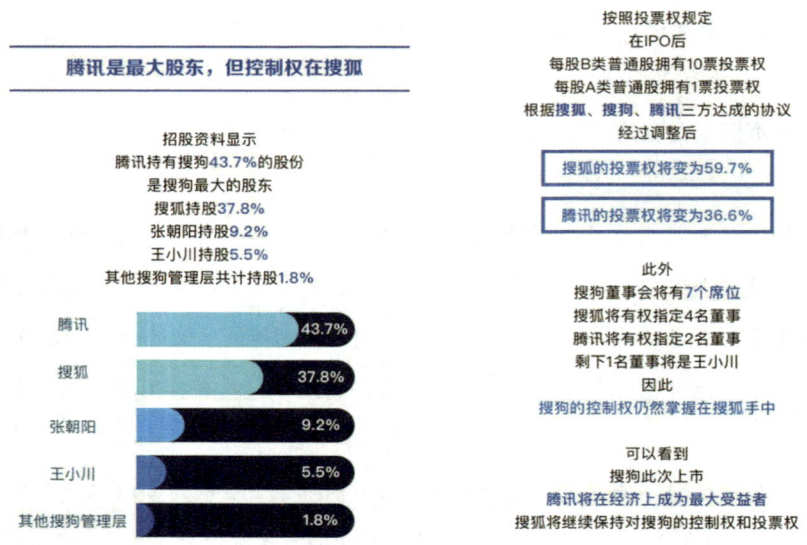

图 2-12　一图看懂张朝阳的第三家上市公司

资料来源：同方证券《一图看懂张朝阳的第三家上市公司》

（5）章程中约定特殊条款

在公司章程中约定特殊条款，针对公司的一些重大事项，创始人有一票否决权，比如说合并、分立、解散、公司的融资、投资、上市和年度的预算、决算等，必须要经过创始人同意，没有创始人的投票，这种事项是不能通过的。这样，无论创始人的股权多少，甚至只有 1%，都有一票否决权。

在这里，需要提醒的是，投票权委托、一致行动人协议、持股平台、AB 股计划、特殊条款这几种方式可以用，但不是你想用就一定可以用，特别是涉及对投资人的权利限制。从实践看,如果你的企业是"皇帝女儿不愁嫁"、处于卖方市场的明星企业,比如,蚂蚁金服、滴滴、ofo 等可以与投资人协议约定。如果你的企业处于劣势,投资人是不会放弃正常股权的,相反的,投资人反而会要求更多的话语权,比如投资只占 10%,但要有一票否决权。

### 1.3【案例】绿地 10 万元控制了 188 亿元的资产

绿地集团借壳金丰投资上市面临的一个重要问题是解决内部股东持股问题。绿地解决问题的思路是通过系列"有限合伙"的安排,形成嵌套式有限合伙架构,四两拨千斤,以 10 万元投资控制近 190 亿元的绿地资产,堪称股权架构设计的经典之作。

在绿地重组这一案例中,有限合伙安排的运用是最大的亮点,并且这一做法具有高度的可复制性,有望成为此后员工股权激励安排的常规做法。

下面,我们来梳理下整体操作思路与步骤:

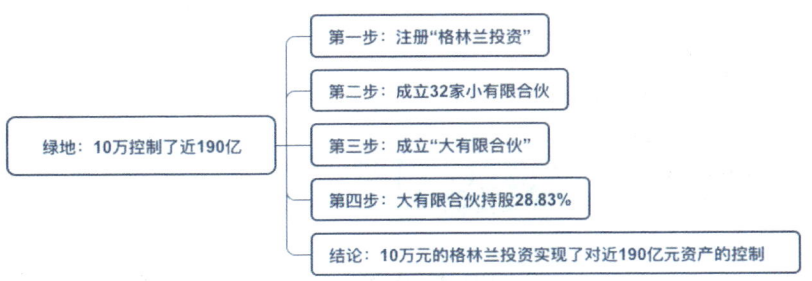

图 2-13　绿地:10 万控制了近 190 亿

第一步:上海格林兰投资管理有限公司(简称"格林兰投资")成立

由绿地集团管理层 43 人注册成立了上海格林兰投资管理有限公司,张玉良为法人代表,注册资本为 10 万元。

第二步:成立 32 家有限合伙企业(简称"小有限合伙")

格林兰投资作为普通合伙人（GP），分别出资1000元，成立了32家有限合伙企业，分别为上海格林兰壹投资管理中心（有限合伙）、上海格林兰贰投资管理中心（有限合伙）……上海格林兰叁拾贰投资管理中心（有限合伙），对上海绿地职工持股会进行吸收合并。

格林兰投资作为执行事务合伙人，扮演普通合伙人角色，承担管理决策职能。在每一个小的有限合伙安排中，格林兰投资作为普通合伙人（GP），只象征性出资1000元即获得了管理权。这样，在一共32个小有限合伙安排中，格林兰投资累计出资额只有3.2万元。即格林兰投资以3.2万元控制了3759.74万元的员工持股权。这是关键安排的第一步。

第三步：成立上海格林兰投资（有限合伙）（简称"大有限合伙"）

格林兰投资与32家小有限合伙成立大有限合伙，即上海格林兰投资（有限合伙），其中，格林兰投资是大有限合伙唯一的普通合伙人，承担管理决策职能。这是关键安排的第二步。

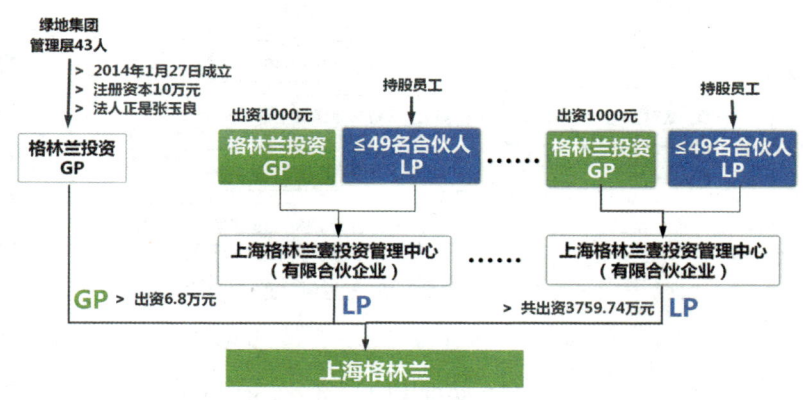

图2-14　格林兰投资组织架构

第四步：上海格林兰投资（有限合伙）作为持股平台在重组后的上市公

司持股 28.83%。

下图为重组后的新绿地集团的股权结构，上海格林兰作为员工持股平台，持有重组后新公司 28.83% 的股份，成为直接持股的单一最大股东。

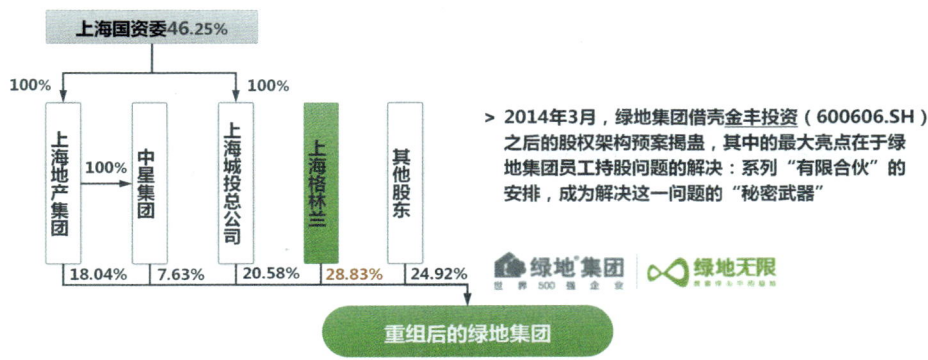

图 2-15　绿地集团重组后的组织架构

根据重组案，"本次交易中，拟注入资产的预估值为 655 亿元"，则上海格林兰所持新公司 28.83% 的股权，对应的资产价值则为 188.8365 亿元！

结论：绿地集团通过注册资本仅有 10 万元的格林兰投资，通过一系列合适的有限合伙安排，达到了四两拨千斤的效果，轻松实现了对近 190 亿元庞大资产的控制。

## 2. 董事会控制——完善公司治理

### 2.1 得董事会者得公司

董事会是由全体股东选举的董事组成，负责执行股东会决议的常设机构，对内掌管公司事务、对外代表公司的经营决策机构。董事会一般设董事长一人，副董事长一人，董事长、副董事长由董事会选举产生，董事任期三年，任期届满，可连选连任，董事在任期届满前，股东会不得无故解除其职务。

法律分别对有限责任公司和股份有限公司的董事人数做出了规定。《公司法》第45条规定，有限责任公司设董事会，其成员为3～13人。《公司法》第51条规定，有限责任公司，股东人数较少或规模较小的，可以设一名执行董事，不设董事会。《公司法》第109条规定，股份有限公司应一律设立董事会，其成员为5～19人。

实践中，公司的日常经营事项，通常由公司董事会来决定。一方面，投资人并不参与公司日常经营管理，通常并不了解公司日常运营层面的情况；另一方面，管理团队离炮声最近，熟悉公司实际情况，管理团队应该占有公司董事会的大部分席位，以保障决策效果和决策效率。

前面说过，一般来讲，董事会由股东会选举产生，但创始人或创始股东团队可以考虑的方式之一，是在公司章程中直接规定董事会一定数量的董事（一般过半数），由创始股东团队或核心创始人委派，以保证在董事会层面的控制权。而不是按照各股东持有股份比例分配董事提名权，这样即使创始团队或核心创始人拥有再少的股权，仍能控制董事会，从而拥有公司的运营决策权。

**2.2 董事会层面控制权的注意事项**

（1）控制董事的提名和罢免，是控制董事会最重要的法律手段。

（2）创始团队在公司初期控制三分之二的董事人数，而后期最好能控制二分之一以上的董事席位。

（3）公司尽量将外部董事席位留给对公司发展具有战略意义的（投资）人，并尽可能保持创始股东对董事人数的上述控制比例。

## 2.3 案例：尊酷网创始人被董事会辞退"出局"

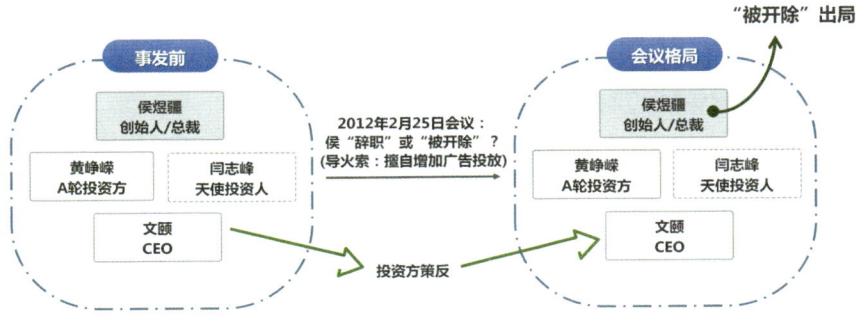

图2-16　"尊酷网"股权案例

尊酷网是一家奢侈品网站，于2011年4月25日上线，获得盛世巨龙创始人闫志峰的天使投资，同年8月，好望角宣布投资尊酷网3000万元，在4—8月上线不到4个月的时间内，数据显示20%用户在尊酷网上有重复购买行为，平均客单价为3300元。这也成为当时好望角对外宣布看好其发展的原因。

原来董事会成员有侯煜疆、文颐、黄峥嵘、闫志峰，其中侯煜疆、文颐为管理层委派董事，黄峥嵘、闫志峰为投资方委派董事，侯煜疆作为董事长在董事会表决上有两票。在公司章程上，明确约定侯煜疆任董事长、文颐任董事。这时，侯煜疆作为创始人还是完全掌控董事会层面控制权的。

但接下来关键的两步决定了侯煜疆出局的命运。

第一步：董事会对章程进行了修改，由侯煜疆任董事长、文颐任董事改为管理层委派两名董事。这意味着董事可以是管理层任意的两位，不一定是侯煜疆本人。

第二步：文颐作为董事，倾向投资方。这样就在董事会形成侯煜疆两票对三票的局面，并在2月25日的董事会会议上侯煜疆被判"出局"。

这个案例说明，董事会层面的控制权，稍有意外就会失控。就如同万科控制权之争中，原本王石认为华润方为自己的"一致行动人"，董事会自己是可以掌控的，却没有料到华润倒向另一方，局面瞬间巨变。

### 3. 经营管理控制——管家模式

经营管理层面的控制有两个最直接的武器：一是控制公司公章；二是持有公司营业执照。

众所周知，公司是一个"法人"，简单而言就是"法律上拟制的人"。就是公司本来并不是一个人，但通过法律制度的设定，对这样一个主体进行人格化的设定，赋予其民事权利能力和民事行为能力。公司的公章和营业执照就是法人主体资格的证明。

简单一些来说：营业执照用于对外代表公司的身份，公章用于公司对外的意思表达。所以，在经营管理中，对公章和营业执照的控制尤为重要，是保证公司控制权的重要武器。

关于公司印章、营业执照的保管问题，《公司法》并无明确规定，司法实践中一般认为，应由公司法定代表人或者其指定、授权的人员保管。法定代表人所享有的一项重要权力即对外代表权，代表公司对外从事活动。而作为对外代表权力象征之一的就是对公司印章、营业执照的占有和使用。

### 4. 软实力控制——拼的是影响力

软实力控制，靠的不是法律，而是影响力，比如掌握核心技术、产品秘方、超强的个人IP(intellectual property，原意是知识产权)、专利所有人、不可缺少的领军人物。这更多依靠的是个人领导力、号召力。比如王石事实上是万科的灵魂人物、代言人。王石在万科控制权之争的过程中，就更多地发挥自己的社会影响力、对团队的感召力。

### 5. 层层组合多重保险

案例：马云之于阿里巴巴——多层面牢控

在对公司的控制力方面，马云作为阿里巴巴的创始人，在其持有的阿里巴巴股份比例不到 10% 的情况下，依然稳固地保持着对集团的控制，可以说是持股比例较低情况下保持控制力的代表。其操作手法与经验值得创业者学习与借鉴。

系统地分析，发现马云做到了在股权、董事会、经营管理、软实力等多个层面对阿里巴巴的高效控制。

早年由于获得雅虎 10 亿美元的投资，阿里也让出了部分控制权，根据双方协议，从 2010 年 10 月开始，雅虎对阿里的投票权将从 35% 增至 39%，而马云等阿里巴巴管理层的投票权则由 35.7% 下降为 31.7%。丧失了重大事项否决权的马云开始了反击，先是在未经董事会正式决议的情况下强行将支付宝从阿里集团中剥离并付出高额赔偿；随后争取到拥有 1/3 投票权的孙正义的支持，引入大量私募投资基金。

### 5.1 股权控制

上市前，根据时机与对象的不同，马云组合运用投票权委托、一致行动人协议、特殊条款等方式以保证在股权层面的控制。

创业初期，创始团队即"十八罗汉"把投票权委托给马云，保证在创业初期决策权的集中。

对投资者，马云在 2005 年雅虎投资阿里巴巴的这次股权变动过程中，通过协议模式达成控制权：一是股票权和投票权分离。雅虎持有阿里巴巴 40% 的股权，但只拥有 35% 的投票权，多余部分投票权归马云团队所有，此条款有效期至 2010 年 10 月。二是董事会席位倾斜。阿里巴巴董事会的四个席位中，马云团队拥有两席，作为大股东的雅虎只有一席，软银也只有一席，到 2010 年 10 月，雅虎才有权获得与马云团队数量相等的董事会席位。三是在 2010

年 10 月之前，在任何情况下，董事会不得解除马云的阿里巴巴 CEO 职务。

总之，在上市前，软银、雅虎和创业团队在拥有事实上的所有权的同时，把资产的处置权、利润的分配权、决策的控制权等全部"授权"给了马云。

### 5.2 董事会控制

更绝的是，阿里巴巴独树一帜的湖畔合伙人制度，明确规定："合伙人有权提名董事会的大多数董事，并提交股东大会表决。若提名的董事人选未被股东大会接纳，或有董事提前离任，合伙人有权任命'临时董事'，直至下一次股东大会召开。"从而通过控制董事提名权控制了董事会，掌握了公司的重大决策权。

首先，合伙人享有提名董事会简单多数（50%以上）成员候选人的专有权。马云、蔡崇信作为阿里的永久合伙人，永久合伙人除非退休或者离职、丧失行为能力、被合伙人会议 50%以上投票除名，否则一直享有董事提名权。所以，马云始终有权提名董事。

其次，被合伙人提名的董事成为董事会成员的，需在年度股东大会上经持有二分之一以上表决权的股东通过。马云、蔡崇信与软银、雅虎通过投票协议约定，软银、雅虎在股东大会上为合伙人所提名的董事投赞成票。由于马云、蔡崇信、雅虎、软银持有的阿里股份比例达 69.5%，因此合伙人所提名的董事候选人被选为董事没有悬念。

而且，即使阿里合伙人提名的候选人没有被股东选中作为董事，或选中后因任何原因离开董事会，那么阿里合伙人有权指定临时过渡董事填补空缺，直到下届年度股东大会召开。而且，在任何时间，不论因任何原因，当董事会成员人数少于阿里合伙人所提名的简单多数时，阿里合伙人都有权指定不足数量的董事会成员，以保证董事会成员中简单多数是由合伙人提名。

可以说，合伙人制度在保证合伙人控制权上可谓是万无一失。马云在内的合伙人便是通过这样的程序实际控制了公司半数以上的董事，进而实现通过董事会管理公司。

### 5.3 软实力层的控制

马云品牌运作非常成功，成为阿里巴巴事实上不可替代的代言人。马云是阿里巴巴的图腾与精神导师，他在阿里巴巴的地位无人能替代，他对企业的掌控力甚至不需要靠股权来支撑，或许这才是阿里巴巴始终没有被资本方左右的原因之一。正如易凯资本CEO王冉所言："阿里巴巴有马云太深的烙印。现在马云对公司的控制，更多靠一种人文的东西，靠一种精神领袖的影响。将来可能会让马云色彩淡化一些。阿里巴巴的文化也会不断演变。对于马云来讲，传奇比控制更重要。"

马云在多个层面对阿里巴巴的控制，确保了作为创始人的自己掌控公司的发展方向与重大决策，确保"传承我们的使命、愿景和价值观，确保阿里创新不断，组织更加完善，在未来的市场中更加灵活，更有竞争力"。

## 四、核心是"让利益，留权力"

聊到这里，我们又回到第三个问题：如何选择适合自己的控制权方式？

我："听我说了这些，三位对第三个问题，是否有自己的答案了？"

CEO张："谢谢王老师，基本清楚了，道道还真不少。"

COO李："我的建议是两种方式结合：一是我们三个创始股东作为自然人股东，签署一致行动协议，以CEO张为一致行动人；二是其他资源股、员工股权激励都以有限合伙企业的方式间接持股，CEO张为执行事务合伙人（GP）。"

CTO徐："赞同COO李的意见！这样，CEO张拥有100%的控制权，但我们其他股东有收益权，而且我和COO李还有发表自己意见的机会和权力，避免 CEO 张的一意孤行。"

我："太好了，三位的悟性太高了！这样，初期 CEO 张的控制权是 100%，按正常的融资节奏，在 B 轮之前，CEO 张的控制权不会低于 67%；在 B 轮之后，我们可以与前几轮的投资方签署一致行动协议。这样，我们可以始终保证 CEO 张的控制权不低于 67%，保证公司的发展不失控！"

CEO 张："王老师，这样太好了，这是典型的'让利益，留权力'！这样，我让利益，不担心控制权的问题，我就可以让更多的股权来整合更多的人、资金和资源。"

COO 李："赞同！提议首先把王老师整合进来，让王老师做我们的常年管理顾问，不给钱，给股权，与我们共担风险，不过是在持股平台间接持股。哈哈，现学现用！"

CEO 张："高度赞同！后面股权激励、股权融资都还需要王老师出谋划策，我们初创创业资金紧张，用股权绑定王老师跟我们一起走！"

我："好吧，你们真是学以致用！马上用在我身上了！不过，我也蛮看好你们这个团队，陪伴大家一起成长！"

**本章思考题：**

**1. 综合考虑：如何在不断稀释股权的情况下，确保你（创始人）对公司的控制权？**

**2. 如何"让利益、留权力"，激活人才、整合资源？**

第三篇
# 股权分配

# 第五章　创始团队的股权分配

不要站在道德的制高点上俯瞰别人,也永远不要去考验人性。——芬森

80%的合伙人内耗内斗源于股权分配。——王坤

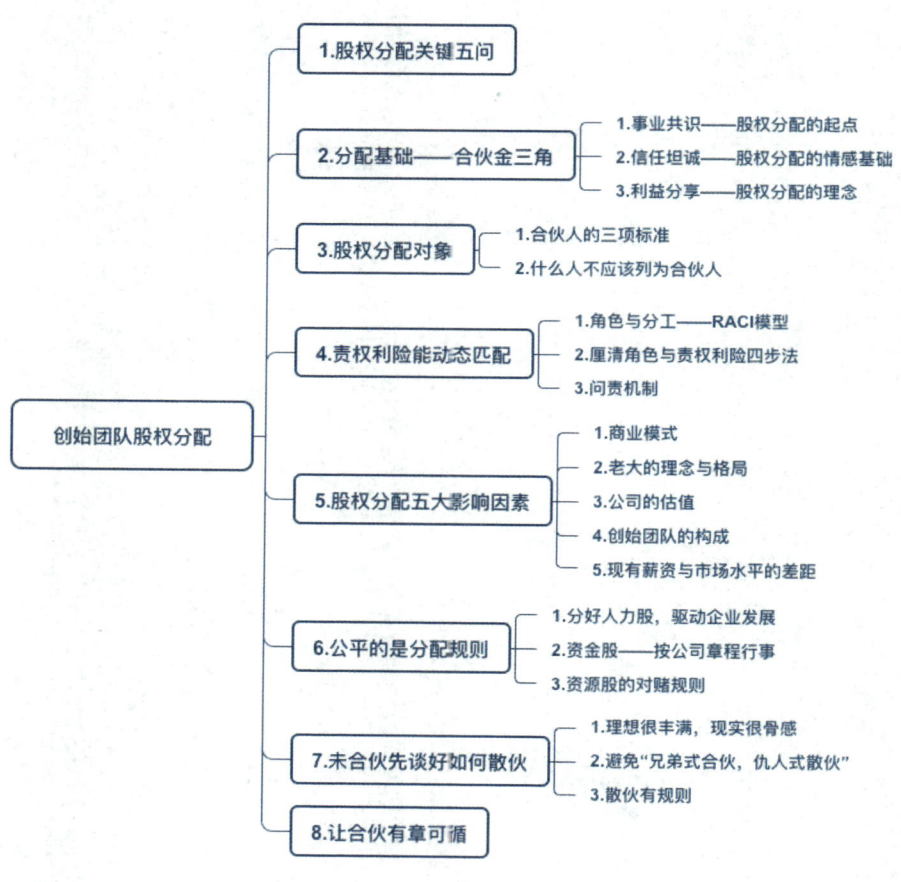

图 3-1　创始团队股权分配

由亲密伙伴到反目成仇的大逆转,"同心同德→同床异梦→同室操戈→同归于尽",从合伙到散伙的四步曲,在商业世界中并不罕见。**利益总是让人性更赤裸,欲望更膨胀,矛盾更冲突**。在合作之初就将责权利划分清楚,将合作纳入透明、以规则为基础的轨道,而非仅仅基于兄弟、哥们儿的情感、情义。

正如天使投资人徐小平先生所言:"不要用兄弟情义来追求共同利益,这个不长久,一定要用共同利益追求兄弟情义。"创始团队的股权分配,关乎人性心理底层的贪嗔痴(贪婪,对未来不确定性的恐惧等),需从人性、从长、从远设计规则与机制,以免"触礁",避免泰坦尼克号式的危机。

## 一、股权分配关键五问

稍作休息后,"股权下午茶"继续,话题转为"创始团队的股权分配"。

我:"股权分配是个重要而敏感的话题,事关每个人的权力与利益,考验人性,更考验大家的胸怀与智慧。"

CEO 张："是的，从我上次创业失败的教训来看，当初我对利益不在乎，但股权更是权力，代表我对公司有多少话语权、说了算不算。上个公司吃亏就在于我股权少，说了不算。"

COO 李："哈哈，我觉得股权主要是利益，在阿里我们有股权，好像都是马云说了算，但阿里做起来、上市了，我们都发财了。我体会到的主要是利益。"

CTO 徐："这么说，好像我更悲催，我在前一家公司就拿了一丁点儿的股权，好像没啥权力；公司没上市，股权也没套现，离开时都被收回了。只有平时要加班时，听老板唠叨'你们是股东呀，是为自己干活'，真心没觉得有啥。"

我："看来，每个人的经历不同，对股权的理解也不同。为了彻底地讨论清楚股权分配这个话题，有五个关键问题，大家要深入思考。

第一个问题：股权分配的基础是什么？"

COO 李："股权分配如同分蛋糕，首先要有蛋糕可分，把蛋糕做大才行。"

CTO 徐："是，我赞同，分蛋糕的基础是做大蛋糕，还有一个基础是，客观评估每个人对做大蛋糕的贡献是什么？"

我："非常好！但难点在于：现在不知道蛋糕能否做大，能做多大，怎么分，更不知道谁的贡献是多少，所以，只能是假设蛋糕可能有多大，设计好分配规则。"

CEO 张："以我的经历，这确实是股权分配的基础，一是大家对共同的事业有共识；二是彼此认同、认可，才有合伙；三是设计好责权利规则，要有契约精神。"

我："领导就是领导！踩过的坑多，见识也多！

接下来四个问题都非常具体：

第二个问题是：分给谁？不应分给谁？即确定股权分配的对象。

第三个问题是：分配的原则是什么？

第四个问题是：影响分配的因素有哪些？也就是说，我们依据什么来具体分配？

第五个问题是：需要设定哪些股权规则？"

COO 李："我认为，一是初步的分配规则；二是调整规则；三是退出规则。"

CTO 徐："还有奖罚规则、决策规则。"

我："非常好！看来大家都思考了很多。"

CEO 张："但如何合法、合理、合情地设定规则，如何才能保证公司长远、健康、稳定地发展，我们还没想清楚。"

我："所以，才需要我们今天这个'股权下午茶'，我们边喝茶边聊股权。"

CEO 张："期待王老师帮我们厘清思路。"

## 二、股权分配基础——合伙金三角

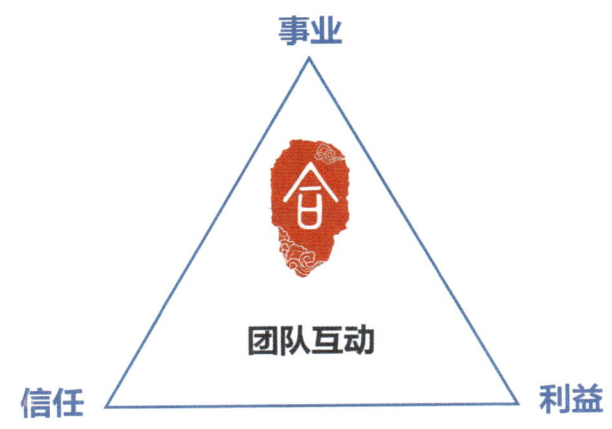

图 3-2　合伙三角引擎

## 1. 事业共识——股权分配的起点

合伙人是共同创造或建立某种事业的人,共进退、共沉浮,共创价值与梦想,共担风险与责任,共享成果与利益。共同认可的事业是大家走到一起的源头与初心,也是股权的载体。"不忘初心,方得始终;初心易得,始终难守。"所以,是否有共同的事业、是否达成共识、是否真正地认同,决定了合伙能走多远、多久。

事业的发展空间、盈利情况、想象空间,是股权的魅力与吸引力所在。换句话说,如果事业可能做到100亿,给合伙人1%,也有吸引力;如果事业没有想象空间,100%都给你,也没啥价值。所以,做什么样的事业、有什么样的价值、团队是否认同与达成共识,这是股权分配的起点。

为了切实有效地达成事业共识,强烈建议以书面的形式明确战略方向,建立真正共识的发展方向,让合伙人坚信大家是在筹划同一家公司,是朝着一个得到认同的方向进发。

一份合伙人事业共识计划是一份内部计划,有三个目的:刺激合伙人的思维、明确方向、沟通主要的参与者。该事业共识计划可以防止个别合伙人偏离方向。

事业共识计划通常包括以下几个重要组成部分:

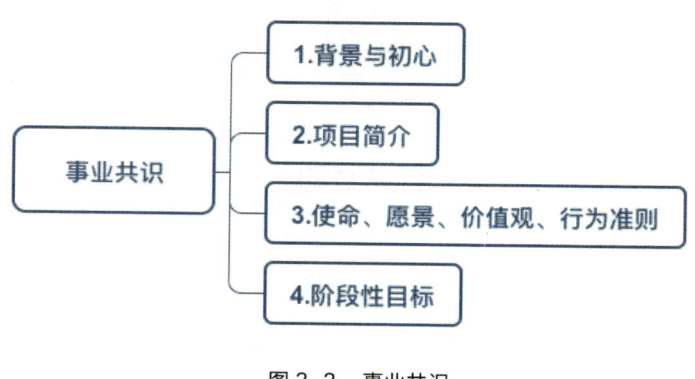

图3-3 事业共识

### （1）背景与初心

基于使命，追随愿景。不忘初心，方得始终；初心易得，始终难守！阐述创业合伙的背景，对大环境的分析与判断、为什么走到一起，合伙人之间据以合作的资源分析，合伙人之间各自的角色定位和对项目的贡献的梳理。

### （2）项目简介

创业项目是合伙事业的载体，做什么，做成什么样，包括项目类型、经营范围、领域、定位、运营模式、项目推进计划等。

### （3）使命、愿景、价值观、行为准则

使命：陈述公司是什么、做什么、为谁做以及为什么做。

愿景：是对"理想未来状况"的图景，是组织达成使命后其未来状况的一种陈述。公司未来的样子，成为什么，传达合伙人对公司的憧憬与愿望。领导的一个关键就是所有者向员工和其他人传达公司愿景的能力。合伙人必须要有一个真正共有的、单一的愿景。一个企业愿景一旦真正创建，就会成为重要的内在驱动力，并像磁石一样，吸引很多带有理想的牛人加入，从心灵与思想的境界进行合作，共同向一个伟大的目标奔跑。

价值观：价值观要描述的是如何去做，靠什么实现愿景和使命，我们相信什么，坚持什么，"我该怎么做"，"我是谁"，回答的是我们为什么只能这样做而不能那样做。

行为准则：行为准则是为组织经营奠定基础的一般性指导原则，以指导公司的行动、日常运作遵循什么原则，旗帜鲜明地指出：我们提倡与鼓励什么、禁止与严惩什么，绝不容忍什么。

### （4）阶段性目标

必须把企业的使命和愿景转化为阶段性目标，才能落地。比如一年的财务目标、产品、市场与客户目标、创新与流程目标、学习与成长目标；再进一步细分到季度的财务目标、产品、市场与客户目标、创新与流程目标、学

习与成长目标。这样才能在创业过程中不断系统复盘，更新目标与计划，明晰各自的分工与责任、业绩与贡献，才能合理地分配股权。

根据发展战略，结合公司目前所处阶段，设定以下分阶段目标：

| 时间段 | 阶段性成果目标 | 责任人 |
| --- | --- | --- |
|  |  |  |
|  |  |  |
|  |  |  |

表 3-1　阶段性成果目标

## 2. 信任坦诚——股权分配的情感基础

衡量股权分配是否合理的一个重要标准，是创始团队成员是否都发自内心地认为股权分配的过程与结果是合理的，自己的所得与付出、承担的风险与收益是对等的。

只有大家发自内心地认同，做起事情来，才会愿意 all-in，才能全力以赴地实现创业的梦想。要达到这个境界，就必须在讨论股权分配时，大家能够坦诚相待、开诚布公地交流，表达自己的想法和期望，并表明自己的理由，赢得团队的认可。当然，过程中少不了彼此的妥协。

"因为信任，所以简单"，只有在彼此信任的基础上，才能坦诚相待、才能开诚布公地去探讨创始团队成员的责任、权利、利益、风险、能力等敏感问题，才能做到公开、公平、公正地处理好贡献与回报、责任与权利、风险与利益的关系。缺乏信任的团队，惧怕冲突、欠缺投入、逃避责任、无视结果，事业自然成为黄粱美梦。如果没有信任作为基础，彼此猜忌、防范、抱怨、指责，股权分配无疑成为一场闹剧。

信任不是激励，但信任是合作的前提和基础，是利益机制发挥正向作用的前提和基础。信任缺失的时候，激励机制根本无从谈起。很多精心策划且极具专业性的激励措施和企业文化项目无法实现预期效果，有的甚至呈现出负面效果，关键在于他们几乎从来没有预先考证一下信任的基础是否牢靠。而信任的建立是一个过程，需要时间。

重视和建立创始团队的信任，真正需要的是合伙人坚定持久地从自身做起，从严格兑现自己许下的每一个小小诺言做起。

### 3. 利益分享——股权分配的理念

利益分享是股权分配的根本原则，更是指导思想，这也是体现创始人格局与胸怀的关键所在。正是有了这个理念，我们才可以"三权分立""让利益、留权力"，把股权的权与利分离处理，利益分享，权力集中。一个合法、合理、合情的利益分配机制，激发合伙团队的积极性和创造性，激励大家全情投入、全力以赴。

事业、信任、利益，这三个引擎互为驱动，形成强有力的良性互动。单有事业引擎，没有信任与利益引擎，如同空有理想和一腔热血，也无法成就革命事业；单有信任的情感纽带，没有事业基础与利益引擎，如同只有兄弟情义，注定无法长久；单有利益驱动，唯利是图，无法持续发展，不可能成就一番事业，利益也无异于空中楼阁、水中望月。

下一个问题：分给谁？

## 三、股权分配对象

人对了，事才可能做对，给对人是股权分配的关键！

俗话说：请神容易送神难，创始人应该慎重按照合伙人的标准发放股权。

所以，股权分配时面临的第一个问题是如何界定合伙人：谁是你的真正合伙人，值得你"重股相许"？

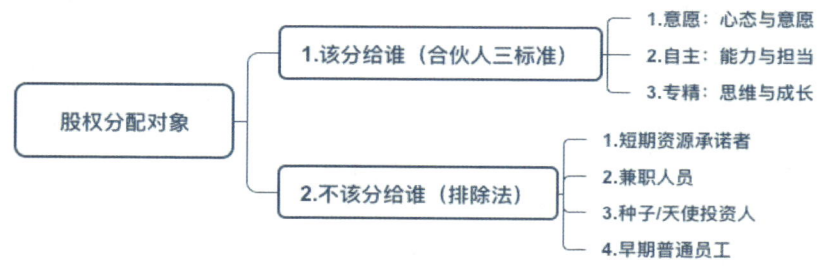

图 3-4　股权分配对象

## 1. 合伙人的三项标准

合伙人，是指在公司未来一个相当长的时间内能全职投入、一起做事、一起同甘共苦、共担风险、共创价值、共享利益的人。

在创业层面，合伙人应该是能够让彼此背靠背地信任，又各自独当一面、优势互补的团队成员。合伙人之间是"长期""强关系"的"深度"绑定。只有这样的合伙人才能纳入创始团队股权分配的范畴。

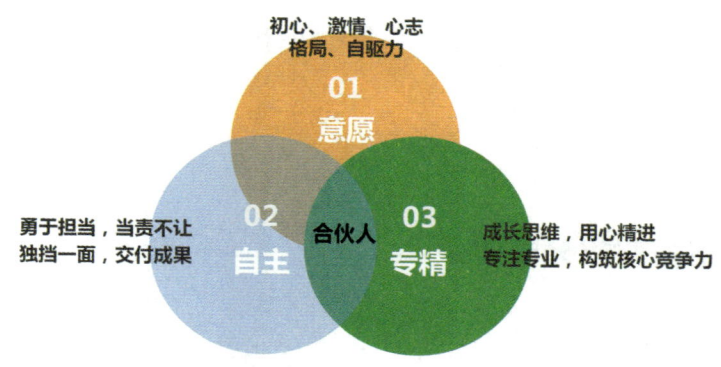

图 3-5　合伙人的三项标准

第一个标准：意愿，即在意愿与心态方面，要有合伙创业的初心、激情、热情，有积极主动的乐观、激情投入、all-in、自我驱动。一碰到责任，先推掉；一碰到麻烦，先躲开；一碰到结果不佳，先找借口；朝九晚五的打工心态，凡事需要老大安排或交代，这只能定位为助手或下属。同时，格局上，以组织利益为重，而非对个人利益斤斤计较。无数的事例证明，许多在意愿与心态上存在问题的"伪合伙人"，后来都跟不上公司的发展。

第二个标准：自主，即在能力与担当方面，能够自主、独当一面，按需交付成果。如果在能力上无法独当一面，无法按需保质保量地交付成果；在责任心上，无法做到勇于担当，当责不让，而是一碰到问题和困难就推给老大，只能算是一个助手，或潜在、待培养的准合伙人，算不上真正的"合伙人"。

第三个标准：专精，即在思维与成长方面，具有成长思维，专注于自己负责的板块和专业，用心精进，不断学习与进步，构筑企业的核心竞争力。创业面临的巨大挑战就是不确定性，环境的不确定性、商业模式的不确定性、市场与产品的不确定性、目标客户的不确定性、竞争对手的不确定性、人的不确定，等等。唯有具备成长的思考，不断地学习与成长，用心精进，不断增强个人和公司的核心竞争力，才能保持公司的竞争力。

符合以上三项标准，才能纳入创始团队成员，才是真正的事业合伙人，列入股权分配的范畴。

## 2. 什么人不应该列为合伙人

界定了合伙人的标准，我们再反过来排除不应列入合伙人而参与创始团队的股权分配。

### （1）短期资源承诺者

很多创业者在创业早期，可能需要借助很多资源为公司的发展起步，这个时候最容易给早期的资源承诺者许诺过多股权（5%及以上），把资源承诺者变成公司合伙人。创业公司的价值需要整个创业团队长期投入时间和精力去实现，所以，对于只是承诺投入资源，但不全职参与创业的人，建议优先考虑项目提成，谈利益合作，而不是股权绑定。如果从现金流考虑一定要采取股权合作，建议少量股权，而且是以期权方式。

### （2）兼职人员

对于技术大牛、各种顾问等对公司有帮助，但不全职参与创业的兼职人员，最好按照公司外部顾问标准发放少量股权。如果一个人不全职投入公司的工作，就不能算是联合创始人。如果从现金流考虑一定要采取股权合作，建议少量股权，而且是以期权方式，并约定服务内容与考核方式。

### （3）种子/天使投资人

这种状况最容易出现在组建团队开始创业时，创始团队和投资人根据出资比例分配股权，投资人不全职参与创业或只投入部分资源，但却占据团队过多股权。投资人只出钱，不出力；合伙人既出钱（少量钱），又出力。所以，原则上，投资人不应参与人力股的股权分配，而应列入资金股，按市场估值操作。通常，投资人估值是合伙人估值的2至5倍。

### （4）早期普通员工

不建议给早期普通员工发放股权，一方面，公司股权激励成本很高；另一方面，激励效果很有限。在公司早期，给单个员工发5%的股权，对员工很可能都起不到激励效果，甚至认为公司是在忽悠、画大饼，起到负面激励。但是，如果公司在中后期（比如，B轮融资后）给员工发放激励股权，很可能5%的股权解决500人的激励问题，且激励效果很好。所以，初创期不建议普通员工参与创始团队的股权分配。

以上这四类人员，原则上不应该参与创始团队人力股的分配。

## 四、"责权利险能"的动态匹配

在"第三章三股五步构建股权架构→股权是什么"章节中,我们明确了股权的背后是"责权利险能"。纵观诸多股权纷争的根本原因也正是"责权利险能"的失衡。因此,股权分配要做到合法、合理、合情,秉承的一个根本原则就是"责权利险能"的匹配,而且是在企业的发展过程中保持动态的匹配。

故,股权分配的原则就是"责权利险能"动态匹配。而要贯彻"责权利险能"动态匹配原则,一是要明确创始团队的角色与分工,二是明晰各自的责权利险,三是建立问责机制,用结果来验证能力是否与责权利险匹配,进而根据贡献和成果动态调整股权分配。

### 1. 角色与分工——RACI 模型

为合理地界定创始团队的角色与分工,简要介绍一个简单、好用、实用的工具——RACI 模型。限于篇幅,只做简要介绍,如需详细了解,可查阅相关资料。

**(1)什么是 RACI 模型**

RACI 是一个用于明确团队分工的角色及其相关责任的相对直观的模型。

四个角色:

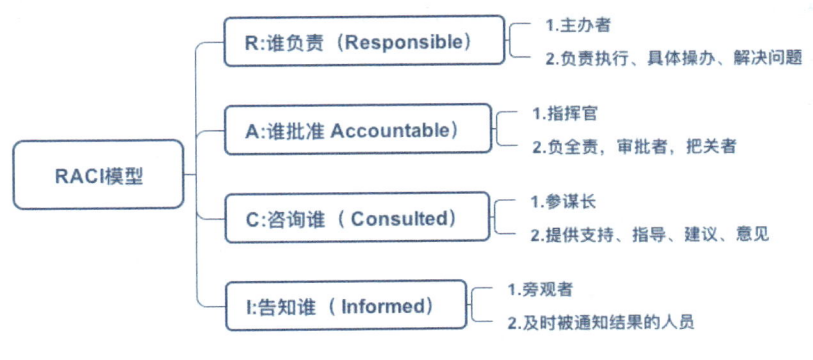

图 3-6 RACI 模型

### (2) 四步建立 RACI 表

RACI 模型，通常利用 RACI 表来帮助讨论、交流各个角色及相关责任。RACI 表的建立步骤：

第一步：辨识整个流程，找出各项活动，将它们记录在 RACI 表的左侧。

第二步：辨识流程、活动中的所有角色，将它们记录在 RACI 表的上方。

第三步：完成 RACI 表的方格单元：辨识每一个流程、活动的角色（R、A、C、I）。

第四步：每一个流程最好有且只有一个"R"角色，这是 RACI 的一般原则。当一个流程找不到"R"角色时，则出现缺口。当一个流程有多个"R"角色时，则出现交叠。

解决缺口问题：如果某个流程找不到"R"角色，这时对流程负全责的权威人士则应该在现有角色中(或者发现新人选)挑选、任命一人担任"R"。并更新 RACI 表，对各个角色及其相关责任进行阐述。

解决交叠问题：如果不止一个"R"存在，那么就要对该流程进行再分解，然而再对"R"进行分配。

### (3) 实例：RACI 表

| 序号 | 项目/活动/任务/流程 | 目标/标准/要求 | 执行人（责任人）R 谁负责 | 监控/当责（负责人）A 谁批准 | 辅助、支持（被咨询人）C 咨询谁 | 通知（被通知人）I 告知谁 | 备注 |
|---|---|---|---|---|---|---|---|
| 1 | | | | | | | |
| 2 | | | | | | | |
| 3 | | | | | | | |
| 4 | | | | | | | |
| 5 | | | | | | | |
| 6 | | | | | | | |
| 注释 | 1.谁负责：负责执行任务的角色，具体负责操控项目、解决问题。<br>2.谁批准：对任务负全责的角色，只有经其同意或签署之后，项目才能得以进行。<br>3.咨询谁：在任务实施前或实施中提供指定性意见、提供专业支持的人员。<br>4.告知谁：及时被通知结果的人员，不必向其咨询、征求意见。 ||||||||

表 3-2　团队分工 RACI 矩阵

## 2. 厘清角色与责权利险四步法

界定好团队分工之后,我们需要进一步厘清创始团队成员之间的角色、责任与权力

四大步骤如下:

第一步:本人填写角色与责权利梳理表

| |
|---|
| 我的姓名:_____ 我的工作汇报对象(上级): |
| 我在团队中的角色:<br>我的主要作用: |
| **责任**:我的责任,即团队期待我拿出/交付的的成果/结果/贡献: |
| **权利**:我被授予的权力(业务权、人事权、财务权): |
| 为了顺利开展工作,达成业绩,我的权利是否足够:足够_____ 不够_____<br>还需要什么权力:<br>是否有责权不清的地方,比如: |
| **利益**:与我的付出、贡献和成果相对比,我对回报的期望值与满意度:<br>工资:<br>奖金:<br>股权:<br>我的建议是: |
| **风险**:我所承担的风险:<br>经济:<br>人身: |
| 团队/上级反馈: |

表 3-3　角色与责权利险梳理表

第二步：上级及其他创始团队成员分别填写同一个人的角色与责权利反馈表（如下）：

| |
|---|
| 他的姓名：_____ 他的工作汇报对象（上级）： |
| 他在团队中的角色：<br>他的主要作用： |
| **责任**：他的责任，即团队期待他拿出/交付的的成果/结果/贡献： |
| **权利**：他被授予的权力（业务权、人事权、财务权）：<br><br>为了顺利开展工作，达成业绩，他的权利是否足够：足够_____ 不够_____<br>还需要什么权力：<br>是否有责权不清的地方，比如： |
| **利益**：与他的付出、贡献和成果相对比，他对回报的期望值与满意度：<br>工资：<br>奖金：<br>股权：<br>我的建议是： |
| **风险**：他所承担的风险：<br>经济：<br>人身： |
| 团队/上级反馈： |

表3-4　角色与责权利险梳理表-2

第三步：合伙人之间就角色、责任与权力沟通，并达成共识。

当事人可以通过反馈表，对自己的角色与责权利进行系统的思考与梳理，从而让自己更加明确和清晰。合伙人之间就各自的角色与责权利进行沟通互动，在坦诚沟通中达成深度共识。

第四步：阶段性复盘角色与责权利。

对企业，尤其是创业企业、成长型企业而言，唯一不变的就是变化，事在变，人也在变。因此，建议合伙人之间，每个季度对各自的角色与责权利进行一次系统的复盘，这是团队建设的重要组成部分。另外，当外部环境、关键任务、目标产生重大变化时，应对合伙人之间的角色与责权利进行及时复盘并调整，以保证动态匹配。

需要强调的是，"信任、坦诚、开放、实事求是"的沟通氛围和团队文化，是沟通角色与责权利的重要前提和条件，也是团队协作的重要基础。

### 3. 问责机制

通常情况下，由于创始团队成员之间多是朋友、熟人，这往往导致做不好、不尽责的成员，也不问责，股权也不减少；同样，做得好、尽职尽责，也不奖，股权也不增加，形成事实上的"大锅饭"。

问责机制的缺失，是管理的一个突出问题，尤其是朋友、熟人之间的合伙。没有问责，做好的不奖，做差的不罚，做坏的也没啥处理，表面上一团和气，但私底下各有各的小心思。这样下去，"责权利险能"的匹配，就是一句空话，更重要的是，团队的氛围就坏掉了。久而久之，做得好的创始团队成员就会觉得不公平，进而引发股权纠纷。

所以，合伙人之间明确了分工、角色与责权利，需要进一步明确问责规则，并达成共识。这是股权分配保持动态的关键一步，与后期的股权成熟、兑现、动态调整、退出等密切相关。问责机制必不可少，建立问责机制、兑现奖罚是关键环节。

问责机制有以下四个关键节点：

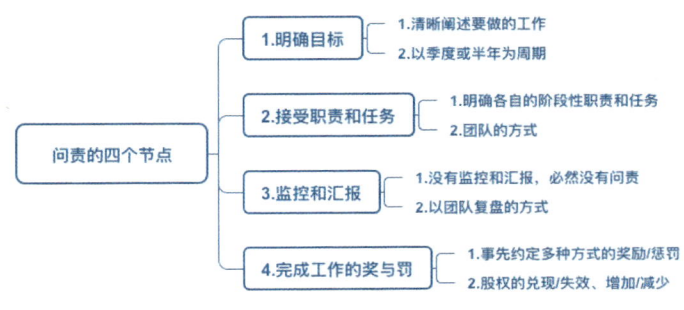

图 3-7　问责的四个节点

没有问责，"责权利险能"的动态匹配就成了一句空话。

严谨地执行了以上三步，明确角色与分工、"责权利险能"的动态匹配、建立问责机制，才能真正贯彻落实股权分配的"责权利险能"动态匹配原则。

## 五、股权分配五大影响因素

每家公司的情况都不一样，行业不同、商业模式不同、起点不同、阶段不同、创始团队的构成不同等，这都在不同程度上影响了每家公司具体的股权分配方案。事实上，相同行业、相同阶段的公司，其股权分配方案差异也是非常大的，比如同样是CTO，低的有2%～3%，高的有达到35%及以上。

在这里仅分析一般的情况，并以初创阶段、100%股权待分配为背景假设，来分析影响股权分配的主要因素，并按影响程度从大到小排序：

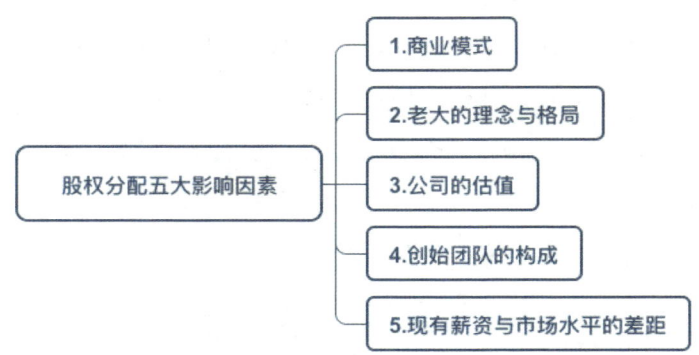

图3-8 股权分配五大影响因素

### 1. 商业模式

在不同的商业模式中，每个合伙人的重要程度与贡献显然是不同的，股权分配也是不同的。比如，平台型、重运营的公司，COO 的重要性可能远大于 CTO、CFO、CMO 等；技术导向型的公司，CTO 的重要性仅次于 CEO；长期需要融资来保证公司正常运营的公司，CFO 的重要性仅次于 CEO。

同时，不同的商业模式决定了股权架构的具体构成不同。如平台型商业模式，着眼于平台生态的构建，则股权架构要考虑可扩展性、共创属性；产品型或技术型商业模式，着眼于供应链的打造与整合，股权架构要考虑如何链接与整合上下游的资源。

所以，思考股权分配方案时，必须考虑你的商业模式是什么、各位合伙人的重要程度、给多少股合适。这是股权分配需要考虑的首要因素。

### 2. 老大的理念与格局

不可否认的一个事实是，在任何公司创始人的理念、性格、胸怀与格局都在很大程度上影响，甚至是决定了股权分配方案。相同的行业、类似的公司、团队成员水平也差不多，但各位合伙人的股权相差巨大，主要影响因素就在于创始人。掌权型（分利不分权）、豪放型（权利两分）、铁公鸡型（权利两不分），三种类型的老大都是大有人在。显然，这三种类型的老大所决定的股权分配，其差异不是一点点，而是非常大。同样情况下，马云、马化腾、李彦宏、刘强东、王兴等各位老大所做的股权分配方案肯定不一样，而且是差异非常大。

### 3. 公司的估值

股权分配不得不权衡的一个要素，是公司的当前估值、未来可能的想象空间价值，即公司到底值多少钱、将来可能值多少钱。如果说公司当前估值只有 1000 万元，你分给合伙人 2%，仅相当于 20 万估值；但如果公司未来可能价值 100 亿，那这 2% 就相当于 2 个亿的市值，这无疑是有相当吸引力的。这关键是让大家相信未来的想象空间是可能的。

创始团队对公司价值能否达成共识，很大程度上取决于团队对未来的预期、信心、决心。所以，公司价值的塑造与宣导是创始人非常重要的工作，是一定要在股权分配前反复与团队进行沟通的重点内容。

这里需要说明的是，公司估值是公司的价格，在一定程度上可以说是公司价值的市场体现。但公司估值受资本市场的影响非常大，有不确定性。

### 4. 创始团队的构成

一个完整的合伙人团队通常是一位 CEO+2 ~ 4 位 CXO，但创始团队很少是完整的，像小米那样的超豪华、超完整的团队毕竟是少数。但只有一位 CEO 的光杆司令队伍，后期在快速发展时，通常也会遇到没有独当一面的合伙人，啥事都要老大出马搞定，发展速度严重受挫的问题。所以，找合伙人是一个重要的命题。

创始团队的构成，真正的合伙人有几位、成色足不足、能力强不强，都是具体影响股权分配的重要因素。道理很简单，能力强、独当一面、有市场影响力的高人，你股权过少，根本吸引不来，"舍不得孩子，套不来狼"；相反的，一般的人，你给过多的股权也没必要。

在初创阶段，独当一面的合伙人 3% ~ 5% 股权基本上是必需的。过低，于个人而言，根本没有合伙人的身份认同感和使命感。想一想，如果他只有 1%，而老大 99%，他会觉得自己是合伙人吗？会有什么使命感？会把公司的事当自己的事？

### 5. 现有薪资与市场水平的差距

合伙人的全面收入 = 基础年薪 + 绩效年薪 + 股权价值 / 回报

这三者是一个动态的组合，如果前两者与市场水平基本持平，则股权可以相对低一点；相反的，如果前两者远低于市场水平，比如人家原来百万年薪，来创业公司只有十万年薪，那么，股权低了，基本免谈。一位原来是百万年薪的合伙人，与一位 20 万年薪的合伙人，分配的股权显然不可能一刀切。

以上是影响股权分配的五个主要因素。此外，还有一些因素，比如与创始人之间的私人关系，如同学、同事、同乡、亲朋好友等，也不可避免地影响股权分配。

## 六、公平的是分配规则

按照前面章节所讲的三股五步法，一是定出人力股、资金股、资源股三大股的比例；二是分别制定创始团队人力股、资金股、资源股的规则；三是分门别类到人，形成创始团队股权分配表，如下表：

| 岗位 | 合伙人 | 分类 | 股权占比 | 股类 | 所有权 | 收益权 | 决策权 |
|---|---|---|---|---|---|---|---|
| CEO | 甲 | 资金股 | 出资金额占比 ___% | 实股 | | | |
| | | 人力股 | 占比 ___% | 限制性股权 | | | |
| | | 资源股 | 占比 ___%对赌规则 | 限制性股权 | | | |
| COO | 乙 | 资金股 | 出资金额占比 ___% | 实股 | | | |
| | | 人力股 | 占比 ___% | 期权 | | | |
| | | 资源股 | 占比 ___%对赌规则 | 期权 | | | |
| CTO | 丙 | 资金股 | 出资金额占比 ___% | 实股 | | | |
| | | 人力股 | 占比 ___% | 期权 | | | |
| | | 资源股 | 占比 ___%对赌规则 | 期权 | | | |
| CMO | 丁 | 资金股 | 出资金额占比 ___% | 实股 | | | |
| | | 人力股 | 占比 ___% | 期权 | | | |
| | | 资源股 | 占比 ___%对赌规则 | 期权 | | | |

表 3-5　创始团队股权分配例表

具体而言，必不可少的规则有：进入规则、成熟规则、调整规则、退出规则。

### 1. 分好人力股，驱动企业发展

人力股是创始团队分配的主体部分，也是最重要、最考验人性的部分。

**（1）人力股的持股模式**

在持股方式上，创始人一般直接持股，其他合伙人也直接持股。但如果合伙人过多（比如超过 5 人），不建议全部都直接持股；建议股权在 5% 以下的股东间接持股，最好通过持股平台的方式间接持股（初期可采用代持过渡，创业进入正轨后转为持股平台间接持股）。

人力股从本质上讲是期权，做出业绩与贡献才能成熟，所以通常采取的模式有两种：限制性股权、期权，其中创始人用限制性股权最佳，其他合伙人期权最佳。

限制性股权，按照预先确定的条件授予激励对象一定数量的公司股权，激励对象只有在工作年限或业绩目标符合股权激励计划规定条件的，才可解除限制，真正获得股票所有权，如果没达到解锁条件，则激励对象退回相应的股权。限制性股权的核心在于"两头设限"。

期权，公司给予激励对象在一定的期限内按照某个既定的价格购买一定数量公司股票的权利，公司给予激励对象的是一种购买股票的权利，激励对象自由选择使用或放弃该权利。股票期权的核心在于"未来选择"。

就创业公司而言，两种方式的实质区别在于：限制性股权是先拥有，达不到解锁条件再退出；而期权是先不拥有，达到行权条件后再拥有。

打个比方说，限制性股权相当于可回收的月饼，期权相当于月饼券，实股才是月饼。限制性股权是"有权利限制的股权"，依次会经历"授予、成熟与变现"三个阶段。在授予时即办理工商登记，持股人就是公司股东，但中途出现离职或重大过错时，公司可以按约定条件回购。限制性股权的发放主体通常为公司的核心创始股东，专业机构 VC 通常也会要求创始股东持有限制性股权。

期权是"可期待的权利",依次会经历"授予、成熟、行权与变现"四个阶段。因此,在授予时,你还不是公司股东,既没有投票权,也没有分红权,也不办理工商登记,在行完权后,才办理工商登记,期权升级为实股。

人力股持股方式和模式的设计,可避免"一分定终身"的僵局与被动,保持人力股与责权利动态匹配的特征。

**(2)人力股的进入规则**

合伙人就人力股占股比例达成共识之后,即约定人力股进入规则。人力股分配的依据是能力、岗位、贡献,贡献大者多得。

建议一:考虑CEO是创业企业的舵手与灵魂人物,对公司负有更多的担当、压力和风险,所以,建议CEO原则上分得人力股部分的40%~60%,甚至80%,具体视合伙人团队构成的数量与质量而定。

建议二:综合评估每个合伙人的优势、能力、岗位、各个阶段的作用,分配人力股。创业项目的启动、测试、推出等各个阶段,每个合伙人的作用不一样,股权安排应充分考虑不同阶段每个合伙人的作用,不能一概而论、一分定终身,建议设定动态调整机制,以充分调动每位合伙人的积极性。

建议三:考虑到创业的不确定性,人力股不要一步到位、一次性分完,最好是预留一部分(20%~30%)待分配,后期分阶段视每个人的实际贡献再次分配。比如,有部分合伙人表现优秀、贡献突出、业绩超预期,可以动用这部分预留股权。

**(3)人力股的成熟规则**

前文说过,人力股主要以限制性股权和期权模式为主,所以,有个成熟条件。常用的主要有期限模式和目标模式。

最常见的是期限模式,即按时间设定成熟期限。通常情况下,成熟机制设定四年的成熟期,即合伙人把全部工作时间都投入公司,在工作满了第一年后,可以一次性成熟其股权的四分之一;在此之后,按季度或年,一批一批地成熟后续的股份，比如每年成熟 1/4，直到干满 4 年后，全部股权成熟。这种期限模式，是常见的合伙人股权的成熟模式。

第二种是目标模式，即实现约定的目标后，即成熟相应的部分股权。当创业企业实现某些阶段性的目标后，合伙人一定比例的股权才能成熟。这种模式下，股权成熟不是与服务期限挂钩的，而是与他的绩效挂钩。实践中也有约定按项目进度比如产品测试、正式推出、迭代、推广、总用户数和日活用户数等阶段性目标分批成熟股权，也有设定融资目标，更多的是设定运营业绩目标。目标模式下的目标设定一定要非常明确，否则如果各方对目标的理解不一样，很可能会在目标是否已经实现的问题上发生争议。

实践操作中，考虑目标的不确定性，更多的是以期限模式为主、目标模式为辅，两者结合考虑。

**（4）人力股的调整规则**

这正是建议人力股尽可能采用限制性股权或期权的关键所在，保持人力股调整的主动性与方便性，动态调整。如果是实股的模式，调整就相对被动、繁杂。

调整主要是根据"股权与责权利险能动态匹配"原则，以业绩考核结果为依据，调整实际股权分配的比例。比如，某合伙人按约定人力股分配合计 8%，期权模式，每年 2%。可以设定人力股调整规则如下：

| 年度期权基数 | 绩效考核结果（K） | 实际股权 |
| --- | --- | --- |
| 2% | K＜70% | 0 |
| | 70%≤K＜90% | 期权基数*0.8 |
| | 90%≤K＜100% | 期权基数*0.9 |
| | 100%≤K＜120% | 期权基数*1.2 |
| | 120%≤K | 期权基数*1.5 |

表 3-6　绩效考核与期权对应表

这样,无法胜任岗位、达不到业绩标准、贡献低于预期的,实际是拿不到股权的;而优秀的合伙人、业绩突出、贡献超出预期,则可以多得股权,这样才能真正做到"责权利险能的动态匹配"。

### (5) 人力股的退出规则

创业过程中,合伙人因各种原因退出,及因项目需要引进新的合伙人,都是很正常的,但合伙人的退出及入伙必须要讲好规则,否则,对项目的影响是非常大的,甚至是致命的。为此,务必事先对退出的准许事由、退伙流程、表决和办理程序,都必须进行详尽的约定。

【案例】合伙人退出规则

1. 资格取消

合伙人出现以下情形之一的,合伙人资格取消:

1)违反《公司章程》规定并给公司利益造成严重损害者。

2)有足够的证据证明持股人在公司及其下属/关联企业任职期间及对公司负有遵守其他相关制度规定之义务的承诺期内(以下统称"在任职期间"),由于受贿索贿、贪污侵占公司财产、盗窃、泄露公司经营和技术秘密、损害公司声誉等行为,给公司已造成或可能造成损失者。

3)在与公司存在竞争关系的其他任何单位工作或兼职;未经公司同意,在公司安排的工作时间内自行从事任何营利性或经营性活动;未经公司许可,在公司安排的工作时间内从事非公司安排的其他工作。

4)参加与公司的业务经营有竞争性的活动,或为其他单位谋取与公司有竞争性的利益;从事任何有损公司声誉、形象和经济利益的活动。

5)向任何第三人透露、披露、告知、交付、传递公司的商业秘密(包括但不限于技术、信息、解决方案、技术诀窍、新成果、工艺流程)。

2. 合伙人退出原则

1)被动退出:

某合伙人因能力、精力或时间不能胜任项目发展需要，已经明显落后于项目发展，则由全体股东表决通过后可与该合伙人解除合伙关系；该合伙人之前的投资额在 1 年内分 2 次按年化利率 5% 返还；该合伙人的技能及精力投入，根据股东会按行规表决折算为相应费用补偿。

2) 主动退出：

某合伙人因主观因素主动退出该项目，通过向股东会提交申请，经过全体股东表决通过后可与该合伙人解除合伙关系；该合伙人之前的投资额在 2 年内分 4 次无息返还；该合伙人的技能及精力投入不做任何补偿；该合伙人不再享有项目的任何权益。

**（6）人力股的规则落地**

首先，股权分配前要深度沟通，达成共识，管理好合伙人预期。围绕公司的发展前景、每个人的角色与贡献、个人的付出与回报期望，坦诚而深入地沟通、引导，并达成共识。

其次，就规则达成书面协议，每个人签字确定，并承诺共同遵守。书面约定在一定期限内（比如，一年之内），股权由创始人代持；约定合伙人的股权和服务期限挂钩，股权分期成熟（比如 4 年）；约定股东中途退出，公司或其他合伙人有权溢价回购离职合伙人未成熟，甚至已成熟的股权；对于离职不交出股权的行为，为避免司法执行的不确定性，约定如离职不退股需支付高额的违约金。

**【案例】**

A、B、C 三人合伙创业，A 是 CEO，B 是 CTO，C 是 COO，三人达成共识：资金股 40%、人力股 50%、资源股 10%，三人人力股分配比例为 50%：30%：20%，即人力股分别为 A25%、B15%、C10%。约定所持有的人力股股权为期权，分四年成熟并行权，每年成熟 25%。如在四年内，任一合伙人退出的，则未成熟股权由其他合伙人回购。

创业正式启动后满一年，作为 COO 的 C 决定退出。那么，C 成熟的股权为：10%×1/4=2.5%，余下 7.5% 的股权属于未成熟的股权，即 C 离职后，仍可以持有 2.5% 的股权，未成熟期权回归期权池。这样，一方面承认 C 对于公司的贡献，另一方面未成熟期权吸收替代的新 COO 合伙人。

同时，对于 C 已行权的 2.5%，按《股东协议》中的回购条款（1 年内，全部回购，2 年内回购 80%，3 年内回购 60%，3 年及以上回购 50%），由 A、B 进行回购 2%（2.5%×80%），回购价格为当前对应的净资产。

### 2. 资金股——按公司章程行事

#### （1）资金股的持股方式

模式上，资金股原则上是实股模式，直接在工商登记注册。持股方式，如果自然人股东过多（比如 5 个以上），建议是占比较低的（比如 5% 以下）采用持股平台的方式间接持股，以避免直接股东过多引发的一系列麻烦，如注册及变更手续烦琐、决策效率低等问题。

#### （2）资金股的进入规则

合伙人就资金股比例、估值达成共识之后，即按出资比例分配资金股。为体现共识、共创、共担、共享原则，对资金股的分配有两个建议：

一是，创始人为体现创业的担当与勇气，尽可能占资金股的 50% 及以上；

二是，其他合伙人尽可能都出资，出资多少视个人出资能力与意愿。

比如，合伙人达成共识，内部资金股为 30%，内部融资总额为 300 万元，即出资 10 万元购股 1%。建议是创始人即 CEO 出资 200 万元购股 20%，其他三位合伙人分别出资 40 万元、30 万元、30 万元购股 4%、3%、3%。

#### （3）资金股的成熟规则

资金股按出资到位原则，出资到位即为股权成熟，出资人按《公司法》、公司章程约定享有相应股权的权益。

**（4）资金股的调整与退出规则**

按《公司法》规定，原则上出资后不得随意减资、退出，除非《公司法》、公司章程所规定的情形发生。故，资金股的调整与退出，原则按《公司法》、公司章程规定执行。

### 3. 资源股的对赌规则

**（1）资源股的持股方式**

持股方式上，建议资源股尽可能采用持股平台间接持股或代持方式，不建议直接持股。但如果对方持股比例比较高，或品牌知名度高，或市场影响力高等，对本公司有品牌背书价值，可以直接持股、作为直接股东显名。

模式上，资源股本质上是以股权换资源，首先，尽可能采用期权模式，约定具体行权条件；其次，是限制性股权模式，约定具体解锁条件。这样，公司保持主动权，达不到条件，不兑现股权。

**（2）资源股的进入规则**

合伙人团队就资源股占比达成共识，即进一步约定资源股的分配规则，即约定资源带给公司的实际成果与价值、相对应的股权比例。

从本质上，资源承诺者、兼职顾问、外部专家、上下游供应链、外部协作单位等，都是资源或服务换股权，都归为资源股的范畴。

**（3）资源股的成熟与退出规则**

约定的条件、成果、服务达成或完成，即按协议约定兑现股权，所以，合作协议务必详细、具体地约定行权条件、细则。约定的条件达到，即为资源股成熟，按合约办理手续。

【案例】资源股助力公司快速起步

D公司是一家以购物APP为主打产品的创业公司，注册会员的规模是衡量公司成长的重要指标。R公司为一家传媒公司，有非常可观的流量资源，能够精准地为D公司导入有效会员。基于长期战略合作，R公司以资源变现方式持有D公司股权，约定具体条款为：

（1）资源变现入股约定：R公司为D公司导入有效会员2万名时占股3%，导入有效会员5万名时占股5%，导入有效会员10万名及以上时占股10%；

（2）成熟：达到条件时即股权即时生效，双方协商具体工商变更时间；

（3）退出：双方协商一致，按上一轮估值的3折、净资产两者孰高原则退出。

## 七、未合伙先谈好如何散伙

### 1. 理想很丰满，现实很骨感

合伙创业的初心和愿望都美好的，但现实都是很残酷的。创业本来就是九死一生的事情，有人成功就有人离去。数据统计中国创业成功率大概为10%，也就是说90%的创业者都是失败，公司倒闭，血本无归。

赛富亚洲投资基金首席合伙人阎焱在"亚布力中国企业家论坛2017年夏季高峰会"演讲上，谈到创业投资时表示，创业成功，从机构的角度来看，是指创业项目上市或被企业收购兼并。如果按此标准，中国的创业成功率不会高于1%。阎焱表示，从历史和统计数据来看，创业的成功本身就是个小概率事件，因为企业的成功是要在很多事情的链条上，在一个非常漫长的时间里不断做出正确的决定；而企业的失败上可能只要在一个时间上做出一个错误的决策就能造成。

从合伙创业的角度，创业成功的企业，走到最后的未必是最初的团队。

所以，散伙几乎是每个创业团队都要面临的考验，处理不好，就变成"兄弟式合伙，仇人式散伙"。

### 2. 避免"兄弟式合伙，仇人式散伙"

创业公司的发展过程中不可避免地遇到核心人员的波动，特别是已经持有公司股权的合伙人退出团队的情况，如何处理合伙人手里的股份，才能避免因合伙人股权问题影响公司正常经营。正所谓，入伙有条件、退伙有规则，我们应在合伙之初就如何退伙、如何确定退出价格达成共识，约定规则。

股权往往是初期、一次性地发给合伙人，但合伙人的贡献却是滞后、分期到位的，确实很容易造成股权配备与贡献不匹配。股权发放后，发现合伙人拿到的股权与贡献不匹配，怎么办？

解决这个难题，有几个思路可以考虑：

（1）先合作，再合伙，如同先恋爱，再结婚。合伙人之间先经过一定（至少3~6个月）的磨合期，经过一些事件的考验，再探讨合伙问题，这是对双方负责。

（2）创业初期，股权尽可能以期权方式或限制性股权的方式体现，约定行权或解锁条件，给后期股权预留调整空间。

（3）约定股权分期成熟与回购的机制，丑话说在前面。能否事先理性地探讨、设置具体条款，并落实到位，这是考验合伙人成熟度的一个重要方面。

（4）碰到非理性、不可理喻的合伙人，散伙可能是最好的选择，"早死早超生"。现实中，确实会碰到非理性、又无自知之明、不按协议规则办事、胡搅蛮缠的合伙人，散伙也许是最好的选择。

### 3. 散伙有规则

【案例】合伙人退股的挑战：如何处理15%的股权？

四个人合伙创业,创业进行到一年半时,有合伙人与其他合伙人不合,更重要的是他又有个更好的机会,因此提出离职。但是,该合伙人实际出资持有的公司 15% 的股权,该如何处理?

离职合伙人坚持要保留,理由是"我从一开始即参与创业,也实际出资了;公司法没有规定,股东离职必须退股;章程没规定,合伙人之间也没签署过其他协议明确表示股东退出得退股;合伙人从始至终就离职退股也没做过任何沟通。所以我不会退股"。

其他几位合伙人觉得让他带着这些股权离开是不对的,但又没有站得住脚的理由和依据。公司章程、股东协议都没有就合伙人退出进行约定。

挑战:兄弟式合伙,换来的是仇人式散伙。那么,为避免类似情景的发生,创业企业该如何做好合伙人股权的退出机制?

### (1) 散伙的"一个原则":必须全部或部分回购股权

"一个原则"就是对于退出的合伙人,必须可以全部或部分收回股权。另一方面,必须承认合伙人的历史贡献,按照一定折价或溢价回购股权。这个基本原则,不仅仅关系到合伙人的退出,更关系到企业重大长远的文化建设。

为什么必须全部或部分收回股权?

提前设定好股权退出机制,约定好在什么阶段合伙人退出公司后,要退回的股权和退回形式。创业公司的股权价值是所有合伙人持续长期地服务于公司赚取的,当合伙人退出公司后,其所持的股权应该按照一定的形式,全部或部分退出。一方面对于继续在公司里做事的其他合伙人更公平,另一方面也便于公司的持续稳定发展。

至于是全部还是部分回购,取决于创始人的价值观。在实践操作中,应用较多的是约定与服务年限挂钩的回购比例,服务时间短,全部或大部分回购;服务时间长,少部分回购。比如,服务少于一年的,全部回购;一年至两年的,回购 90%;两年至三年的,回购 80%;三年至五年的,回购 70%;

服务五年及以上的，回购50%。通常回购部分不低于50%。

**（2）股权回购价格的"三个选择"**

对于如何确定具体的退出价格，主要考虑两个因素，一个是退出价格基数，一个是溢价/或折价倍数。通常情况下，回购价格有三个选择：

第一，合伙人掏钱买股权或人力换股权的购买价格，给一定溢价/或折价回购，即参照股权的成本价，确定回购价格；

第二，每股对应的公司净资产或净利润的一定溢价/或折价，即参照当前股权对应的资产，确定回购价格；

第三，公司最近一轮融资估值的一定溢价/或折价，即参照股权对应的市场价格，确定回购价格。

实际操作中，可以综合考虑以上三者，按孰高或孰低原则，确定回购价格。具体是孰高，还是孰低，视商业模式、公司经营现状、创始人理念等因素确定。

这三者各有利弊，如果按前两者操作，公司发展顺利的情况下，退出的合伙人会有被净身出户的感觉。但如果按第三条回购，即按照公司最近一轮融资估值的价格回购，公司又会面临很大的现金流压力。所以，对于具体回购价格的确定，需要分析公司具体的商业模式、公司发展现状，既让退出合伙人可以分享企业成长的收益，又不让公司有过大现金流的压力，还预留一定的调整空间和灵活性。

**（3）其他回购关键条款**

①回购方：股东还是公司？

回购方通常有两个选择：合伙人回购、公司回购。实践操作中，一般是约定合伙人回购，因为公司回购涉及减资，程序相对麻烦。

②设定"违约金条款"。

为了防止合伙人退出公司，但却不同意被回购股权，可以在股东协议中设定高额的违约金条款。

③协议方式。

合伙人股权分期成熟与回购股权的退出机制，是否可以写进公司章程？

工商局通常都要求企业用指定的章程模板，股权的这些退出机制很难直接写进公司章程。**但是，合伙人之间可以另外签订协议，约定股权的退出机制；公司章程与股东协议尽量不冲突；在股东协议中约定，如果公司章程与股东协议相冲突，以股东协议为准。**

**（4）特殊原因退出的股权处理**

实践操作中，会遇到比如合伙人离婚、犯罪、去世等情况，这些都会导致合伙人退出的结果，应约定应对方案。

①离婚：如合伙人未做夫妻财产约定，则其所持有的股权将被视为夫妻共同财产进行分割，这显然不利于创业的发展。所以，在合伙协议里，建议约定特别条款，要求合伙人一致与配偶约定股权为合伙人一方个人财产，或约定如离婚，配偶不主张任何权利，即"土豆条款"。

②犯罪：如合伙人犯罪，被追究刑事责任，不能或不适合继续参与项目的，则应强制退出，并按约定的股权成熟和退出机制处理。

③继承：公司股权属于遗产，依我国《继承法》《公司法》规定，可以由其有权继承人继承其股东资格和股权财产权益。但由于创业公司"人合"的特殊性，由继承人继承合伙人的股东资格，显然不利于项目事业。《公司法》未一概规定，股东资格必须要被继承，公司章程有规定，则遵从公司章程规定。因此，建议在公司章程约定，合伙人的有权继承人只能继承股权的财产权益，不能继承股东资格。

④"过错离职"：一般而言，同业竞争、泄露公司商业机密、挖公司墙脚界定为"重大过错"。通常后果很严重，约定是1元回购所有已成熟股权，俗称"归零""净身出户"。比如奇虎360曾以1元回购了前员工傅盛持有的公司市价2000多万的期权，理由之一就是"同业竞争"。

## 八、让合伙有章可循

时间过得真快,"股权下午茶"在不知不觉中进行了一个半小时。

CEO 张:"规则很重要,股权分配很重要!那什么时候谈规则比较合适?"

我:"好问题!对于股权分配规则何时定比较合适的问题,是有分歧的。有部分创始人认为'创业初期不确定性太大,没法谈;创业到一定阶段再定规则'。但事实上,这个'到时候再说',实际上是在回避问题,往往无限期地推迟,迟迟不去面对这个棘手的问题。越是拖到后面,越'不好说',结局要么是'不欢而散',要么是'老大强压式规则'。

许多创业公司容易出现的一个问题,是在创业早期大家一起埋头一起拼,不会考虑各自占多少股份和怎么获取这些股权,因为这个时候公司的股权就是一张空头支票。等到公司的前景越来越清晰、公司里可以看到的价值越来越大时,早期的创始成员会越来越关心自己能够获取到的股份比例,而如果在这个时候再去讨论股权怎么分,很容易导致分配方式不能满足所有人的预期,导致团队出现问题,影响公司的发展。

所以,我个人观点:股权分配宜早不宜迟,股权分配规则尽早落地,最好是合伙之初就谈。千万别等球踢完了、爬上山顶了,才想去谈规则,这时心态就不一样了,没法谈。结果只能是老大定规则,高不高兴都是这样定了。当然,股权分配规则也不是一锤定音、一成不变,是一个不断修正、不断完善的过程。"

CEO 张:"赞同王老师的观点,先拟定好股东协议,定好分配规则,大家承诺按规则办事,避免了彼此之间的猜忌,专注于自己的工作。"

我:"对,我们需要梳理一个书面的协议——合伙人章程暨股东协议,做到有章可循,有法可依。当然,这个协议不是一成不变的,我们定期,通常是半年或一年,团队集体来修正协议。

下面,我说下总体框架,各位回去之后,结合我们今天沟通的内容,针对自己的实际情况进行针对性的修改。"

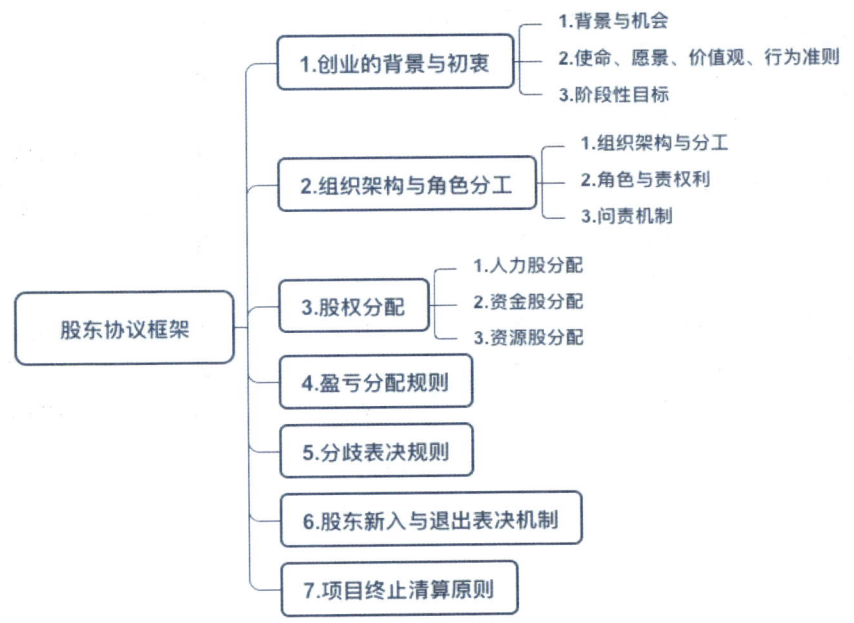

图 3-9 合伙人章程暨股东协议框架（仅供参考）

CEO 张："太好了！按这个框架，基本把各种可能性都考虑周全，事先定好规则，大家按规则办事，反而就简单了。"

我："对，这就是亲兄弟，明算账；先小人，后君子。在定制度时，要假设人性是恶的，所以，要约定规则。制度要遏制人性的恶，管理要激发人性的善！"

CEO 张："是，股权分配规则宜早不宜迟，股权分配规则应尽早落地！我们回去就具体确定下来。"

我："张总吃过亏，我相信张总这次一定会做好的。"

讨论完毕，张总公司的股权架构梳理如下：

| 姓名 | 绩效考核结果（K） | 实际股权 | 年度期权基数 | 绩效考核结果（K） | 实际股权 |
|---|---|---|---|---|---|
| CEO张 | 人力股24% | 有 | 有 | 有 | 以CEO张为一致行动人，管理权集中在CEO张手中 |
| CEO张 | 资源股16% | 有 | 有 | 有 | |
| COO李 | 人力股8% | 有 | 有 | 无 | |
| COO李 | 资源股2% | 有 | 有 | 无 | |
| CTO徐 | 人力股8% | 有 | 有 | 无 | |
| CTO徐 | 资源股2% | 有 | 有 | 无 | |
| 股权激励对象 | 人力股20% | 有 | 有 | 无 | 有限合伙间接持股，CEO张为GP |
| 资源提供方 | 资源股10% | 有 | 有 | 无 | |
| 投资方 | 资金股20% | 有 | 有 | 有 | 直接持股 |

表3-7 张总公司的股权架构梳理表

**本章思考题：**

**1. 梳理自己公司核心团队成员的角色、分工、责任利险。**

**2. 如何做到核心团队成员的股权分配与责权利险能动态匹配？**

第四篇
# 股权激励

# 第六章 股权激励的道——激发人性的善

同天下之利者，则得天下；擅天下之利者，则失天下。——姜尚《六韬》

能用众力，则无敌于天下矣；能用众智，则无畏于圣人矣。——孙权《三国》

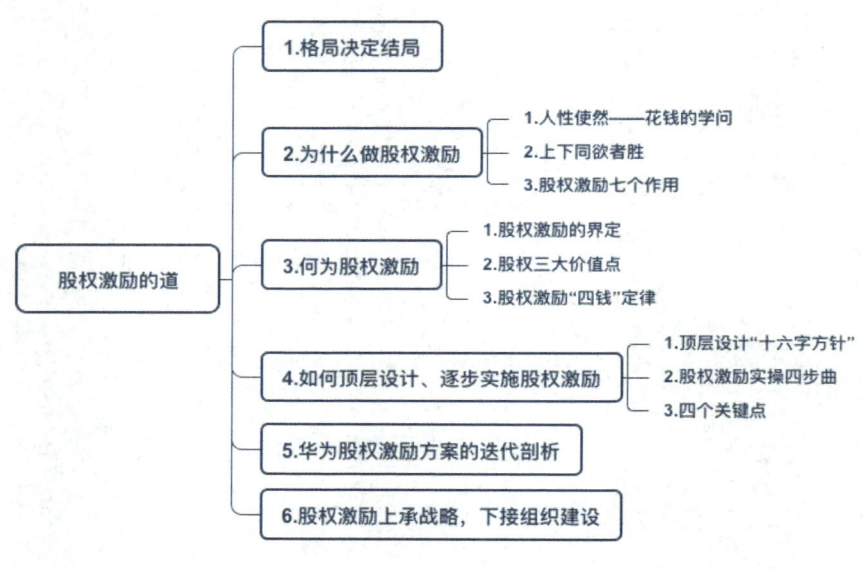

图 4-1 股权激励的道

作为张总公司的常年管理顾问，我每月深度参与公司月度复盘，见证了创业公司的风风雨雨，与张总成为无话不谈的朋友。一次聊到"传统企业转型"话题，"不转型等死，转型找死"成为双创时代的一个难题——如何破解，走出死结。

## 一、格局决定结局

CEO 张："王老师，我上次创业时曾给大股东提议，拿出 10% 的股权作为期权池，激励核心和骨干人员，但当时大股东认为'没必要，我集团公司没做股权激励，也发展起来了'，我当时觉得这样不行，又说不出来'为什么'。"

我："结果呢？"

CEO 张："结果就是，初创企业，没啥知名度，管理又不规范，招人特难；只能是抬高待遇，造成前期的资金压力特别大；而且，招的基本上都是没有行业经验的新人，培养上手需要时间；一旦培养起来，能独当一面了，就面临被别人挖墙脚的问题。所以，我作为实际操盘手，干得特别累。给大股东讲，他觉得工资再抬高一点就可以了。"

我："可以理解。我在 2004—2007 年期间，曾就职一家年营销过 200 亿民营企业，给老板一个提案，拿出 5% 的股权针对部门经理、子公司总经理及以上人员做股权激励，老板没同意，也是觉得'多发奖金就可以了，干吗给股权'。"

CEO 张："结果呢？"

我："结果是，一个新人入职两三年，能够独当一面时，就会选择跳槽或自己创业，公司成为行业名副其实的'黄埔军校'，不夸张地说，上海这个行业的老板，至少三分之一是这家企业培养出来的。"

CEO 张："我想不通，这些老板为什么不愿意做股权激励？"

我："一方面，与大的时代背景有关，以前推行股权激励的极少，往往是大公司、上市公司才做股权激励；而眼下的双创时代，股权激励几乎成为创业公司的标配，不然你都招不进、留不住像样的人才。另一方面，更重要的是，与老板的格局、胸怀、理念有关，'格局决定结局'，你看往往做大做强做久的企业都有做股权激励，比如华为、联想、海尔、BAT 等。"

CEO 张："思路决定出路，格局决定结局！"

我："'火车跑得快,全凭车头带'，但今天完全靠车头带的火车跑不过动车，为什么？因为动车同时多个动力组带动，每个动力组有一套动力系统驱动列车行进。同样，全凭老板带动发展的企业，肯定跑不过员工'上下同欲、同心'的企业。如何让员工与老板'同欲同心'？要分享啊！股权你全占着，员工就是一个打工者，能'同欲同心'吗？你洗什么脑、什么团队建设都只是暂时的，别把员工当傻瓜！这就是'格局决定结局'！"

CEO 张："看来要想让员工'同欲同心'，股权激励势在必行！那如何操作？"

我："其实难的不是如何操作、不是术的问题，作为老板，首先在道的层面、在格局、理念和胸怀上突破。"

CEO 张："不错，我也很想突破下。"

我："那我们首先从股权激励的道，即理念谈起，再谈股权激励的法与术。理念不对，法术必然会偏，达不到预期效果。我们先来聊聊：为什么做股权激励？"

## 二、为什么做股权激励

### 1. 人性使然——花钱的学问

诺贝尔经济学奖获得者弗里德曼曾从人性的角度总结了一个"花钱的学问",如下图:

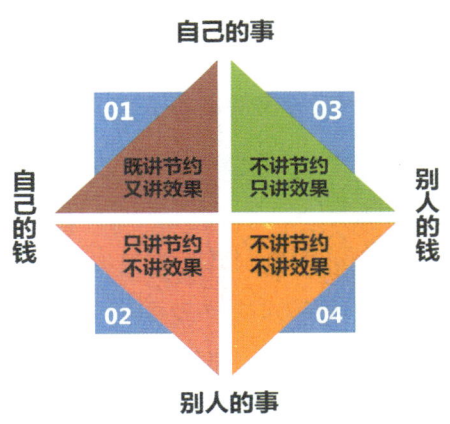

图 4-2 诺贝尔经济学奖弗里德曼"花钱的学问"

**(1)花自己的钱办自己的事,既讲节约又讲效果**

人性的常识告诉我们,每个人只有在花自己的钱的时候才更注重收益,更精打细算。如购物时左挑右挑,一定会选一件自己满意的,看上眼的,回过头来讲价钱,可谓是想尽办法杀低价格。不需要别人监督,又没有考核,讲究的是节约和效果。

**(2)花自己的钱办别人的事,只讲节约不讲效果**

一般情况下,花自己的钱办别人的事的时候,注重的是节约,典型的如集体宿舍。许多民企的办公楼富丽堂皇,但集体宿舍则是简陋不堪,因为花的是老板的钱,却是盖给员工住的,老板自己不住,所以是能省则省。

### （3）花别人的钱办自己的事，不讲节约只讲效果

如果缺少有效的督促，行政成本支出是"花别人的钱办自己的事"，就可能造成行政成本居高不下；如果此人有权力在手，能够花公款请客吃饭，办自己个人的事，这场面一定搞得风风光光，花多少都报销，谈何节约？

### （4）花别人的钱办别人的事，不讲节约不讲效果

典型的如国有企业花的是别人的钱、办的是别人的事，所以，采购来的原材料、消耗品绝大多数是高于市场价，而销售企业产品时销售价格是低于市场价格，导致了"高买低卖"现象就很正常了，因为那是别人的钱，节约也不是自己的。

弗里德曼的这一理论揭示了人的本性中自私的、"恶"的一面。但是，在人的本性中还有向善求美，追求荣誉、信任、精神境界和自我价值实现的一面。

一方面，我们必须通过强有力的宣传教育，增强主人翁意识，努力形成爱企如家、勤俭节约文明的良好风尚，把节约变成自我的节制与约束、自觉的行为与实践，从点滴小事做起，形成节约型社会新风尚；另一方面，我们要改革利益机制与激励政策，把花钱、办事的效果与个人利益强相关，变成"花自己的钱办自己的事"。股权激励正是一种有效的长效激励机制。

想一想，道理其实很简单。一个企业里，为什么老板最节约、最注重效果与效率，因为老板是在花自己的钱办自己的钱。如果我们通过机制与安排，让员工感觉花的钱与他个人有关，办事的效果也与他个人相关，是不是也可以让员工感觉是在"花自己的钱办自己的事"？这正是推行股权激励的目的与初衷。

【案例】对自己的油田负责

洛克菲勒早年去一个自己买下的油田视察，发现油田管理极度混乱，他把管理者叫来一顿臭骂："为什么我一天就能发现的问题，你们天天都发现不了？"

油田经理淡然回答道："先生，这是您自己的油田。"

洛克菲勒50岁之后，开始致力于让每一个管理者都对"自己的油田"负责！

从洛克菲勒的例子可以看出，老板与员工站的角度不同，因为企业是老板的，所有的成本、耗材的浪费都会直接影响到老板的收益，所以会更加关注企业效益，而员工作为被雇佣者，所花的钱、省的钱、创造的收益都与他个人关系不大时，往往就会做出与老板完全相悖的举动。

这便是人性使然！正如高盛高级合伙人费里德曼所说："没有人去清洗一辆租来的车！"

### 2. 上下同欲者胜

太公曰："**天下非一人之天下，乃天下之天下也。同天下之利者，则得天下；擅天下之利者，则失天下。**"（【出处】《六韬·文韬·文师》）。直白地讲，就是"天下不是一个人的天下，而是天下所有人共有的天下。能同天下所有人共同分享天下利益的，就可以取得天下；独占天下利益的，就会失掉天下"。对老板而言，企业非一个人的企业，而是员工的企业；能同员工共同分享企业的利益，企业就可以做强做大；一个人独占企业的利益，就一个人玩吧，别想做强做大。

【案例】刘邦——"四字得天下"

汉高祖刘邦所谓"四字得天下"，即一奖、二赏、三封、四用，激励将帅打下三个城池即得其一。这就是同天下之利，所以得天下。相比之下，勇猛的项羽"战胜而不得其奖，拔城而不得其封"，所以，"擅天下之得者，则失天下"。

【案例】成吉思汗——只取战利品10%

一代天骄成吉思汗制定严格的分配制度，确保人人都能从战斗中获益。其分配方案重点有二：一是成吉思汗作为可汗，只分配战利品中的10%；90%分给了部下，二是奴隶的子女也有财产继承权。这种"同天下之利"的分配模式，由于实际战斗参与者的利益甚至会超过可汗，所以大家从为成吉思汗而战,转变成"为自己而战"。

【案例】华为——与奋斗者"同天下之利"

华为任正非明确价值分配的原则是"奋斗者"分享利润,并在《华为基本法》以企业宪法的高度明文规定:

(第五条)华为主张在顾客、员工与合作者之间结成利益共同体。努力探索按生产要素分配的内部动力机制。我们决不让雷锋吃亏,奉献者定当得到合理的回报。

(第十七条)我们是用转化为资本这种形式,使劳动、知识以及企业家的管理和风险的累积贡献得到体现和报偿;利用股权的安排,形成公司的中坚力量和保持对公司的有效控制,使公司可持续成长。知识资本化与适应技术和社会变化的有活力的产权制度,是我们不断探索的方向。

我们实行员工持股制度。一方面,普惠认同华为的模范员工,结成公司与员工的利益与命运共同体。另一方面,将不断地使最有责任心与才能的人进入公司的中坚层。

所以,华为取得今天如此非凡的成就,与其秉承"同天下之利者,则得天下"的道,与员工及相关利益方"同天下之利"密不可分。

这些"同天下之利者,则得天下;擅天下之利者,则失天下"的事例,可以给企业指明一个方向,那就是通过股权激励与员工"同天下之利","上下同欲",激发团队主动性和战斗力,让员工从为公司干,转变成"为自己干",则"得天下之利"。

### 3. 股权激励的七个作用

古今中外的企业实践证明,科学的股权激励落实到位,有七个作用,如下图:

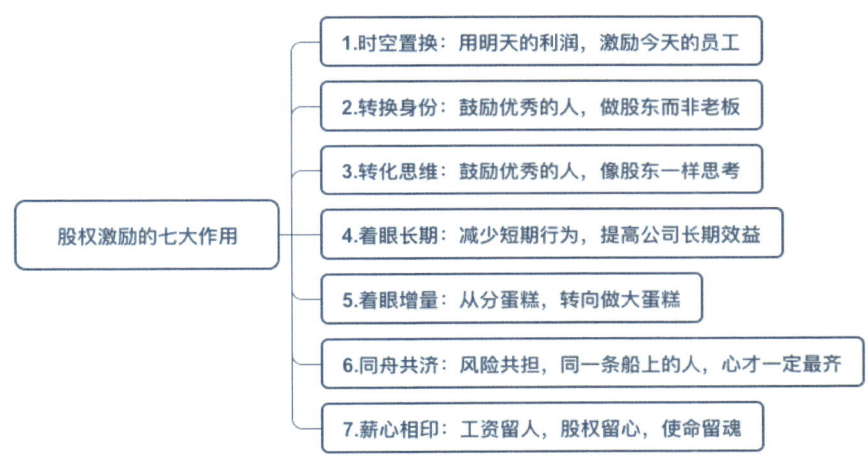

图 4-3 股权激励的七大作用

**（1）时空置换：用明天的利润，激励今天的员工**

股权激励是用未来的利益，激发当下的员工做好当下的事，共创共享未来的利益。

【案例】万科的限制性股权激励计划，激励员工实现业绩目标

万科公司的业绩奖励型、限制性股权激励计划的激励对象人数，不超过万科公司员工总数的8%，激励面广，体现了股权激励计划的分享精神；股权激励计划提取激励基金的条件，为同时满足公司年净利润（NP）增长率超过15%，公司全面摊薄的年净资产收益率（ROE）超过12%的双重要求，这会促使管理层更加努力工作，有利于企业的快速发展。

**（2）转换身份：鼓励优秀的人，做股东而非老板**

传统企业中，只有老板和打工者两种劳资对立的身份，而股权激励的实施，让两者有了一个共同的身份——股东，产生了股权的强链接。更重要的是，股权激励让员工实现了从单纯的打工者到股东身份的转换，这是一种身份上的认同感。

### （3）转化思维：鼓励优秀的人，像股东一样思考

用一句很俗的话讲，"屁股决定脑袋"，位置决定立场，角色决定思考问题的角度。股权激励让激励员工转换了身份，成为股东，他自然而然地会像股东一样思考问题。

【案例】美容师像股东一样关心经营

辅导的一家美容院导入股权激励，让店长与美容师实股认购、业绩奖股，老店实施超额部分店长与美容师分红60%。实施后，美容师主动关心房租、水电、耗材等经营成本，主动开会探讨如何开源节流，自动自发地改善美容会所的形象、卫生。

### （4）着眼长期：减少短期行为，提高公司长期效益

股权激励本质上是一种中长期激励方式，引导激励对象减少短期化行为，着眼于公司的中长期发展与效益。

传统的激励方式，如年度奖金等，对员工的考核主要集中在短期财务数据，无法反映长期的收益，无疑会影响重视长期的收益，客观上刺激了员工的短期行为，不利于企业长期稳定的发展。引入股权激励后，对公司业绩的考核更关注公司将来的价值创造能力，更有利于提高企业在未来创造价值的能力和长远竞争能力。

### （5）着眼增量：从分蛋糕，转向做大蛋糕

股权激励的一个重要原则是分增量，不分存量，引导激励对象着眼于如何做大蛋糕。通过股权激励，把分蛋糕的规则定好，后面所有人的重心都转向如何做大蛋糕，按期按约定规则分蛋糕即可。

【案例】家具连锁的股权激励

每个门店独立核算，制定相应净利润目标（盈利店指标为上一年净利润打九折，亏损店指标为0），指标两年不变，超过净利润目标以上部分，60%作为门店团队分红，店长占40%，员工占20%，剩余40%上交公司。

**(6)同舟共济：风险共担，同一条船上的人，心才一定齐**

正如万科的郁亮所言，"职业经理人可以共创、共享但没有共担"。简单地说，就是可以创业、干事、共富贵，但不能共患难，一旦遭遇巨大的行业风险，职业经理人难以依靠。

实施股权激励的结果，是使企业的管理者和核心人才成为企业的股东，其个人利益与公司利益趋于一致，因此有效弱化了二者之间的矛盾，可以在一定程度上实现风险共担，把激励对象的个人风险与收益、公司的风险与收益捆绑在一起，从而形成企业利益的共同体。

**(7)薪心相印：工资留人，股权留心，使命留魂**

实施股权激励机制，一方面可以让员工分享企业成长所带来的收益，增强员工的归属感和认同感，激发员工的积极性和创造性；另一方面，当员工离开企业或有不利于企业的行为时，将会失去这部分收益，这就提高了员工离开公司或"犯错误"的成本。因此，实施股权激励计划有利于企业留住人才、稳定人才。

同时，股权激励是企业吸引优秀人才的有力武器。由于股权激励机制不仅针对公司现有员工，而且公司为将来吸引新员工预留了同样的激励条件，这种承诺给新员工带来了很强的利益预期，具有相当的吸引力，可以聚集大批优秀人才。

## 三、何为股权激励

### 1. 股权激励的界定

不同学者，从不同的角度对股权激励有不同的界定。本书从实操、实用、实战出发，对股权激励的定义是：

股权激励是企业所有者与被激励者通过各种方式形成利益共同体，让被激励者积极主动地关心、参与企业的长期健康发展与价值增长，共创价值、

**分享利益的同时共担风险。**

股权激励的本质，是公司的价值分配体系，解决企业发展的动力问题和效率问题，是一种让员工自动自发工作、让企业基业长青的智慧，是用社会的财富、未来的财富、员工的财富及利益相关者的财富实现共赢的一套机制。

从股权激励的定义上理解，股权激励有四个特征：

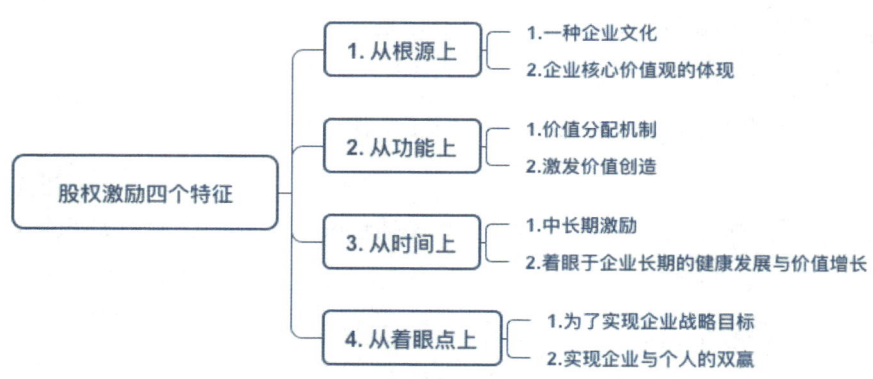

图4-4　股权激励的四个特征

**第一，从根源上是一种企业文化，是企业核心价值观的体现**

股权激励做与不做，什么时机做，采用什么激励工具，分多少，激励谁、不激励谁，如何兑现、如何调整、如何考核、如何退出等，所有这些具体细节都根源于企业文化，是企业核心价值观的具体体现。正是因为这一点，股权激励的方案设计"有套路"，但不可生搬硬套，因为每个企业的基因不同，企业文化不同，核心价值观更是不同。

**第二，从功能上是价值分配机制，激发价值创造**

管理的三大核心命题：价值创造、价值评估、价值分配，股权激励着力解决的是价值分配，更具体地说，是中长期的价值分配机制。合理、有效的价值分配机制，解决企业发展的动力问题和效率问题，激发激励对象自动自发工作，充分发挥积极性、创始性，更好、更快、更多地创造价值。

**第三，从时间上是中长期激励，着眼于企业长期的健康发展与价值增长**

按激励的要素（精神与物质）、时间维度（短期和长期）构建成一个二维矩阵，可以把激励划分为四个象限，用以指导团队激励体系的构建，如图所示：

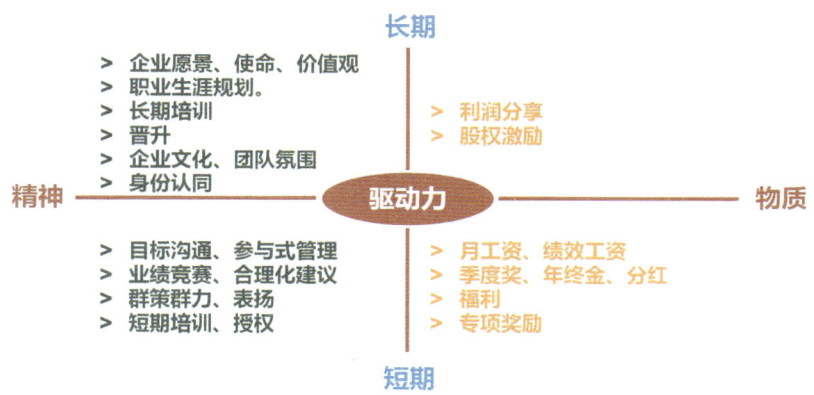

图 4-5　激励四象限

股权激励是中长期激励，重在激励员工看到充满希望的未来，并共同把希望变为现实。这意味着，股权激励的重心在于满足人们对未来的希望，这正是股权激励的魅力所在。所以，如果一个企业没有充满希望的未来，没有梦想，没有让员工想象的空间，股权激励就失去了实际意义，通常也不会有好的效果。所以，股权激励的步骤是：分享梦想、分享逻辑、分股、分钱。

同时，正因为股权激励是中长期激励，所以要平衡好短期激励与中长期激励的比重与关系，不可偏废。

【案例】王品台塑牛排，员工激励短期变现与长期获利并重

王品台塑牛排是以"一头牛仅供6客"的台塑牛排为招牌菜的中高价位直营连锁西餐厅，独具中国特色，全熟牛排，鲜嫩多汁，适合中国人口味，以菜色精致、好吃、服务好、风格高雅、管理专业著称。在餐饮行业，不可思议的是，王品的人才流动率只有5%，高管甚至不到1%。这个数字，比以"员工忠诚度"最高为特色的海底捞还要低。海底捞老板张勇说：在世界餐饮行业中，只有两家企业配得上一流，一家是麦当劳，另一家就是王品。

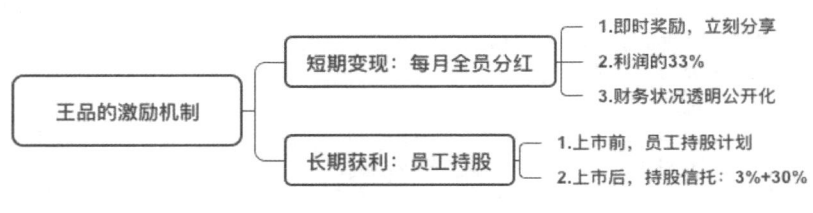

图 4-6 王品的激励机制

这与王品的激励机制是分不开的。王品的激励机制，既考虑到员工的短期变现，让员工尝到甜头；又让员工分享长期利益，引导员工关注个人与企业的长期成长、品牌。

一是短期变现：每月全员分红。

王品的分红不是年终才分，而是"即时奖励，立刻分享"。只要赚钱，每个月都会拿出利润的33%，下个月分享给这家店的员工。这样的即时分享让每个店的经营都和个人利益挂钩，每个人的收入都和自己的付出直接挂钩，所以员工自己会主动关注组织的未来，主动付出自己的努力。

"我们会将每月的财务状况透明公开化，将报表贴在公司的公告栏内，所有的员工都可以清楚地了解本月成本如何、营收如何，鉴于大家都有股份在内，如何在下月度再创佳绩是每个人自觉自愿会考虑的事情。"

二是长期获利：员工持股。

王品的员工持股计划规定，只要在王品工作满1年，从店长、主厨到经理以上的管理人员，都可以加入员工持股计划。王品上市时，因为员工持股计划，超过200个员工成为千万富翁。

2012年上市之后，考虑到一些新进的员工可能虽然已经到了店长或主厨的岗位，但是未必会持有公司股份，所以公司为这些人做了"持股信托"：员工每月可以计提薪资的3%来认购王品的股份，而公司则计提该员工薪资的30%支持其认股计划。在王品，每成立一个品牌、开一家分店，都会让店长、主厨到经理以上的管理人员依比例入股。这样员工变成了股东，成为公司的主人，既有了安全感又有了责任感和使命感，都会主动为公司的发展出力。

### 第四，从着眼点上是为了实现企业战略目标，实现企业和个人的双赢

股权激励的目的，是为了实现企业战略目标，不是为了激励而激励。因此，一个真正有激励效果的股权激励方案，必须紧扣企业目标。如果企业目标不清楚，股权激励的目的必然不明确，方案就不可能量身定制。

为此，在设计股权激励方案之初，一定要先梳理企业的战略规划，把业务线、资本线、人才线放在一起，总体考虑，才能梳理出股权激励想达到的具体目的与效果，才能有针对性地确定股权激励的工具、持股方式，以及明确定人、定量、定价、定考核、定退出规则等要素。如果这三大主线不梳理清晰，股权激励方案做出来了，实施时也必将碰到障碍；即使实施下去，效果也必将无法保障。

## 2. 股权三大价值点

股权激励的本质是用股权的价值去激励员工实现企业目标。那么，股权的价值就成为股权激励对员工是否有激励效果的关键。总体来说，股权的价

值即股权的收益体现为三点:

图 4-7　股权的收益体现

**（1）股权的分红收益**

这是股权最基本的收益，也是最算得出、看得见的收益，比如我有 2% 的股权，根据公司的效益、分红政策即可算出这 2% 的股权带来的收益是多少。

要充分体现股权的分红价值，需要企业，一是说明企业目前及未来的盈利能力；二是有吸引力的分红政策；三是公开透明的利润核算体系，有公信力。

比较典型的就是华为：一是有超强的盈利能力；二是大比例的分红，每年都拿出几百亿来分；三是每年请两大国际会计师事务所出具审计报告，公信力不容置疑。

**（2）股权的增值收益**

正如股民炒股，看中的主要是股票的增值价值，希望 5 元 / 股买入，涨到 20 元 / 股卖出，这其中的 15 元 / 股价差，即为股权的增值。具体到非上市公司的内部股权激励，也是同样的道理，比如让员工以净资产入股，退出时以净资产退出，如每股净资产有增长，即为股权的增值价值。

对轻资产公司而言，比如让员工以当期估值的一定折扣价入股，退出时以届时的估值同样的折扣价退出，如估值有大幅的提升，其增长的价差即为股权的增值收益。

股权的增值价值收益,激励员工好好奋斗,以获得最大幅度的增值收益,这正是股权激励的魔力所在。

### (3) 股权的套现收益

股权的套现方式主要有:清算、转让、上市(IPO)。其中,最理想、利益最大化的套现方式是上市或被并购,这也是员工最大的财富梦想,比如阿里巴巴、腾讯、百度等互联网公司,上市成功,造就了一大批千万、亿万富翁。

股权的套现收益最有吸引力、最有想象空间的地方,也正是企业家可以发挥、引导的地方,俗称"造梦"。正如马云所说:"梦想还是要有的,万一实现了呢?!"员工信不信,就看老板的个人魅力、领导力、商业模式等综合因素了。

股权激励要达到激励的效果,必须具备以上三大价值点,**三点有其一,可做股权激励;有其二,激励效果甚佳;有其三,激励效果是可以肯定的**。如果一点都不具备,股权激励就不宜推出,勉强推出也没有实际效果。所以,在推行股权激励方案之初,股权价值的塑造,在很大程度上决定了股权激励的效果。

## 3. 股权激励"四钱"定律

据统计,实施股权激励的企业,从效果上,可以说是三分天下:

三分之一是成功的,达到或超过了预期效果;

三分之一是不痛不痒,不温不火,效果不明显,做与不做差不多;

三分之一是失败,带来许多负面作用,如人才流失、业绩下滑,反而不如不做股权激励。究其成功与失败的差距所在,与股权激励方案是否坚持与贯彻股权激励的"四钱"定律密切相关。

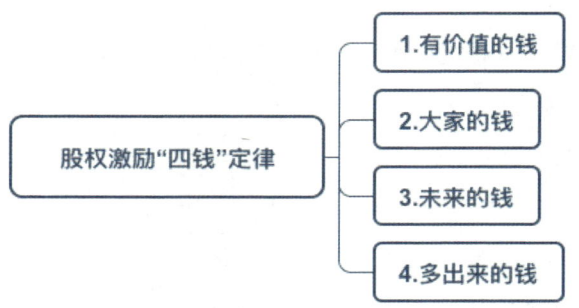

图 4-8　股权激励"四钱"定律

**（1）有价值的钱——激励有门槛、有条件、有考核**

股权激励一定是要有门槛、有条件、有考核的。不是谁都享有，也不是谁都可以拿得到。如果股权激励成了吃大锅饭，成了阳光普照的福利，出现了搭便车现象，股权激励还不如不做。所以，股权激励的落地，一定要与公司业绩、个人考核挂钩，有条件、有考核。

**（2）大家的钱——将人才得到的股权激励与业绩捆绑**

股权激励绝对不能简单地做成把老板的股分给员工。如果把股权激励做成了"劫富济贫"，可能离分家散伙也为期不远了。所以，股权激励分的钱一定是大家共创的钱，通过价值共创，利益分享。

**（3）未来的钱——激励人才做好当下的事**

股权激励是一项中长期激励，着眼未来的发展，是用未来的钱，激励人才做好当下的事。股权激励的收益，更多的是体现在未来，而非当下，从而避免员工的短期化、急功近利行为。

**（4）多出来的钱——提升人才的主观能动性、创造性**

股权激励应着眼于价值创造，着眼于创新，着眼于增量，这样才能有效地激发人才的主观能动性、创造性，达到股权激励的效果。所以，在整体方案的设计上,一定是引导人才去关注增量价值的创造与分享,而不是放在存量价值上。离开了这一点,就偏离了股权激励的核心理念与宗旨。

对照一下,看企业的股权激励方案,是否坚持和贯彻了"四钱"定律,这在很大程度上决定了股权激励的实施效果。当然,在实操中,为了体现这"四钱"定律,往往需要组合运作多种股权激励工具。

【案例】星巴克:全员持股保留人才

在星巴克公司,员工不叫"员工",而是被称作"合伙人"(Partners)。这不是一种文字游戏,而是有着实在、实惠而又丰富多彩的期权计划为支撑的战略安排。在这种安排之下,每一个员工都有机会成为星巴克的股东,因此被称为"合伙人"。

图4-9 星巴克:全员持股

1.股票投资计划

根据该计划,星巴克员工在每个季度都有机会以抵扣部分薪水的方式,以一定的折扣价格购买公司的股票。

申购者需具备的条件:被星巴克连续雇用90天以上,且每周的工作时间不少于20小时。在申购即将开始前,公司会将申购资料邮寄到雇员家里,每个员工的申购资金限额为其基础薪酬的1%~10%。

折扣及交易方式：在每个季度结束后，在该季度第一个和最后一个工作日中，选择一个较低的星巴克股票公开市场价格（这两天的"收盘价"中较低的一个），将员工所抵扣的工资以低于市场价15%的折扣购买。

2. "咖啡豆"（Bean Stock）期权计划

该计划赋予了更多员工购买并拥有星巴克股票的权利，目的是使员工充分分享公司的经营成果。

申购者需具备的条件：自每年4月1日起至财政年度结束，或者自每个财政年度开始（一般为10月1日左右）至次年的3月31日，或者自4月1日开始至该计划当年被正式执行之前，连续被星巴克雇用且被支付了不少于500个小时的工资。

主管（Director）及以上职位的人员不参加"咖啡豆"期权计划，但可以参加专门针对"关键员工"（Key Employee）的股票期权计划。

3. 股票期权奖励（Stock Option Award）

在综合考虑公司年度业绩的基础上，公司董事会每年会考虑给予符合条件的人员一定的股票期权作为奖励。员工个人应获得的股票期权数量由以下三个主要因素决定：当年（财政年度）的经营状况及收益率；个人在该财政年度的基础薪酬；股票的预购价格（Exercise Price）或公司允诺的价格（Grant Price）。

丰富多彩的股票期权计划，既是对员工基础薪酬的有益补充，是对长期为公司服务并做出相应成绩的员工的奖励，又巧妙地将员工的利益和企业的利益结合在了一起。其背后的潜台词是：如果想发财，那就好好干吧！

事实证明，星巴克这种通过主动与员工建立"利益共同体"，从而激发员工充满激情地为顾客服务的做法，要比我国一些企业单纯强调员工对企业的"无私奉献"和"任劳任怨"，要人性得多，有效得多，快乐得多，也持久得多。

【案例】沃尔玛：员工是合伙人

1962年美国沃尔玛公司创立于美国西部的一个小镇，1991成为美国第一大零售企业，2001年以后连续名列世界500强第一的位置，2002年销售额达到 2465 亿美元。

沃尔玛公司有折扣商店、仓储商店、购物广场和邻里商店四种零售业态，店铺 4694 个，员工人数约 100 万人，分布在全球十余个国家。如此庞大的企业实现低成本高效率地运行，与其实施的员工薪酬制度有着重要的关系。沃尔玛的薪酬制度是：固定工资＋利润分享计划＋员工购股计划＋损耗奖励计划＋其他福利。

沃尔玛公司不把员工视为雇员，而是合伙人。因此，公司的一切人力资源制度都体现这一理念，除了让员工参与决策之外，还推行一套独特的薪酬制度。沃尔玛的固定工资基本上是行业较低的水平，但是其利润分享计划、员工购股计划、损耗奖励计划在整个报酬制度中起着举足轻重的作用。

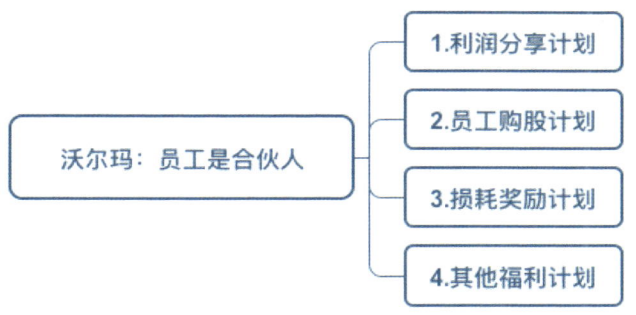

图 4-10 沃尔玛：员工是合伙人

利润分享计划：凡是加入公司一年以上，每年工作时数不低于一定小时的所有员工，都有权分享公司的一部分利润。公司根据利润情况按员工工薪的一定百分比提留，一般为 6%。提留后用于购买公司股票，由于公司股票价值随着业绩的成长而提升，当员工离开公司或是退休时就可以得到一笔数目可观的现金或是公司股票。一位 1972 年加入沃尔玛的货车司机，20 年后的 1992 年离开时得到了 70.7 万元的利润分享金。

员工购股计划：本着自愿的原则，员工可以购买公司的股票，并享有比市价低15%的折扣，可以交现金，也可以用工资抵扣。目前，沃尔玛80%的员工都享有公司的股票，真正成了公司的股东，其中有些成为百万和千万富翁。

损耗奖励计划：店铺因减少损耗而获得的盈利，公司与员工一同分享。

其他福利计划：建立员工疾病信托基金，设立员工子女奖学金。从1988年开始，每年资助100名沃尔玛员工的孩子上大学，每人每年6000美元，连续资助4年。

沃尔玛通过利润分享计划和员工购股计划，建立员工和企业的合伙关系，使员工感到公司是自己的，收入多少取决于自己的努力，因此会关心企业的发展，加倍努力地工作。不过，这种薪酬制度也有局限性，对于那些温饱问题没有解决的员工来讲，他们更关心眼前固定工资的多少，而非未来的收入；对于处于成熟期的企业来讲，利润增加和股票价值的升值主要不取决于员工的努力，股票升值的潜力很小，这样利润分享计划和员工购股计划不会为员工带来多少利益。利润分享计划和员工购股计划最适合成长性、发展型零售企业采用。

## 四、如何做好顶层设计、逐步实施股权激励

### 1. 顶层设计"十六字方针"

股权激励是长效激励机制，影响重大且深远，所以，做好顶层设计是必需的。股权激励的顶层设计是指在设计和实施股权激励整体方案时，从不同维度进行综合考量，提供量身定制的方案，以保证股权激励的实施效果，解决问题，达成股权激励的目的，实现企业战略目标。

股权激励顶层设计框架如下图所示：

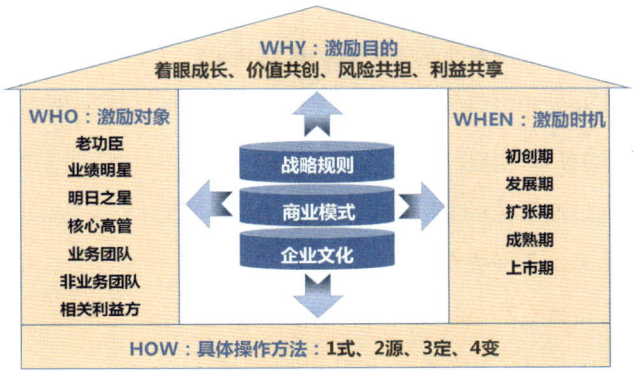

图 4-11 股权激励的顶层设计图

**（1）十六字指导方针**

着眼成长：方案的设计与实施着眼于企业与个人的共同成长、共创多赢；

价值共创：方案的设计与实施把大家的关注点放在价值共创上，"做大蛋糕"；

风险共担：方案的设计与实施贯彻"责权利对等、激励与约束对等"原则；

利益共享：方案的设计与实施的结果是按既定、共识的规则共同分享收益。

股权激励整体方案的设计与实施必须在思路与细节上体现这十六字指导方针。

**（2）激励目的：以终为始**

一个根本问题：股权激励的目的是什么？即为什么要做股权激励？

这是以终为始、成果导向的问题，以此来思考股权激励的整体框架。如果目的不明确、不清晰，方向不清晰，股权激励就成了无的放矢。

从根源上讲，股权激励的根本目的是为了实现企业战略目标。

更进一步，我们需要明确：

通过股权激励解决什么具体问题？

达到什么样的预期效果？

能否通过股权激励解决这个问题，达到预期的效果？

想清楚这些问题对具体方案的设计、激励工具的选择等非常关键。

**（3）激励对象："抓核心"**

需要深入思考的是：

激励对象应该是哪些人？

为什么是这些人？

依据规则和标准是什么？

激励对象选择的原则是"抓核心"：核心竞争力、核心业务、核心人才。具体是指有利于增强企业核心竞争力的、核心业务的核心人才。一般来说，激励的重点主要是企业的中高管、对企业发展有直接影响的管理骨干、营销骨干和核心技术人才。具体要根据激励目的来确定激励对象。

**（4）激励时机：宜早不宜迟**

什么时点是股权激励实施的最佳时机？这是股权激励顶层设计时要思考的重要命题。

创业初期，前景不明，生死未定，是否适合做股权激励？

进入成长期，前途可期待，有想象空间，是否股权激励效果最佳？

进入成熟期，成果显著，效益良好，有钱可分，是不是更适合推进股权激励来分享革命的果实？

激励的目的是激发人才的主动性、创造性，以创造更大的价值，实现企业的战略目标。就此而言，企业发展的每个阶段——初创期、成长期、成熟期，都适合做股权激励。因为，每个阶段都有阶段性的目标，都需要人去完成，需要去激发。

但每个阶段的股权激励具体目标、激励对象、采取的模式不同。

初创期，激励目的是激励核心成员齐心协力应对创业的不确定性；激励对象以核心成员，能独当一面，能增强企业核心竞争力的人员为主，激励面不宜太宽；激励方式以"实股+受限股（期权）"为主。

成长期，激励目的是鼓舞士气，加速发展；激励对象以中坚力量、攻坚力量为主，激励面稍宽；激励方式以"期权+业绩奖股"为主。

成熟期，激励目的是加强管理、规范管理，延长企业成熟期；激励对象尽可能广，甚至是全员激励；激励方案以"虚拟股或激励基金"为主。

同时，我更想表达的观点：股权激励宜早不宜迟。

千万别等球踢完了、爬上顶了，才想去激励，这就不是激励了，成了奖励，成了胜利后的福利。

激励的目的在于，激发人员的主观能动性、创造性，更快、更高效地去创造更多的价值，把不可能化为可能，实现原本不可能实现的目标！农村包干到户后的巨变、互联网企业的飞速发展，都证明了——激励到位，一切皆有可能！如果，你的企业发展不利，员工士气不高，也许正是激励机制不佳所致。

### （5）激励方案

企业所处行业、商业模式、发展阶段、激励目的、激励对象、激励时机等诸多因素都影响具体激励方案和设计与实施。比如，激励目的是解决老员工流失问题，激励对象以老员工为主，那么，激励的出发点就是肯定历史，多用实股、分红股的激励工具。具体模式的选择、方案的设计与实施，参照后面两章。

## 2. 股权激励实操四步曲

接触过相当多的企业，推行股权激励的过程中没人响应，反而被员工认为老板在"画饼充饥"，忽悠人。比如说，一家企业，以净资产的认购价发起实股认购时，员工都不买账，不愿意认购。

究其原因，这些企业的股权激励做法脱离了正常的步骤。结合实操经验，我把股权激励分为四大步骤：分享梦想、路径规划、分股、分"钱"。

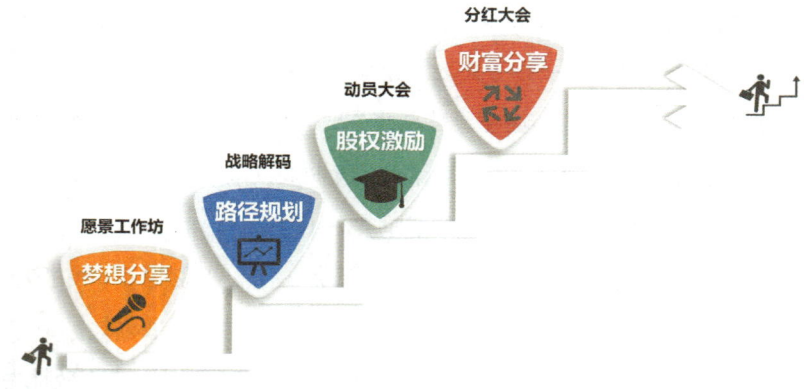

图 4-12　股权激励的三大基础模式

### 第一步：分享梦想

每一个组织，都开始于一个梦想；梦想或愿景是改变未来的力量！更重要的是，创始人必须把个人的梦想化为团队的梦想，让团队相信梦想，并愿意为之全力以赴！

分享梦想，让愿景有感召力，树立一个愿景目标，才能有效地塑造出股权中长期的分红价值、增值价值、套现价值。如果员工对梦想无感，无动于衷，认为不可能实现，自然就不认为股权真正有价值。这种情况下，推出股权激励，自然不会起到激励的效果。

【案例】1万元与1万股，你选择哪一项？

一家创业两年的生物科技公司，30人左右，以技术人员为主，有意向对员工推行股权激励。在调研中，咨询项目组让员工做类似的选择：奖金1万元与奖股1万股，二选一，你选择哪一项？结果，调研下来，80%的准激励对象选择奖金1万元。

咨询项目组在调研后，给出"三没"建议："目前做股权激励，没必要、没意义、没激励效果,建议暂缓推行股权激励。"

其根本原因在于,老板对公司的愿景、发展规划不明确,与员工沟通甚少,员工没觉得公司有啥大的前途,自然也不觉得股权有啥价值。

### 第二步:路径规划

单有梦想、有愿景目标,还是不够的,还要有实现梦想的路径规划,让激励对象觉得梦想靠谱,有实现的可能。

具体到企业,需要梳理公司的业务规划、资金规划、人才规划。

### 第三步:分股——股权激励实施

第三步才是推出股权激励方案,制订动态股权激励方案,关键是实现责任、权利、利益、能力的动态平衡与匹配,驱动和激发激励对象去实现梦想。具体的股权激励方案内容,请参照"股权激励的术——1234模型"的内容。

### 第四步:分"钱"

这一步是股权激励发挥激励效果的关键一环,也是承上启下的一环。

阶段性分"钱",让前期享有股权的激励对象拿到或看到股权带来的收益,让准激励对象"羡慕嫉妒恨",想加入,看到努力的方向,能够吸引与驱动更多的人才全力以赴地投入工作。分"钱",可以是分红,现金的"钱",得到股权的分红收益,让激励对象尝到甜头;也可以是分"钱"景,呈现股权的增值价值即账面价值,让激励对象看到增值收益。

事业成功,需要前仆后继,需要不断吸引与驱动更多的人才投入进来。所以,不能毕其功于一役,要阶段性地分享成果。"榜样的力量是无穷的"!可以说,华为股权激励的成功,与每年的海量分红是分不开的。阶段性的分享成果，让前期的人，获得奖励，注入动力，继续前进；让后期进入的人，看到希望与榜样，充满动力向前冲。

【案例】华为的股权激励成功的关键是未来可观的前景、可观的分红

股权激励不是空谈股权，能在未来实现发展和进行分红是股权激励能否成功实施的关键。在行业内华为公司领先的行业地位和稳定的销售收入成为其内部股权激励实施的经济保证。

华为过去现金分红和资产增值是促使员工毫不犹豫购买华为股权的因素之一。据了解，随着华为的快速扩张，华为内部股近几年来实现了大幅升值，每年的分红更是相当可观。

华为历年每股净资产：2002年2.62元，2003年2.74元，2004年3.21元，2005年3.81元，2006年3.94元，2008年4.04元，2012年5.42元，2013年5.66元，2014年5.9元，2015年6.81元，2016年7.84元。

华为历年每股分红：2003年每股分红0.2元，2005年每股分红0.5元，2006年每股分红0.5元，2010年每股分红2.98元，2011年每股分红1.46元，2012年每股分红1.41元，2013年每股分红1.47元，2014年每股分红1.9元，2015年每股分红1.95元，2016年每股分红1.53元。

员工的年收益率达到了25%～50%。如此高的股票分红也是员工愿意购买华为股权的重要原因，更是华为股权激励成功的主要原因。

### 3. 四个关键点——"一空三度"

影响股权激励成功与否的因素有很多，关键的因素概括为"一空三度"，即股权激励的空间、力度、广度、效度。

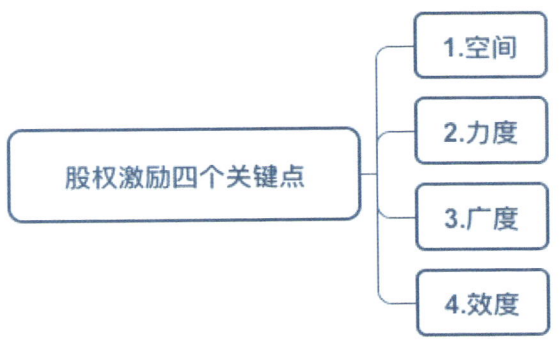

图 4-13 股权激励四个关键点

**（1）股权激励的空间**

股权激励的空间，即行业和公司的成长性，是支撑利益共享机制实现的关键。特别需要强调的，是公司的发展速度对激励效果的作用。若缺乏公司发展作为保证，则公司股权的三个价值点都无法体现，没有利润可分红，股权本身价值没有增长，独立上市或被并购的可能性不大。那么，不仅一切的股权激励措施都可能成为浮云，而且会透支股东信用，损害制度的严肃性和权威性。

没有激励的空间作为前提，再牛、再精准的股权激励方案也是水中月、镜中花——眼馋而已！

**（2）股权激励的力度**

股权激励的力度过小，远低于激励对象的期望值，则达不到激励的效果；激励的力度过大，浪费宝贵的股权资源，更刺激和提高激励对象的期望值，反而可能适得其反。力度的分寸拿捏，是科学，更是艺术，需要综合公司的发展前景、当前的人才市场供需状况、现有薪酬的高低、激励对象的期望值等多重因素确定。

华为股权激励的一个关键就是每年大把大把的分红，每股的收益率相当可观，激励的力度到位！阿里、腾讯、京东等互联网公司的股权激励吸引人，关键是上市造就了多少个亿万、千万富翁,激励的力度有吸引力、有想象空间。

股权激励的力度,股权的收益、回报是否有足够吸引力,这是股权激励的关键。股权没吸引力,白给员工,都没人觉得是好东西,这样的股权激励注定不会成功。

### (3)股权激励的广度

股权激励的广度,即股权激励对象的覆盖面有多大,是覆盖创始团队的几个人、核心人才,还是大部分员工,甚至是全员持股。比如,部分民营企业的股权激励,往往就几个亲朋好友、创业元老等少数人享有股权激励,这样的股权激励,明显是利益输送,偏离了股权激励的本质,激励的效果肯定打折扣,多数员工在心里盘算"与我有几毛钱关系"。这样就成了少数人的游戏,少数人的特权!不但没产生向心力,反而会造成员工的离心力!

具体的,在企业的不同发展阶段,股权激励的广度是有区别的。具体内容参见"股权激励的术——1234动态模型"章节中的"定人"部分。

### (4)股权激励的效度

股权激励是否公平、客观,是否有较客观公正的绩效考核评估体系,这决定了激励是否有效度,是否有区分度。如果股权激励也搞得像多数企业发年终奖一样,"年底双薪",广撒胡椒面,搞成了大锅饭、搭便车。这样的股权激励,就成了员工福利,不会有大的激励效果。

## 五、华为股权激励方案的迭代剖析

作为中国民营企业超常规发展的典范,华为的一举一动都引人关注,而其神秘的员工持股计划更是成为股权激励的经典案例。华为公司的股权激励计划始于1990年,即华为成立三年之时,至今已实施了五次大幅度的优化。

任正非认为，一个企业的经营机制实质上是一个利益驱动机制。华为的员工持股计划作为一项长期激励政策，正是任正非先生企业家精神的具体体现，是《华为基本法》的具体落实。

下面，我们将系统地梳理华为公司二十多年来的股权激励历程，分析其取得成功的原因和启示，以资借鉴。

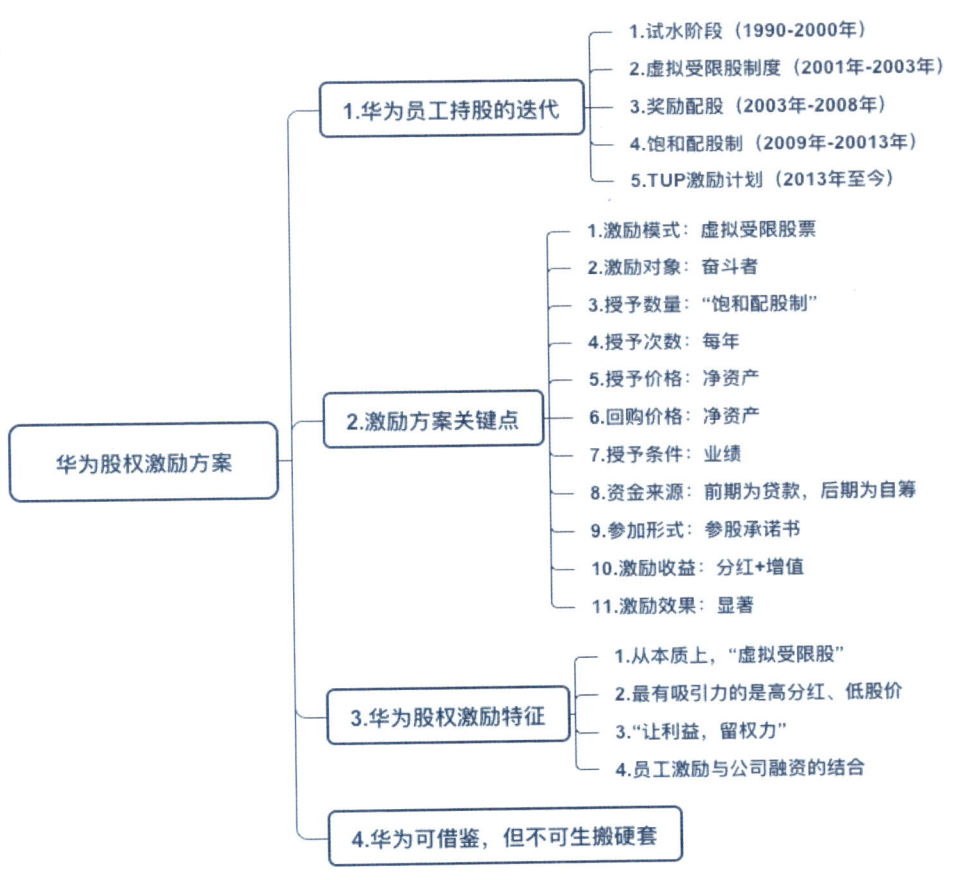

图4-14 华为股权激励方案

## 1. 华为员工持股的迭代

### 1.1 试水阶段（1990—2000年）

1990年，华为第一次提出授予员工股票，对象为上班满一年的员工。

（1）背景：创业初期的华为为解决资金问题，选择内部融资。内部融资不需要支付利息，存在较低的财务风险，不需要支付较高的回报率，同时可以激发员工努力工作。

（2）操作：每股1元购股，退出时每股1元回购。购股数量是在员工进入公司一年以后，依据员工的职位、绩效、任职资格状况等因素确定。资金来源一般是员工的年度奖金；如果新员工的年度奖金不够，公司帮助员工获得银行贷款购买股权。

（3）效果：华为的内部融资，一方面减少了公司现金流风险，另一方面增强了员工的归属感，稳住了创业团队。

### 1.2 虚拟受限股制度（2001—2003）

（1）背景：2001年年底，由于受到网络经济泡沫的影响，华为迎来发展历史上的第一个冬天，此时华为开始实行名为"虚拟受限股"的改革。2001年7月，华为推出《华为技术有限公司虚拟股票期权计划暂行管理办法》，得到深圳体改办批复同意。

（2）操作规则：虚拟股票是指公司授予激励对象一种虚拟的股票，激励对象可以据此享受一定数量的分红权和股价升值权，但是没有所有权与表决权，不能转让和出售，在离开企业时自动失效。虚拟股票的发行维护了华为公司管理层对企业的控制能力，不至于导致一系列的管理问题。具体实施上，华为公司颁布《股权转换协议》，将员工原持有的内部股逐步转换为虚拟受限股。

### 1.3 奖励配股（2003—2008）

2003年的这次配股与华为以前每年例行的配股方式有三个明显差别：一

是配股额度很大，平均接近员工已有股票的总和；二是兑现方式不同，往年积累的配股即使不离开公司也可以选择每年按一定比例兑现，一般员工每年兑现的比例最大不超过个人总股本的 1/4，对于持股较多的核心员工每年可以兑现的比例则不超过 1/10；三是股权向核心层倾斜，即骨干员工获得配股额度大大超过普通员工。

此次配股规定了一个 3 年的锁定期，3 年内不允许兑现，如果员工在 3 年之内离开公司的话则所配的股票无效。资金来源上，华为为员工购买虚拟股权采取了一些配套的措施：员工本人只需要拿出所需资金的 15%，其余部分由公司出面，以银行贷款的方式解决。

### 1.4 饱和配股制（2009—20013）

2008 年 12 月，华为推出"饱和配股制"，即不同工作级别匹配不同的持股量，比如级别为 13 级的员工，持股上限为 2 万股，14 级为 5 万股。大部分在华为总部的老员工，由于持股已达到其级别持股量的上限，并没有参与这次配股。此次的配股规模在 16 亿~17 亿股，因此是对华为内部员工持股结构的一次大规模改造。

资金来源上，如果员工没有足够的资金实力直接用现金向公司购买股票，华为以公司名义向银行提供担保，帮助员工购买公司股份。

### 1.5 TUP 激励计划（2013 年至今）

华为于 2013 年推出的名为"时间单位计划"(Time Unit Plan) 的外籍员工持股计划。时间单位计划（TUP），简单地讲：每年根据员工的岗位及级别、绩效，给员工配一定数量的期权，期权不需要员工花钱购买，5 年为一个结算周期。

（1）背景：一是股票价格逐渐升高，新配虚拟股获取成本增加，激励作用减弱；二是纠正股权激励制度由于实施时间太长而导致过于强化历史性贡献的不合理性，向"奋斗者"倾斜。

（2）操作规则：一是根据部门绩效和个人绩效及配股饱和度每年分配TUP，二是TUP占饱和配股的额度，与虚拟受限股享有同等分红权和增值权，三是第五年分红并结算增值收益，这一期TUP即失效，TUP分红与奖金一起发放。

华为5年TUP计划，采取"递延＋递增"的分配方案。操作方法举例如下：

假如2014年给你TUP授予资格，配了10000个单位，虚拟面值假如为1元。

2014年（第一年），没有分红权；

2015年（第二年），获取10000×1/3分红权；

2016年（第三年），获取10000×2/3分红权；

2017年（第四年），全额获取10000个单位的100%分红权；

2018年（第五年），在全额获取分红权的同时，另外进行升值结算，如果面值升值到5元，则第五年获取的回报是：全额分红＋10000×（5-1）。同时对这10000个TUP单位进行权益清零。

（3）效果：华为采取的5年制TUP模式以及"递延＋递增"的分配方案，可以在一定程度或部分地解决"拉车的和坐车的人的分配公平性问题"，而给予真正"奋斗者"配予可观的虚拟受限股的机会，则长期留人的问题就可以得到较好的解决。同时，TUP存在的最大问题是，其五年一周期，与企业长期发展的捆绑力度不足，并不适用于少数核心层，特别是已具备保持长期使命感的高层。所以，TUP不可能成为华为唯一的长期激励模式，它与现行虚拟受限股正好可以相互配合，解决短期与长期、多数与少数的问题。

## 2. 华为股权激励方案关键要素

### 2.1 激励模式

虚拟受限股。激励对象有分红权及净资产增值收益权，但没有所有权、表决权，不能转让和出售虚拟股票。在其离开企业时，股票只能由华为控股有限公司工会委员会回购。

### 2.2 激励对象

奋斗者。只有"奋斗者"才能参与股权激励，华为公司出台了许多具体措施去识别和评估"奋斗者"。

### 2.3 授予数量

"饱和配股制"。每个级别员工的达到上限后，就不再参与新的配股。

### 2.4 授予次数

每年。激励对象只要达到业绩条件，每年可获准购买一定数量的虚拟股票，达到持股上限后，公司就不再授予虚拟股票。

### 2.5 授予价格

每股净资产。2001年后，公司按净资产值确定股价。

### 2.6 回购价格

每股净资产。员工离开公司，华为投资控股有限公司工会委员会按当年的每股净资产价格购回。

### 2.7 授予条件

业绩。相关报道未予披露华为公司授予激励对象虚拟股票的业绩条件。

### 2.8 资金来源

前期为贷款，后期为自筹。员工购买股票资金来源为

（1）银行贷款：华为员工以"个人助业"的名义获得的银行信贷，支付购股款。合同显示：贷款用途为"个人事业发展"，贷款期限三年，贷款利率为月利率0.4575%，担保方式为个人薪酬收益权及账户质押。

（2）分红款：大多数华为员工在分红后，即将红利投入购买新的股票，因为股票收益增长的幅度要比工资增长的幅度高得多。后期贷款被叫停，员工自筹。

### 2.9 参加形式

参股承诺书。华为员工与华为公司所签署《参股承诺书》，每个员工有一个内部账号，可以查询自己的持股数量。

### 2.10 激励收益

分红 + 增值

（1）分红：近几年分红分别是：2010年2.98元/股，2011年1.46元/股，2012年每1.41元/股，2013年1.47元/股，2014年1.9元/股，收益率超过50%。

（2）净资产增值收益。按每股净资产确定股价，在华为投资控股有限公司工会委员会回购股票时一次性兑现净资产增值收益。

### 2.11 激励效果

公司超速成长、员工分享利益

七年时间，公司通过股权激励融资超过270亿元，销售收入2001年235亿元，2011年增长到2039亿元，2017年6000亿元。同期，华为每年大比例的分红也让员工分享公司高速发展的收益。

华为公司的股权激励历程说明，股权激励可以将员工的人力资本与企业的未来发展紧密联系起来，对于凝聚员工、激励员工、使员工关注公司的整体利益、关注公司的效益还是起了非常大的作用。

## 3. 华为股权激励剖析

### 3.1 从本质上，"虚拟受限股"是合同关系

所谓虚拟，就是它不是真正的、法定的股权。所谓受限股，就是它的流通也是受到限制，在离开华为的时候，这个股票就被公司回购回来，回购的价格是以当时的每股净资产来回购。在法律关系，虚股激励在员工与公司之间建立的是一种合同关系，而非股东与公司的关系。

### 3.2 最有吸引力的是高分红、低股价

每年华为股票的分红，这几年保持在 25% 以上的回报率。低股价有一个好处，新员工在购股的时候，他购股的成本比较低；员工离开华为的时候，华为回购的时候，这个回购的成本也比较低。

### 3.3 "让利益，留权力"

"虚拟受限股"实质上是利润分享制，把股东的利润，按贡献大小让与"虚拟受限股"实质上是利润分享制，把股东的利润，按贡献大小让与数万员工分享，通过让员工分享公司利润，激发员工工作动力。

"虚拟受限股"没有影响任正非对华为的控制权。正因为他的控制权没有被削弱，所以也就使得所有者有这样的动机，他敢把这个股票盘子再做大，吸引更多的员工，或者给更多的新员工，给他们授权，给他们配股。

### 3.4 员工激励与公司融资的结合

员工获得股权，参与公司分红，又由于华为公司的经济效益很高，员工的资金在公司可以获得很高收益；同时，公司通过股权激励获得了大量资金，可以增加公司的资本比例，缓冲公司现金流紧张的局面，实现公司发展和员工个人财富的增值。

## 4. 华为可借鉴，忌生搬硬套

在整体思路和理念上，华为的股权激励计划值得借鉴，但难以效仿，许多关键要素难以复制，学不来。

### 4.1 超高的净利润，超高的分红比例，想学不容易

股权激励不是空谈股权，能在未来实现发展和进行分红是股权激励能否成功实施的关键。在行业内华为公司领先的行业地位和稳定的销售收入成为其股权激励实施的经济保证。当股权激励的力度不够大时，股权激励的效果也相当有限。

华为现金分红和资产增值是促使员工毫不犹豫购买华为股权的因素之一。随着华为的超速发展，华为内部股近几年来实现了大幅升值。员工的年收益率达到了 25%～50%。如此高的股票分红也是员工愿意购买华为股权的重要原因。

**4.2 彻底地与员工分享的格局与胸怀，多数人学不来。**

任正非作为华为的创始人，每年分红只占 1% 多一点，试问天下有几个人有这样的格局与胸怀？！可以说，放眼世界，找不出几个。

**4.3 存在法律上的障碍**

以内部员工购股的方式来形成员工持股计划，操作不慎就可能会被相关部门定性为内部集资。华为是有深圳市特区体改委的红头文件，是允许这样试点的，红头文件之后就再不见红头文件了，所以它这个制度并不是在我们其他企业能够广泛推开的。

2010 年银监会发布《个人贷款管理暂行办法》和《流动资金贷款管理暂行办法》，两个"暂行办法"与此前银监会颁布的《固定资产贷款管理暂行办法》和《项目融资业务指引》并称为"三个办法一个指引"，叫停了华为银行贷款购股的做法，规定个人贷款只能用于生产经营和个人消费，银行贷款不得用于股权的投资。

## 六、股权激励上承战略，下接组织建设

在我看来，股权激励之道，恰恰是作为老板最需要关注的，所以，讲得有点多，讲得我有点口干舌燥，赶紧忙着喝水，也让张总先消化消化。

CEO 张："听了王老师的'私房课'真是受益多多，对股权激励的认知提升了一大段。看来以前是知其然，不知其所以然，所以常听说'一听就懂，一做就错'，实际上是似懂非懂，停留在表面。"

我："许多公司股权激励没有收到预期效果，重要原因是偏离了我们聊的这些'道'，找个现成的方案，照葫芦画瓢，复制一个方案，有其形而无其实。偏离了股权激励的核心理念，顶层设计不到位，失败是必然的。没在任何一家公司是与别人一模一样的。"

CEO 张："生搬硬套是不可能有效果的。"

我："企业的股权方案表面上看是一套解决方案，实质上是基于战略的一次公司治理、人本优化的深度沟通；上承企业战略、公司治理，下接组织变革、企业文化；牵一发而动全身。"

CEO 张："有道理，正如老子所说，'有道无术，术尚可求也；有术无道，止于术'。理念有偏差，效果自然是'失之毫厘，谬以千里'！道，基本听懂了，一个实际的问题是如何做？"

我："对，这就是法和术的问题。有想法，没做法，也是白搭。不过，在我看来，'道'懂了，'法'和'术'就简单了，一张图、十分钟时间，我就给你讲明白股权激励的'器'。"

CEO 张："一张图、十分钟时间？"

我："是，休息一下，我来讲一图三模式。"

**本章节思考题：**

**1. 思考自己公司的股权激励整体规划：**

**（1）为什么要做股权激励？要解决什么具体问题？（WHY）**

**（2）对哪些人进行股权激励？（WHO）**

**（3）什么时机适合进行股权激励效果？（WHEN）**

**（4）如何设计具体的方案？（HOW）**

**2. 借鉴股权激励实操"四步曲"，思考自己公司如何统筹安排股权激励方案的设计与落地？**

# 第七章　股权激励的法——"3+N"模式

道生一，一生二，二生三，三生万物。——老子《道德经》

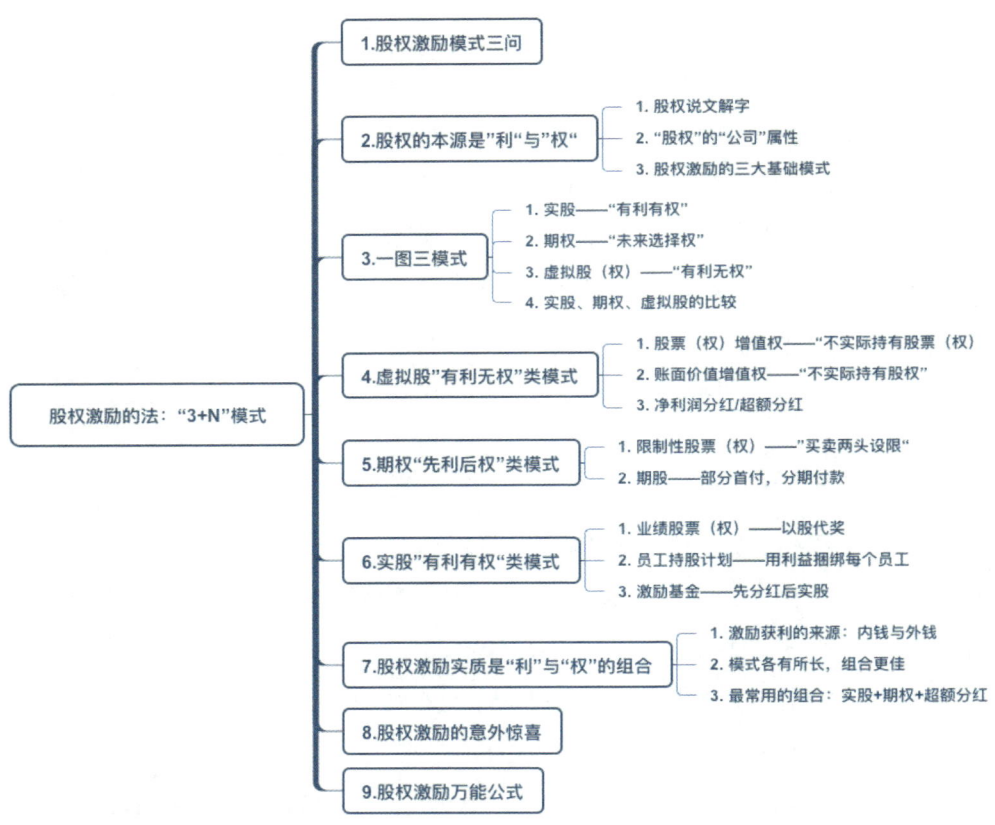

图 4-15　股权激励的法："3+N"模式

## 一、股权激励模式三问

稍作休息，张总就迫不及待地开始了追问，真是"求知若渴"。

CEO 张："王老师，你刚才说'一张图就可以说清楚股权激励的模式'？我真有点不相信，我以前听过，也在网上查过，股权激励模式有十几种之多，比如股票期权、期权、限制性股票（权）、虚拟股票（权）、股票（权）增值权、账面价值增值权、业绩股票（权）、员工持股计划、激励基金等，我感觉太复杂了，一头雾水。"

我："是，市面上常用的股权激励模式有十几种之多，但我们把复杂问题简单化，追本溯源，就三个问题：

Q1: 股权的本源是什么？这是股权激励模式分类的依据。

Q2: 股权激励的基础模式是什么？万变不离其宗。

Q3: 股权激励模式如何分门别类？基础模式的变形与组合。

把这三个问题搞清楚了，一切就简单了。"

CEO 张："有道理，找到源头，顺藤摸瓜，就简单了。"

我："对，下面，我先从第一个问题开始。"

## 二、股权的本源是"利"与"权"

### 1. 股权说文解字

> 股,髀也。股,从月(肉)从殳,指大腿。股肱之臣,指辅佐君主的左膀右臂、得力大臣。

> 权,繁体是"權",从木从藋,衡器——權的本义是黄花木,因其坚硬、难以变形,被用于秤之杆、锤之柄,拄之杖,故引申为衡器。简体的"权",从木从又——"木"指扎实的基础,"又"是象形字,像人的手,因此"木"与"又"合起来的意思是:在扎实的基础上用手指挥别人,即为权。

由此可见,在博大精深的象形文字造字法下,"股权"二字本身已昭示了其内涵:

> 股:乃肉,代表"利","天下熙熙皆为利来"的"利"。

> 权:是权杖、权力、权益。故,与"法"一脉相连,属"法"的术语。

而且,股在前、权在后,所以,股权还是利字当头、利益当先,这正是"股权激励"的根基。"利益"与"权力"正是我们区分与选择股权激励模式设计的两个关键点。

### 2. "股权"的"公司"属性

按"合法、合理、合情"的逻辑,现代公司谈"股权",首先不可脱离"公司"这一根本,离开"公司"谈股权显然是"皮之不存,毛将焉附"。众所周知,公司,是市场经济中企业的组织形式之一,也是现代经济最主要、最基本的市场主体单元。现行《公司法》第二条即开宗明义指出:本法所称公司是指依照本法在中国境内设立的有限责任公司和股份有限公司。而不论"有限责任公司"还是"股份有限公司",作为企业法人,"公司"享有法人财产权,其表现形式即为股权。

作为股权的所有者，股东天然拥有三项法定(《公司法》第四条)的最基本、最重要也是最核心的权益：资产收益权、参与重大决策权、选择公司管理者权，实质上归纳为"利益"与"权力"。

在现行《公司法》规定的公司"组织机构"（公司治理架构）下，股东后两项权利（参与重大决策和选择公司管理者的权利）的行使，是通过股东大会的"投票表决"方式、按多数决来实现的。因此，包含了后两项权利及其他股东权利的"表决权"，与第一项的"收益权"一道，成为"股权"最核心的两项权益。

股权的"收益权"和"表决权"，正是股权激励所有模式的核心元素与区别所在。

注：需要说明的是，《公司法》规定，只有股份公司才有股票，既可以用股份比例来表示，也可以用股票数量表示权益，而有限责任公司只能用股权比例来表示股东权益的数量。为表述的方便与统一，本章统一用"股票（权）"代指股份公司与有限责任公司的股权，比如"限制性股票（权）"既表示股份公司的限制性股票，又表示有限公司的限制性股权。

### 3. 股权激励的三大基础模式

综合以上两点，无论是从股权的说文解字，还是从现代公司的股权法律属性，股权都归结为"利益"与"权力"。这两项核心权益进一步演化开去，如图所示，衍生出股权激励的三种基本模式，此为"3"；在此基础上，进一步变形与组合产生了股权激励的众多模式，此为"N"。

接下来，将逐一阐述"3+N"模式的本质、特点、优缺点与适用场景。

## 三、一图三模式

实股、期权、虚拟股,实为股权激励模式的三大基础模式,在三大基础模式的基础上,进行组合、变形,又衍生出众多的模式。所以,首先详细阐述三大基础模式,再具体讲述衍生模式。

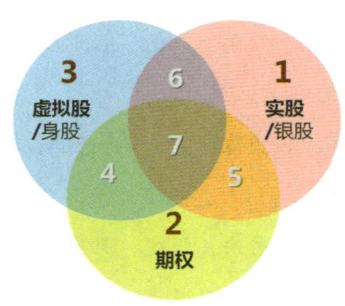

图 4-16　股权激励的三大基础模式

### 1. 实股——"有利有权"

实股是股权激励众模式之首,在公司诞生的第一天起就随之产生,实股激励伴随着公司的全生命周期。

**1.1 内涵**

实股指激励对象按照约定的价格以个人出资、贷款、奖励等方式获取一定数额的公司股权,并即时享有该股权,在工商部门进行实名登记。

**1.2 特点**

激励对象即期取得公司股权,通常以工商登记(股东)变更为标志。实股最直接的标志是在公司的工商登记信息里,直接显示股东及其持股比例信息。

**1.3 权益**

实股拥有完整的股东权益,收益权、表决权二合一,具有作为公司股东的全部权益。

### 1.4 适用场景

场景一：创始股东、合伙人，达成共识、价值共创、风险共担、利益共享的合伙人与核心骨干。

场景二：肯定历史，对有历史贡献、价值观认同、稳定性强、业绩突出的员工。

场景三：真金白银入股的投资方。

### 1.5 股权激励慎用实股

一般不建议对新员工采用实股的股权激励方式，因为实股的标志是工商登记，这是最麻烦的地方，变更手续烦琐。更为重要的是，以实股为激励工具，一旦产生纠纷即为股东纠纷，协商不成，即诉诸司法程序，陷公司于不利之境。

故，建议股权激励慎用实股，如果要用，务必设计好防火墙，设计好"纠纷协商与处理""退出机制"，包括回购条款与份额调整，最大限度上避免纠纷的产生。

### 1.6 案例：针对核心高管的实股激励

经公司董事会研究通过，某制药公司决定对研发技术副总、生产副总和营销副总3大核心高管，实施股权激励。由于该公司已经营多年，而且这三大高管已进入公司多年，随着公司发展而逐步成长、晋升到目前岗位，因此，公司决定"肯定历史"，采用实股激励。

2009年年末，公司的净资产5000万元，公司股权份额由此按每股1元折合为5000万股。2010年1月启动实施：三位激励对象，每人各分配1%的股权，即每人50万股。

每人的50万股采用三种方式分配：

一是出资认购：在方案确定后，通知个人，并自通知起的30天内，个人以现金方式、通过银行转账，按每股1元，认购20万股。

二是认购奖股与赠送：公司按 1:1 比例，向个人奖励 20 万股，以作为对其历史贡献的肯定。

三是延期兑付：考虑到个人购股资金压力，公司先行提供免息贷款 10 万元予个人，同期一次性认购 10 万股。购股贷款从个人年收入（税后）中抵扣、返还：每月工资抵扣 5000 元，余额从个人年终奖中扣除。

其中，"股权转让协议"中约定，公司奖励的 20 万股和贷款购股的 10 万股，共计 30 万股限售 12 个月。限售期结束后，公司再一并进行工商变更，即为实股。

## 2. 股票（权）期权——"未来选择权"

### 2.1 内涵

股票（权）期权是公司给予激励对象在一定的期限内，按照某个既定的价格购买一定数量公司股票的权利。公司给予激励对象的既不是现金报酬，也不是股票本身，而是一种购买股票的权利，激励对象自由选择使用或放弃该权利。激励对象可以按照事先约定的价格（定价机制），在某一规定的时间段内，在满足一定的绩效条件后，个人可以以出资、贷款、奖励、红利等方式获取一定数额的公司股权；同时，个人也可以选择放弃行使权利。

如下图，约定行权价为每股 30 元，第一次行权时股价为每股 10 元，则激励对象可以放弃行权；第二次行权时股价为每股 50 元，则激励对象选择按约定的行权价每股 30 元行权。期权行权前，无任何股东权益，行权后即为"实股"。激励计划内的行权期一般以年为单位，分 3~5 年，第 1 次行权通常离授予期超过 1 年（因为行权的业绩条件达成，通常需要经历一个完整的经营年度）。

股票（权）期权的最大特点在于"未来选择权"，而且选择权在激励对象手中，可以选择行权，获得股票（权），也可放弃行权。

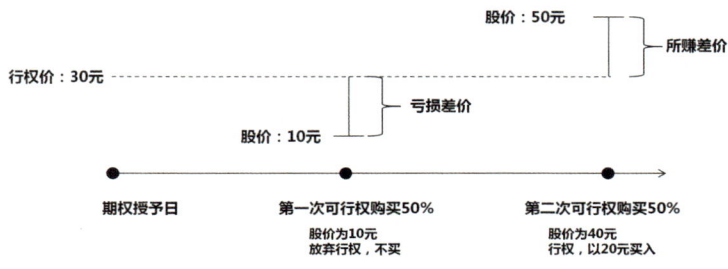

图 4-17 股票（权）期权收益

## 2.2 权益

行权前仅有认购权，认购后享有分红权、增值权、知情权等股权的核心权益。

期权激励的收益包括：①行权时的薪资性收入，即市场价与行权价的差额，相当于公司给激励对象发了一笔奖金，因此，个税上适用"工资、薪金所得"项目（税率为5%～45%）；②股票出售（上市公司）或股权转让（非上市公司）时的价差/增值利得，个税上适用"财产转让所得"项目（税率为20%）；③分红收益，如公司有正常分红，行权后、出售/转让前，持有股票（权）期间的分红收益。

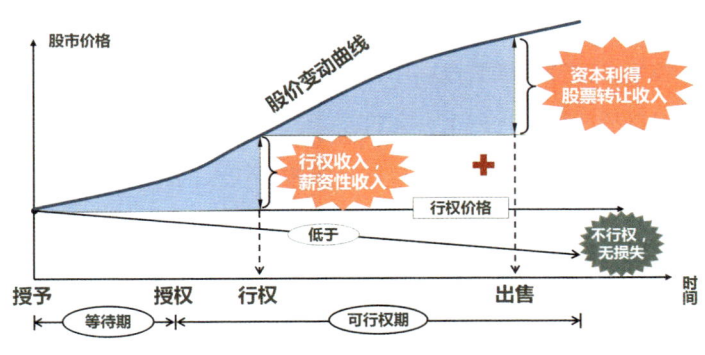

图 4-18 股票（权）期权收益

### 2.3 股票（权）期权是应用最广泛的模式

在美国最常用的是股票期权，半数以上的上市企业在实施股权激励时，采用股票期权。在国内，由于股票市场的有效性相对较差，以及缺乏相应配套的法律制度，所以股票（权）期权对上市公司而言，操作有诸多不便。对非上市公司而言，尤其是成长型企业、创业公司，股票（权）期权成为最便捷、最有激励性的股权激励模式。随着创业、风投、硅谷模式在中国的传播、风行，股票（权）期权已经成为创业公司的激励标配。

### 2.4 利与弊

实行股票（权）期权于公司而言：优点在于，一是实现与激励对象的共创共享，股票（权）期权着眼于成长和长期收益，实现了激励对象和公司利益一致，选择有利于企业长期发展的战略，进而达到"双赢"的目标；二是股票（权）期权激励是用未来的钱、市场的钱来激励员工干好当下的活，公司没有任何现金支出，有利于企业降低激励成本。弊端在于，一是股票期权的激励方式存在纳税的问题；二是如股票跌破行权价，则激励对象不选择行权，激励失效。

于员工而言，好处是股价下跌或者期权计划预设的业绩指标未能实现，受益人只是放弃行权，并不会产生现实的资金损失；弊端在于股价无法真实地反映业绩，激励对象无法左右股价。

总体上，股票（权）期权的股权激励方式适合那些初始资本投入较少，资本增值较快，在资本增值过程中人力资本增值效果明显的公司，例如高科技公司、互联网公司、知识型公司等。通过实施股票期权的股权激励方案，可实现经营者与所有者利益的一致性，锁定期权人的风险，降低激励成本、吸引留住人才。

### 2.5 期权相关的术语释义

期权激励，一般会经历四个步骤，即授予、成熟、行权、变现。

授予条件：公司与员工签署期权协议，约定员工取得期权的基本条件。

成熟期：是员工达到约定条件，主要是达到服务期限或工作业绩指标后，可以选择行权购买，把期权变成股票，或者期权设定为免费配给股票。

行权期：员工买下期权，或者通过合法手续获得转让股权，从期权变成股权。

变现期：员工取得股票后，通过转让或在公开交易市场出售，或通过参与分配公司被并购后转让股权，或通过分配公司红利的方式，参与分享公司成长收益。

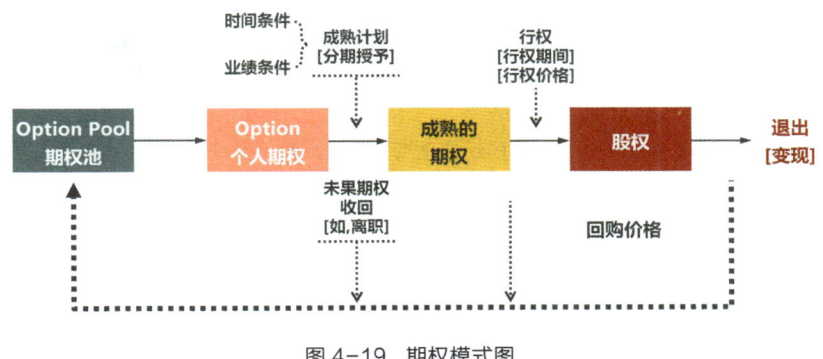

图 4-19 期权模式图

### 2.6 案例：蓝氧科技的股票期权激励方案

珠海市新依科蓝氧科技股份有限公司（证券代码：834068，证券简称：蓝氧科技）的"股票期权激励方案"（2016年1月制定），关键点解读：

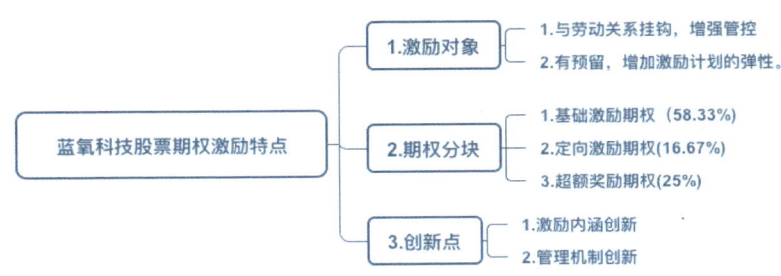

图 4-20 蓝氧科技股票期权激励特点

关键点1：激励对象的资格条件：一是与劳动关系挂钩，增强公司的管控力度；二是有预留，体现"吸引未来"原则，增加激励计划的弹性。

激励对象必须在本激励计划有效期内与公司或子公司签署劳动合同、劳务合同或其他合同／协议，在公司或子公司任职或为其提供服务超过1年，且符合如下标准之一：

（1）公司董事长、董事会秘书、总经理、副总经理、部门总监、子公司高级管理人员；

（2）公司各职能部门经理、副经理等中层管理人员、子公司中层管理人员转正超过一年；

（3）公司各职能部门及子公司主管、核心骨干及关键岗位员工转正超过一年；

（4）公司任职3年以上的员工；

（5）董事会认定对公司有特殊贡献的其他人员；

（6）预留激励对象：本激励计划获董事会、股东大会批准时尚未确定，在本激励计划存续期间经董事会批准后进入本激励计划的激励对象。

激励对象发生如下情形之一的，在情况发生之日，对激励对象已获准行权但尚未行使的期权终止行权，其未获准行权的期权由公司注销，持股平台的有限合伙人中珠集团（或其指定的主体）有权按照最近一期每一合伙份额的净资产值进行回购：

（1）成为公司独立董事或其他不能持有公司股票或股票期权的人员；

（2）与公司或子公司之间的劳动合同、劳务合同或其他合同／协议到期后，双方不再续签合同的；

（3）经与公司或子公司协商一致提前解除劳动合同、劳务合同或其他合同／协议的；

（4）主动从公司或子公司辞职或与公司或子公司解除合同／协议的；

（5）公司或子公司依法单方终止或解除与激励对象的劳动合同、劳务合同或其他合同／协议的；

（6）董事会认定的其他情形。

关键点2：期权分成三个模块，形成组合拳。和一般期权计划仅进行数量分期不同，该计划参考工资、项目奖和奖金的设置方法，将每期期权进一步分为基础、定向和超额三部分，将管理属性注入期权，颇有新意。

期权的行权期及各期行权时间、数量安排如下表所示：

| 行权期 | 可行权日 | 可行权数量 | | |
|---|---|---|---|---|
| | | 基础激励期权 | 定向激励期权 | 超额激励期权 |
| 第一个行权期 | 2016年3月1日至2016年3月31日 | 567万份 | 193.05万份 | 0 |
| 第二个行权期 | 2017年3月1日至2017年3月31日 | 756万份 | 不超过270万份 | 不超过405万份 |
| 第三个行权期 | 2018年3月1日至2018年3月31日 | 567万份 | 三期累计不超过540万份 | 三期累计不超过810万份 |

表4-1 期权的行权计划安排

本激励计划项下，中珠集团拟一次性向持股平台转让1200万股股份，占公司股本总额的12%，转让价格为每股2.70元，标的股票均为人民币普通股。

本激励计划拟授予激励对象3240万份期权，包括：基础激励期权1890万份（占总额58.33%），定向激励期权540万份（占总额16.67%），超额奖励期权810万份（占总额25%）。其中，基础激励期权为首次授予期权，定向激励期权和超额奖励期权为预留期权。预留期权的激励对象名单、期权数量、每一个行权期的可行权数量等事项由董事会决议，并按照法定程序授予。

对于超额奖励期权：

(i) 第二个行权期：可行权总数量按照 2016 年度主营业务净利润超过人民币 3000 万元部分的 50% 按照 1.00 元／份折算，且不超过 405 万份。超额奖励期权为预留期权，具体的激励对象名单、授予期权数量、各激励对象在每一个行权期的可行权数量等相关事宜，届时由董事会决议。

(ii) 第三个行权期：可行权数量按照 2017 年度主营业务净利润超过人民币 3600 万元部分的 50% 按照 1.00 元／份折算，且不得超过拟授予的超额奖励激励期权的总数（810 万份）减去第二个行权期内已行权的超额奖励期权总数后的余额。

对于期权的行权条件：

**公司业绩考核要求**：本激励计划的第一个行权期不设公司业绩考核要求，第二个行权期的业绩考核要求是公司 2016 年度主营业务净利润达到人民币 2400 万元，第三个行权期的业绩考核要求是公司 2017 年度的主营业务净利润达到人民币 2880 万元（增幅 20%）。

总结：蓝氧科技期权激励的创新设计：

一是激励内涵创新：不是单纯地为激励而激励，而是将期权分为三块：基础、定向和超额，从而赋予了期权计划全新的激励内涵。

二是管理机制创新：将激励对象的资格条件与劳动关系挂钩，从而将股东身份的管理从《公司法》范畴延伸到《劳动合同法》，大大拓展了公司对股东身份的管控空间。

由此可见，蓝氧科技的期权激励计划充分体现并践行了股权激励武器的"管理属性"，让期权真正成为一项管理利器。

### 3. 虚拟股（权）——"有利无权"

#### 3.1 内涵

虚拟股指公司授予激励对象一种"虚拟"的股票（权），激励对象可以据此享受一定数量的分红权和股价升值收益。如果实现公司的业绩目标且公司有分红，则激励对象可据此享受分红，但虚拟股通常没有公司股权的所有权和表决权，不能转让和出售，在离开公司时自动失效。

虚拟股俗称身股、干股，单纯享有"收益权"。因其不改变实际的股权架构，不涉及"表决权"（公司控制权），也不涉及激励对象出资，加上一般是"人走股没"（没啥后遗症）。虚拟股是贯彻"分利不分权"这一激励原则的首选工具。

### 3.2 特点

激励对象持有的不是公司股权（股票），而是分享股权收益的凭证。其包含的"分红权"，本质上是奖金的一种长期形式。所以，虚拟股有三个特点，一是分利不分权，不影响实际的股权结构；二是人在股在，人走股没，所以，深受企业老板所爱；三是操作简单、灵活，一份分红协议即可解决问题。

### 3.3 权益

虚拟股拥有分红权、增值权、知情权等股权的核心利益。

由于股权的收益可分为增值（＝卖出价－买入价）和分红两部分，因此，虚拟股又进一步衍生出一个工具——股票增值权，后面将具体分析。

### 3.4 利与弊

于公司而言，好处在于：①虚拟股操作简便，将持有者的长期收益与企业效益挂钩，具有内在激励作用与一定约束作用的优点；②虚拟股票实质是一种分红凭证，不会稀释原股东控制权，造成股权分散。弊端在于：①虚拟股票模式下，激励重心在于分红，导致公司现金支付压力比较大；②激励侧重于短期性，过分关注公司短期利益；③如公司盈利水平低或不盈利，则无法达到激励的效果与目的。

于员工而言，好处在于是纯奖励的措施，员工无须支付资金，没有风险；弊端在于虚拟股票毕竟不是真正法律意义上的股权，激励力度相对较小，吸引、固定人才力度不大。

### 3.5 案例:《乔家大院》中的身股制

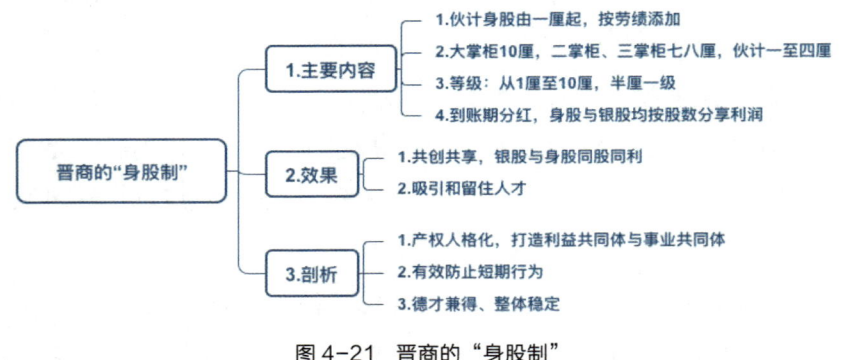

图 4-21 晋商的"身股制"

#### 3.5.1 晋商的"身股制"内容

(1)各号伙计出师后顶一份身股,身股由一厘起,每年按劳绩由东家和掌柜来决定是否添加。

(2)大掌柜(总经理)一般顶一股(10厘),二掌柜、三掌柜(副总、总经理助理)顶七八厘,伙计大多顶一至四厘。每逢账期(一般为4年)可增加一二厘,且份额的增加根据业绩或贡献大小来决定提升的幅度。

(3)身股制的等级层次分明、体系完整,从1厘至10厘,半厘一级,共19等级。

(4)到账期分红,身股与银股同股同权,均按股份数分享利润。

#### 3.5.2 激励效果

(1)共创共享共赢,银股与身股同股同利。

以乔家大德通票号为例:1889年盈利约2.5万两白银,每股分红约850两,银股和身股数量为20比9.7;1908年盈利达到74万两,每股分红约1.7万两,此时银股和身股数量为20比23.95,分得红利分别为34万两和40万两。这样,红利的一半以上分给了员工,但东家所分红利是20年前的20倍。

(2)吸引与留住人才。

以乔家大德通票号为例，既防止了人才流失、留住了人才，如马旬；又吸引了一大批外部人才，如潘为严等。

### 3.5.3 剖析

事实上，晋商的身股制是虚拟股最经典的样板，至今仍广为（非上市）民营企业所借鉴采用。究其根源就在于它既保证了用制度吸引人才、留住人才，又保证了家族事业的有效传承。

（1）产权人格化

身股其实和今天的"人力资本"，并无二致。身股的诞生，赋予了股权以完整的人格。经由此，原本物化的股权有了温暖的人性光辉，利益共同体也升华为事业共同体。

（2）消除"委托—代理"的目标差异，有效防止短期行为

身股虽然不可传承，但在分红中可以占到六成以上，这使得干活的人真正明白是在为自己干，也使他们在东家后代昏庸的情况下，依然有足够动力去维持经营的健康持续——对此，著名的大盛魁商号最具代表性。

因此，当身股占比超过银股时，我们可以认为事业共同体进一步迭代升级为命运共同体。而且，身股没有"表决权"、不涉及控制权转移，因此，身股再多也不影响家族事业的有效传承。

（3）德才兼得、整体稳定

身股因能力（等级）而设置，确保了能者上、庸者下。加上不能转让和继承的规则设定，确保了掌柜的代际传承主要依靠师徒帮带，并且多为精英，及时有优秀人才加盟，也很快在这样的制度设计下采取长期行为，从而整体上形成了精英队伍的长期稳定。

久而久之，晋商的身股制还催生了"诚信、公平"的商业氛围，因为只有重视诚信和买卖公平，才符合东家的长期收益——诚信是传承的要求，不是生意的要求；只有诚信才能挣大钱，这是商业的基本逻辑。

由此可见，身股运用得当，激励效果不仅巨大而且持久。

### 4. 实股、期权、虚拟股的比较

| | 优势 | 劣势 |
|---|---|---|
| 实股激励 | 1.股份收益短期内兑现<br>2.掏钱购买，因此倍加珍惜<br>3.有利于调动员工积极性<br>4.权利和责任对称，收益和风险对称<br>5.有利于公司积累和壮大，资本收益 | 1.原有股东控制权被稀释<br>2.购股资金压力大<br>3.如有问题，难以挽回<br>4.经营者风险较大 |
| 虚拟股激励 | 1.不影响公司的总资本和股本结构<br>2.设置灵活，方便管理<br>3.收益与公司业绩挂钩<br>4.原有股东控制权不受影响<br>5.选拔和甄别优秀经营 | 1.分红意愿强烈，现金流压力<br>2.注重短期利益<br>3.力度没有实股大，是种奖金，保障性差<br>4.公司积累少<br>5.经营者风险和收益不对称 |
| 期股激励 | 1.股票增值与企业效益关联<br>2.经营者更关注中长期利益<br>3.克服一次性重奖以缩小差距<br>4.经营者不必一次支付重资 | 1.经营者难以在短期实现收益<br>2.经营者承担有股份的风险<br>3.考核条件难以衡量，导致期权激励失效 |

表 4-2　实股、期权、虚拟股比较

实股、期权、虚拟股的变形与组合，演变出种种衍生工具。在此，将按照由虚到实，激励力度由弱到强、操作手由简单到复杂的顺序逐一阐述。

## 四、虚拟股"有利无权"类模式

虚拟股的核心理念是"分利不分权"，同时，由于操作简单、不影响原有的股权结构，所以深受企业，尤其是民营企业老板的喜爱。在实操中，虚拟股激励衍生出股票（权）增值权、账面价值增值权、超额分红等常用模式。

## 1. 股票（权）增值权——"不实际持有股票（权）"

### 1.1 内涵

股票（权）增值权 SARs（Stock Appreciation Rights），是指公司授予经营者一种权利，如果经营者努力经营企业，在规定的期限内，公司股票价格上升或公司业绩上升，经营者就可以按一定比例获得这种由股价上扬或业绩提升所带来的收益。收益为行权价与行权日二级市场股价之间的差价或净资产的增值。

股票（权）增值权本质上是一种虚拟的股票期权，是公司给予计划参与人的一种权利，不实际买卖股票，仅通过模拟股票市场价格变化的方式，在规定时段内，获得由公司支付的兑付价格与行权价格之间的差额。可以将股票增值权理解为股票期权的现金结算。

如下图所示，仅通过模拟股票市场价格变化的方式，在规定时段内，获得由公司支付的行权价格与结算价格之间的差额——差额即为激励额度。当结算价格低于行权价格时，一般不进行结算，因为那样意味着员工收益为负。

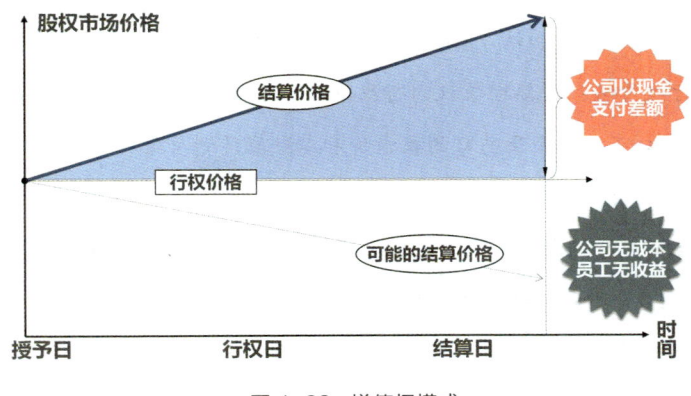

图 4-22　增值权模式

### 1.2 权益

基本等同于虚拟股权益,仅为收益权、结算的知情权。

### 1.3 利与弊

于公司而言,好处在于:与虚拟股权一样,股票增值权激励是公司给予激励对象的一种权利,激励对象实现了相应条件后可依据该种权利获得增值带来的收益,不存在股票来源问题,亦不会改变原有的股权比例,更不存在工商变更的一系列难题,简单易于操作。弊端在于:由于激励力度与股票价格直接相关,而股票价格不一定真实反映公司业绩,无法做到"奖励公正";公司支付资金压力较大;激励对象不能获得真正法律意义上的股票,从而激励的效果相对较差。

于员工而言,好处在于:股票增值权是纯奖励的措施,员工无须支付资金,没有风险。弊端在于:股票(权)增值权激励模式直接以股票价格的升降作为支付激励对象的分红标准,可能导致激励对象过分关注股票价格的升降,从而让员工忽视对于业绩的追求,从而背离激励初衷。

相比之下,对非上市公司,个人建议采取账面价值增值权更利于达到激励的目的与效果。

### 1.4 案例:运达科技(证券代码:300440)《股票增值权激励计划》

2015年10月,运达科技公告《股票增值权激励计划》,计划向公司高级管理人员、中层管理人员和核心团队人员等81人授予95万份股票增值权。要点如下:

(1) 行权价格:股票增值权的行权价格取下述两个价格中的较高者:本激励计划草案公布前一个交易日的收盘价和本激励计划草案公布前30个交易日内的平均收盘价。

(2) 行权条件:行权条件分为公司业绩条件和个人绩效考核条件。公司业绩条件为:第一个行权期以公司2014年度会计数据为基数,2015年公司净利润增长率不低于15%,2015年公司营业收入增长率不低于18%。第二个行权期以公司 2014 年度会计数据为基数，2016 年公司净利润增长率不低于 30%,2016 年公司营业收入增长率不低于 36%。就个人绩效考核条件，按运达科技已制定配套的《成都运达科技股份有限公司股票增值权激励计划实施考核办法》执行。

(3) 行权安排：本激励计划有效期为自股票增值权授予日起 3 年。股票增值权自本激励计划授予日起满 12 个月后，激励对象在满足获授条件和行权条件的前提下，在 24 个月内分两期行权。自授予日起 12 个月后的首个交易日起至授予日起 24 个月内的最后一个交易日当日止行权 50%，自授予日起 24 个月后的首个交易日起至授予日起 36 个月内的最后一个交易日当日止可行权 50%。

(4) 兑付方法：公司从未分配利润中直接兑付行权时兑付价格与行权价格之间的价差，兑付价格等于实际兑付日前一个交易日的运达科技股票收盘价。

## 2. 账面价值增值权——"不实际持有股权"

### 2.1 内涵

账面价值增值权是指直接用每股净资产或其他约定的账面价值的增加值来激励其高管人员、技术骨干和董事，主要适用于非上市公司。账面价值增值权不是真正意义上的股票，没有所有权、表决权、配股权。账面价值增值权是与证券市场无关的股权激励模式，激励对象所获对收益仅与公司的一项财务指标——每股净资产值有关，而与股价无关。

账面价值增值权，具体分为购买型和虚拟型两种。购买型是指激励对象在期初按实际每股净资产值，购买一定数量的公司股份，在期末再按每股净资产期末值回售给公司。购买型有内部融资的效果和作用，但激励有支付的现金压力。虚拟型是指激励对象在期初不需支出资金，公司授予激励对象一定数量的名义股份，在期末根据公司每股净资产的增量和名义股份的数量，来计算激励对象的收益，并据此向激励对象支付现金。

### 2.2 权益

主要体现为增值权、其间的分红权，没有所有权、表决权。

### 2.3 特点

此模式的特点是：一是由于账面价值增值权不能流通、转让或继承，员工离开企业将失去其权益，因而有利于稳定员工队伍；二是具体操作也方便、快捷，一份内部协议即可。

账面价值股票用股票（权）的账面价值来衡量其价值，这就避免了证券市场的反复无常，因为股票（权）的市场价格常常由不可控因素决定不断波动的特点。显然，对于非上市公司，账面价值增值权操作是非常方便的，上市公司操作比较复杂，需要多层级的报批。

### 2.4 利与弊

最大优点是，账面价值增值权让激励对象管理者专注于每股净资产的增长，专注于业绩的增长，也就是市值的稳步增长。缺点是，一是每股净资产的增加幅度有限，无法充分利用资本市场的放大作用，难以产生较大的激励作用；二是公司支付压力比较大，需要好的现金流，所以，适合于现金流量比较充裕的公司。

账面价值增值权在实操中，最大的挑战是账面价值核算的公正性、公信力问题，就是说要大家认可核算的过程与结果。华为的解决办法是每年请两大知名的会计所对每股净资产进行审计，花费不低。

### 2.5 案例：华为的"净资产买，净资产卖"

**激励模式**：享有分红权及净资产增值收益权；没有所有权、表决权，不能转让和出售；在其离开企业时，股票只能由华为工会回购。

**交易价格**：①购买价格：2001年后，每股净资产价格。②回购价格：员工离开公司，华为工会按当年的每股净资产价格购回。也就是说"净资产价格进、净资产价格出"。

激励收益：①分红：2009年2.98元/股（历史最高，达42%），2010年1.41元/股，2011年1.46元/股，2012年1.41元/股，2013年1.47元/股，2014年1.9元/股，2015年1.95元/股，2016年1.53元/股。②增值：净资产增值收益，按每股净资产确定股价。2012年5.42元/股，2015年6.81元/股。

法律关系：员工与公司之间建立的是一种合同关系，而非股东与公司的关系，工会才是股东。

## 3. 净利润分红/超额分红

### 3.1 内涵

净利润分红/超额分红是虚拟股激励模式的一种具体应用，尤其是连锁行业应用广泛，且效果极佳。净利润身股分红是指员工按照持股比例参与净利润分红。超额利润身股分红是指以过去的净利润为参考指标，设定一个利润基数，超过利润基数以上的部分称为超额利润，员工按照一定持股比例参与超额利润的分配。

实操中，超额利润分红应用尤为广泛。一般让员工在超额利润分红中占大头，因为这是员工努力做出来的，让他们拿大头，他们才有动力做更高的利润，而且只有这样，也才能将他们模拟为"老板"，让他们有当老板的感觉。对于利润基数设置方法，一般是以前面一年，或前两三年的平均利润为依据，或者打折，设置更低的利润基数，给员工一部分优惠，这样员工就会铆足劲儿干，为公司赚钱的同时为自己赚钱。

### 3.2 利与弊

连锁行业对门店实施超额分红尤为普遍。

对公司而言，超额分红的优点：

（1）有效激励，对企业而言，净利润分红/超额分红根据门店的实际情况对基础目标进行灵活约定，针对性强，激励效果好。例如，对盈利较稳定的门店，可以将利润目标设定为前两年平均利润的 90% 或 80%；对盈利不佳的门店，可以设定台阶式的利润目标和分红比例，激励效果非常强；对盈利非常好的门店，同样设定台阶式的利润目标和分红比例。

（2）增量激励，而非存量激励，用超出的利润部分用于分红，不会降低企业的预期利润和股东的预期分红，不影响企业和门店的正常盈利，可以有效避免股东意见不合而产生争议。

（3）灵活利润核算，超额分红是根据门店的毛利润，按一定净利润率或一定的成本费用总额，来计算门店的净利润，用于超额分红激励，所以，如何核算是双方约定的，灵活的。

对员工而言，优点是超额分红为员工设定了一个可预期的成功目标，盈利越高，分红所得更高，更为关键的是主动权掌握在自己手中的；缺点是可能目标定得高，分红看得到、拿不到，失去了激励效果。所以，利润的基数一定要合理，如果设太高的利润基数，员工根本就做不到，就会极大地打击他们的积极性，他们就会认为老板根本就不想给他们分钱，只是跟他们做个游戏，这样的激励方案起不到积极作用，反而可能会使员工产生负面情绪。

### 3.3 超额分红实施要点

（1）注重稳定和延续，注重激励的长期性

超额分红激励是股权激励中的一种模式，要注重激励的长期性，超额分红如果不能做到长期执行的话，超额分红与年终奖金没有本质上的区别，仍然是一种短期的奖金式的激励。

（2）注重调整

超额分红有一定的灵活性，应在激励对象、利润目标、利润核算方式、激励条件、分红比例、现金提取分红的方式等方面进行合适的调整。

（3）注重配套激励

应与人才培养、晋升、业务拓展形成一个整体机制，如针对特别优秀的店长，可实施实股激励法，对培养新店长、开拓和发展新门店有非常好的激励效果；针对有资源基础的区域经理或总部管理层，实施参股激励法，最快地进行门店扩张。

### 3.4 案例：家具连锁的超额分红激发

（1）公司简介

E 公司业务模式涵盖了家具的销售、安装、售后服务三大块，在省会城市拥有 20 多家家具专卖店，年销售额位居当地家具行业前列，一直是当地家具零售业的龙头企业。门店规模一般在 300~500 ㎡，员工 5~8 人，租赁商场的房产进行经营。

（2）面临的问题与挑战

E 公司随着公司的不断发展，门店数量逐渐增多，单纯靠总经理的管理已经无法解决门店所遇到的各种问题，销售业绩近几年总是停滞不前，店长的稳定性与积极性也开始降低，部分优秀店长已经开始出现跳槽的冲动。

（3）超额分红激励机制的推出

①核算方式：以门店为利润中心，每个门店独立核算。

②明确授权：将店长的权限加大，人事权限、折扣权限充分下放，门店的一切事情由门店自己做主，公司负责协助配合。

③超额分红：公司根据每个门店的实际经营，制定相应净利润目标（盈利店指标为上一年净利润打九折，亏损店指标为 0），指标两年不变，超过净利润目标以上部分，60% 作为门店团队分红，店长占 40%，员工占 20%，剩余 40% 上交公司。

④平台赋能：一是对店长培训的逐步进行，大部分门店店长的能力开始迅速提升；二是区域经理对店长的定期辅导，解决实际的经营问题。

（4）实施效果

①预分红：在方案落地 6 个月之后，公司根据门店的情况进行了一次预

分红，分红总额合计达 50 万，最好的店长拿到了 15 万的分红，半年的分红比他去年一年的工资总额还要多。

②效果呈现：分红之后，股权激励的效果开始真正的发挥。之前观望的店长，开始想尽办法，从其他公司挖人，还打电话给一些之前离开的优秀同事。店长的积极性、自主性明显提升，想尽办法，为门店创造利润。10 月份，在同行业大部分企业不景气的情况下，公司单月的销售业绩，同比增长了 40%。

2013 年 1 月公司进行了 2012 年度全年正式分红，分红总金额达到 300 多万，分红最多的店长达到 40 多万，几乎是过去收入总和的 4 倍。

就在竞争对手为 2012 年店长流失、业绩下滑、痛苦不已的时候，公司主动替换掉了一批不是特别优秀的店长，而替换掉这些店长的，正是从竞争对手公司主动跳槽过来的优秀店长。而根据总经理于激励对象在分红大会上的预估，明年公司的分红总额，将会接近 1000 万。

③管理付出不如激发投入：总经理发现，门店的管理变得非常简单，几乎不用她再插手管理，门店的事情几乎不会找她处理。

## 五、期权"先利后权"类模式

股票（权）期权的核心理念是"用未来的钱，激励当下的员工做好当下的事""先干活、后兑现""先分利再分权"，在实操中，衍生出限制性股权、期股、激励基金等常用工具。

### 1. 限制性股票（权）——"买卖两头设限"

#### 1.1 内涵

限制性股票（权）是指按照预先确定的条件低价出售或授予激励对象一

定数量的公司股票（权），但对股票的来源、抛售等有一些特殊限制，一般只有当激励对象在工作年限或业绩目标符合股权激励计划规定条件，才可解除限制，真正获得股票（权）所有权，才可抛售限制性股票并从中获益；如果没有达到激励条件，公司按激励对象出资价格回购或无偿收回。

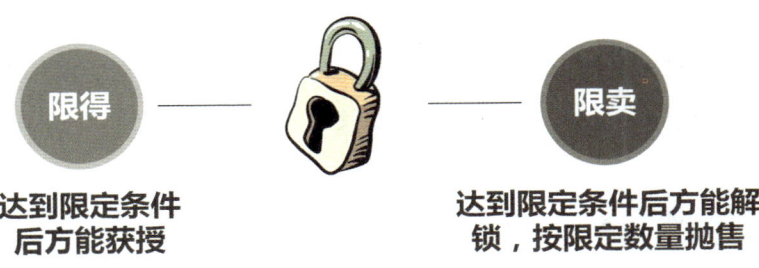

图4-23　限制性股票（权）：核心在于"两头设限"

限制性股票（权）是实股和期权的勾兑——期权是先授予额度，业绩达标后再给，限制性股票（权）则先给，但业绩不达标的话则收回——通常的约定是"……公司未满足上述业绩考核目标的，所有激励对象对应考核当年可解除限售的限制性股票均不得解除限售，由公司回购注销，回购价格为授予价格加上同期定期银行存款利息之和"。故，从本质上讲，限制性股票（权）是实股的形式，期权的内核。

限制性股票（权）和期权的本质区别在于：

（1）得利时差：二者的利益差异在于获取"分红权"的先后时点不同。假如激励计划顺利实施推进，不存在限制性股票回购、期权放弃行权的情况，那么对于激励对象而言，这两个模式在"利"上的差别，在于限制性股票的分红收益（或分红权）已在授予时一并赋予了激励对象，而期权附带的分红权则要在行权后才随之兑现。

（2）激励效果：限制性股票有"落袋为安"的先发优势，而且给人以"这已经是我的"错觉。在这样的"错觉"下，要让激励对象焐热了再掏出来，估计很难，人性的"贪"念会让"占有"成为一种本能。在这种本能的驱动下，人的潜力会爆发。所以，我们不时听到或听说过期权计划流产（放弃行权）的故事，例如万科，但鲜有限制性股票被回购的传闻。

### 1.2 权益

限制性股票（权）先有收益权（增值权与分红权），解锁（达到限制性条件）后，限制性股票（权）具备实股的完整权益。

### 1.3 利与弊

限制性股票具备实股的形式，兼具期权的"时间"属性，因此，有着明显的"人才保留"之功效和股权权益控制之空间，同时也充分体现"业绩导向"的"价值创造"之要求。

于公司而言，好处主要是效果立竿见影，而且对激励对象兼具动力与压力两重属性。限制性股权方案一经通过，员工在数月之内一般就能成为公司股东，而且，限制性股票不可逆转，（股票期权可放弃），员工只能竭尽全力去实现解锁条件；更重要的是，"限制性股权具有一定的惩罚性"，如股价下跌，一损俱损。限制性股权的弊端中，如果限制条件设置不当，则会导致激励对象背弃公司利益最大化目标，偏离激励初衷。

于员工而言，限制性股权对于员工而言风险较大，一是有立即购买支付压力；二是快速获得股份的代价便是快速被"绑定"，如购买后遭遇股价跌破购买价，因缺乏退出机制，势必损失惨重。

### 1.4 案例：上海家化（证券代码：600315）的限制性股票激励计划

上海家化2006年9月7日发布的《G家化关于修订公司限制性股票激励计划的公告》及其在2008年4月24日发布的《上海家化限制性股票激励计划实施公告》。

（1）限制性股票的种类、来源和数量：股票的来源为公司向激励对象定向发行的普通股；本限制性股票激励计划拟授予的股票数量不超过 560 万股，其中预留 30 万股。

（2）激励对象的确定依据和范围：

激励对象范围包括：公司董事长、副董事长；公司高级管理人员，包括总经理、副总经理、财务总监、董事会秘书以及根据章程规定应为高级管理人员的其他人员；公司及公司子公司中层管理人员；经公司董事会薪酬与考核委员会认定的营销骨干、技术骨干和管理骨干。

（3）激励计划的有效期、限制性股票的禁售期和解锁期：

本限制性股票激励计划的有效期为 5 年，包括禁售期 2 年和解锁期 3 年。授予日起 2 年，为限制性股票禁售期。

禁售期内，激励对象依本计划获授的限制性股票（及就该等股票分配的股票红利）将被锁定不得转让。

禁售期满次日起的 3 年为限制性股票解锁期。解锁期内，若达到本计划规定的限制性股票的解锁条件，激励对象在三个解锁日依次可申请解锁股票上限为该期计划获授股票数量的 40%、30% 与 30%。

其中，对董事与高管人员的解锁追加额外限制：在本计划最后一批限制性股票解锁时，担任公司董事和／或高级管理职务的激励对象获授限制性股票总量的 20%（及就该等股票分配的股票股利），应根据其担任董事和／或高级管理职务的任期考核或经济责任审计结果确定是否解锁。

（4）限制性股票的授予条件和解锁条件：

本限制性股票激励计划授予限制性股票的业绩条件为公司 2007 年度净利润不低于 9220 万元，扣除非经常性损益的净利润不低于 8448 万元；限制性股票解锁的业绩条件为公司上一年度净资产收益率不低于 10%。

（5）限制性股票的授予价格：本计划授予价格为 8.94 元／股。

（6）未达到解锁条件，限制性股票当年不得解锁。未解锁的限制性股票，公司将在每个解锁日之后以激励对象参与本计划时购买股票的价格统一回购并注销。

### 2. 期股——部分首付，分期付款

期股是经营者通过部分首付、分期付款而拥有企业股票（权）的一种股权激励模式。具体做法是企业所有者与激励对象达成的一份书面协议，允许经营者在任期内按既定价格先获得本企业一定数量的股份，先行取得所购股份的分红权等部分权益，然后再分期支付购股款项；购股款项一般以分红所得分期支付，在既定时间内支付完购股款项后，取得股份的完全所有权。如分红所得不足以支付本期购股款项，以购股者其他资产充抵。

期股在本质上与实操上属于限制性股票（权），只是为了解决激励对象付款问题而采取的分期付款，以分红所得分期支付。故，不再重复阐述。

## 六、实股"有利有权"类模式

实股是股东权益最为完整的股权激励方式，分利又分权，在实操中，衍生出业绩股票（权）、员工持股计划等常用工具。

### 1. 业绩股票（权）——以股代奖

#### 1.1 内涵

业绩股票（权）是指公司根据业绩水平，以股票（权）作为长期激励形式支付给管理层。公司在年初设定业绩目标；如果年末达到目标，则公司授予激励对象约定数量的股票（权）或提取一定的奖金基金购买本公司股票（权）

授予激励对象。

### 1.2 权益

股票（权）授予完成后拥有实股的完整权益——所有权、收益权、表决权。

### 1.3 利与弊

于公司而言，优点是，激励对象所获得的奖励是以公司股票体现，且在任职期间不能转让，因此该模式有一定的长期激励约束效用。业绩股票模式使激励对象真正持有股票，一旦将来股票下跌，经营者会承受一定损失，因此有一定约束作用。每年实行一次，因此，能够发挥滚动激励、滚动约束的良好作用。缺点是，公司的业绩目标确定的科学性很难保证，容易导致公司高管人员为获得业绩股票而弄虚作假；激励成本较高，有可能造成公司支付现金的压力。

于员工而言，好处是不用自己掏钱买股，没有支付压力；缺点是业绩条件可能过高，无法达成。

### 1.4 案例：TCL"增量奖股"模式

1997 年，惠州市政府与 TCL 集团总裁李东生签署了为期五年的授权经营协议。以书面合约形式约定双方的责、权、利。责任书中明确规定了考核和奖励条件，奖励和业绩（国有资产保值增值率）直接挂钩，只有超额完成国有资产增值目标（10%）才能获得奖励，而所有奖金必须以增资扩股形式注入企业。

方案：协议规定，从用于起家的 5000 元借款到 1996 年的 3 亿元资产全部划归惠州市政府所有，此后每年的净资产回报率不得低于 10%。如果增长 10%~25%，管理层可获得其中的 15%，增长 25%~40%，管理层可获得其中的 30%，增长 40% 以上，管理层可获得其中的 45%，其超出部分按一定比例增发为股份奖励给经营管理层。

效果：在这个协议的激励下，以增量资产求发展的思路成为 TCL 集团发展的主要脉络，也激发了企业的潜能。那几年正是中国家电产业飞速发展的时期，TCL集团每年的增长速度都超过10%。在国有资产快速增值的基础上，管理层的股权也在增加。1999年，TCL集团开始给员工发放认股权证，鼓励员工持股，员工总计拿出1.3亿元认购股权。到了2001年，通过增量的分配及股权认购，管理层和员工的持股比例已高达42%，其中管理层占25%。

第一个5年合同期满时，国有资本从3.2亿元上升到11.6亿元，增长261.73%；TCL经营班子累计获得价值2.76亿元股东权益，加上认股增资合计占股权23.51%，企业员工认股增资占23.14%，国有股权从100%降为53.35%，国有资产获得增值，股本结构得到优化。

分析：

（1）分增量不分存量

TCL的股改方案被称为"增量奖股"。国有股权改革首先要面对的问题就是如何处置国有资产，作为实际"没花国家一分钱"的国企，管理层及员工要得到补偿虽被认可，但无论如何操作，都难避免"国有资产流失"的风险，所以TCL最终确定存量不动，尝试在增量资产里做文章。

（2）为什么考核目标定为10%

10%的增长率依据什么？惠州市政府和TCL主要是出于以下两个方面的考虑：一是当时彩电行业平均资本回报率为5%，将其乘以2；二是当时中国上市公司净资产回报率为10%，这样社会各方面都能够接受。

总结：TCL的"增量奖股"方案，绕开了国有企业以存量资产改制在定价方面的尴尬，被著名经济学家周其仁称为是"面向未来订立的契约"，其实施结果，达到了政府、企业、经营者和员工多方共赢的局面。

## 2. 员工持股计划——用利益捆绑每个员工

### 2.1 内涵

员工持股计划 ESOP（Employee Stock Ownership Plan），长期激励的一种，是通过全员持股的方式，最大化员工的主人翁感及组织承诺。员工持股计划是指通过让员工持有本公司股票或期权，而使其获得激励的一种长期绩效奖励计划。员工持股计划是员工所有权的一种实现形式，是企业所有者与员工分享企业所有权和未来收益权的一种制度安排。员工持股计划起于50年代的美国，以福特公司为代表。

在实践中，员工持股计划往往是由企业内部员工出资认购本公司的部分股票（权），并委托员工持股会管理运作，员工持股会代表持股员工进入董事会参与表决和分红。

实施员工持股计划的目的是使员工成为公司的股东，获得身份上的认同，有"主人翁"精神。但事实上，这主要是形式上或股东身份上的认同，形式大于实质。员工持股计划实质上还是侧重于收益权。

### 2.2 权益

股票的增值权、分红权，表决权是间接、委托员工持股会行使。

### 2.3 利与弊

员工持股计划的优点是，一是将员工利益与企业发展捆绑在一起，形成一种按劳分配与按资分配相结合的利益分享机制，有利于增强员工的积极性和企业的凝聚力，提升公司竞争力；二是使员工对企业有了充分的发言权和监督权，为完善决策、经营、管理、监督和分配机制奠定了基础。

缺点是，在实操中，往往是形式大于实质，员工的参与是间接的，效果大打折扣。

### 2.4 案例：

百合网《员工持股计划方案与实施细则》

(1) 持股参与对象及认购额度

持股参与对象为公司所有在职员工，单个参与对象按照其入职时长，可增加认购额度，入职每满一年可多认购 10%，但董事/副总经理最大可认购 100 万股，总监/经理最大可认购 50 万股，员工最大可认购 10 万股。

(2) 持股参与方式

参与员工持股计划的激励对象全额认购由合法资产管理公司等机构发行的资管计划。该员工持股计划经营产生的费用由公司承担，收益税费由参与对象承担。

(3) 限售规定

员工持股计划的存续期为 24 个月，自股东大会或其授权机构审议通过员工持股计划之日起计算。存续期内持有人不得主动提出退出员工持股计划及收取分配收益，且持有人持有的员工持股计划权益不得用于担保、偿还债务及对外转让。员工持股计划对应标的股票的锁定期为 6 个月，自标的股票过户之日起计算。

(4) 回购规定

公司无义务对参与对象持有的股票进行回购，但是公司董事会可根据实际需要（如转板上市等）或有关法律规范性文件的要求，有权对参与对象认购的股票按照董事会确定的市场公平价格或估值进行回购，每股回购价格不低于认购价格。

## 3. 激励基金——先分红后实股

### 3.1 内涵

激励基金是指当公司当年业绩达到约定的考核标准时，按一定比例从净利润或净利润增量中提取一部分作为激励基金，分次发放给激励对象，要求全部或部分或配比一定比例自筹资金，自二级市场购入本公司股票并锁定一定期限，达到留住人才、长期激励的效果；同理，对非上市公司而言，可以按约定价格购买公司股权。

### 3.2 权益

先体现为分红权（提取激励基金），购买股票（权）后体现为实股的完整权益。

### 3.3 利与弊

于公司而言，好处是激励基金的激励方式，具有长期激励约束作用与滚动激励约束作用；弊端是在激励基金的实施过程中，难以保证业绩目标确定的科学性，激励成本也较高，存在可能造成公司支付现金压力的缺陷，故激励基金较适用于业绩稳定型的公司。

于员工而言，好处在于不需要员工自己掏钱；弊端在于激励基金不能让与员工真正享有股权，员工能否享有激励基金只与是否达到考核指标相关，容易导致员工过于关注考核指标而忽视公司的发展。

### 3.4 激励基金提取方式的案例比较

激励基金股权激励模式激励提取方式、提取标准与条件是这种模式的关键所在，下面以几个案例来阐述：

（1）亚泰集团（证券代码：600881）计提方式为超额净利润的简单比例法：

➢ 公司年度加权平均净资产收益率（扣除非经常性损益后）达到10%的情况下，提取中长期激励基金3000万元。

➢ 满足前所述条件后，如年度净利润增长率达到10%，则在提取3000万元激励基金的基础上，对增长10%以上的净利润，按照以下比例额外提取激励基金：

① 10%＜净利润增长率≤30%，相应净利润增加额的提取比例为5%；
② 30%＜净利润增长率≤50%，相应净利润增加额的提取比例为7%；
③ 净利润增长率＞50%，相应净利润增加额的提取比例为9%；
④ 但激励基金提取的上限不得超过当年净利润的10%。

（2）吉林森工（证券代码：600189）计提方式采用超额净利润的简单比例法，

但加入了行业对标方法：

➢ 公司年度净资产收益率达到 2010 年度林业行业上市公司平均净资产收益率上浮 20%，即 3.8% 的情况下，提取 523 万元作为激励基金。

➢ 满足前所述条件后，以 2010 年度公司实现净利润为基数，如年度净利润实现增长，则在提取 523 万元激励基金的基础上，对增长部分的净利润，按照以下比例额外提取激励基金：

①净利润增长率≤10%，相应净利润增加额的提取比例为 6%；

②10%＜净利润增长率≤20%，相应净利润增加额的提取比例为 9%；

③20%＜净利润增长率≤30%，相应净利润增加额的提取比例为 12%；

④净利润增长率＞30%，相应净利润增加额的提取比例为 15%；

⑤同亚泰集团的方案一样，激励基金提取的上限不得超过当年净利润的 10%。

（3）欧亚集团（证券代码：600697）计提方式采用更为简洁的简单比例法：

➢ 年净利润增长率为 20%（不含 20%）～25%，按照 30% 的比例计提；

➢ 年净利润增长率为 25%（不含 25%）～30%，按照 35% 的比例计提；

➢ 年净利润增长率为 30%（不含 30%）以上，按照 40% 的比例计提。

（4）广电电气（证券代码：601616）计提方式是定基复合增长下的简单递减：

➢ 授予条件：考核年度单年较 2010 年复合增长率达到 30%；

➢ 提取基数：考核年度净利润较 2010 年净利润增加额；

➢ 提取比例：2011—2015 年，各年度提取比例依次为 15%、10%、8%、6%、5%。

（5）昆药集团（证券代码：600422）采用了超额累计的方式计提：

➢ 2012 年度净利润基本触发基数（经审计主营业务净利润）为 14625 万元。

➢ 分区间超额激励基金计提比例（按当年经审计净利润）为（万元，提取比例）：

① 14625～15125，12.50%；

② 15125～15625，15.00%；

③ 15625～16125，22.50%；

④ 16125 万元以上，37.50%。

归结而言，激励基金的最大特征在于激励基金如何形成。而正是这样灵活多样的提取方式，大大满足了各个公司的个性化需求。而且，与其他几类股权激励武器相比，激励基金模式主要有以下三方面优势：

（1）与直接授予受限股、期权相比，回购股票形式事先可不设定行权价。如果以一个较低的市价回购公司股票，不仅可以提振公司市值，而且可以使得激励对象有一个较低的付出成本。

此外，激励基金的存在本身可以很好地解决激励对象资金来源不足的问题，这可以大大调动激励对象的激励动力。

（2）与股票增值权相比，以回购股票的形式授予激励对象，由于限售期和分批解禁规则的存在，这有利于实现公司的长远发展。

（3）与单纯的身股（分红股）相比，激励基金实现了传统的股票激励方式与纯现金激励方式的较好结合，未来的发展前景显然更为广阔，必将为越来越多的公司所青睐。

### 3.5 案例：上汽集团（证券代码：600104）2012 年 3 月发布的激励基金计划

方案概述：公司董事会根据 2012—2015 年各年度净利润的完成情况，在年度激励基金可提取数的额度内，结合年度激励对象年薪总额，分别确定年度激励基金。

年度激励基金根据激励对象绩效评价结果分配后，在该年度之后三年内分三次发放。

激励对象范围：董事（独立董事、外部董事除外）、高级管理人员及党群主要负责人；公司中层管理人员、下属公司中由公司提名聘任的高级管理人员及党群主要负责人；董事会认定的对公司发展有重大贡献的其他员工。

2012 年可纳入激励对象范围的员工约 400 名；董事会根据公司发展战略等确定年度激励对象的具体人数。

实施条件：一是公司未发生下列任一情形：最近一个会计年度财务会计报告被注册会计师出具否定意见或者无法表示意见的审计报告；最近一年因重大违法违规行为被中国证监会予以行政处罚。二是年度净利润不低于公司 2009 年、2010 年与 2011 三个年度净利润的算术平均值。

激励基金提取办法：

(v) 年度激励基金可提取数 ＝ 超额净利润 × 10% × 综合系数

综合系数 ＝ 40% × á ＋ 40% × â ＋ 20% × ã

综合系数小于等于 1。

á：净资产收益率完成系数，a: 年度实际净资产收益率。

á ＝0，当 a ＜ 15%；á ＝a/20%，当 15% ≤ a ≤ 20%；á ＝1，当 a ＞ 20%。

â：国内市场占有率完成系数，b: 年度实际国内市场占有率。

â ＝0，当 b ＜ 17%；â ＝b/20%，当 17% ≤ b ≤ 20%；â ＝1，当 b ＞ 20%。

ã：营业收入增长率完成系数，c: 年度实际营业收入增长率。

ã ＝0，当 c ＜ 5%；ã ＝c/7%，当 5% ≤ c ≤ 7%；ã ＝1，当 c ＞ 7%。

其中：

净资产收益率指净利润所对应的加权平均净资产收益率；

国内市场占有率指中国汽车工业协会公布的市场占有率数据；

营业收入增长率指公司经审计的年度报告营业收入同比增长率。

(vi) 年度激励基金分配数 ＝ 年度激励对象年薪总额 × 激励系数

激励基金实际提取比例 ＝ 年度激励基金分配数 ÷ 超额净利润

公司在不超过年度激励基金可提取数的额度内，按年度激励基金分配数提取年度激励基金，其中激励系数由董事会根据经营业绩与年度激励对象年薪总额确定。

激励基金分配：根据年度激励对象的绩效评价结果分配年度激励基金。对于业绩完成特别突出的激励对象，由董事会决定给予特别奖励。激励对象兼任两个以上职位的，以其中一个职位为依据分配激励基金。

激励基金发放：采用延期支付的方式，分三年发放。公司根据发放的激励基金金额代扣代缴个人所得税。各激励基金发放期间对应的激励基金发放比例如下：

(vii) T 日 +12 个月内，70%；

(viii) T 日 +12 个月～T 日 +24 个月内，15%；

(ix) T 日 +24 个月～T 日 +36 个月内，15%。

其中，T 日指激励基金年度实施方案获得董事会批准之日。

会计处理：当年度提取的激励基金根据权责发生制原则计入当期费用，且计入当年度的工资总额。

需要说明的是，实股衍生模式在实际操作多以持股平台方式操作，实质上变成了"有利无权"。

## 七、股权激励模式实质是"利"与"权"的组合

总结股权激励各模式，实质上是"利"与"权"，再加上时间线的组合与变通。再进一步细分，就会发现"利"的来源有内外两种：公司的内钱、资本市场的外钱。

### 1. 激励获利的来源：内钱与外钱

股权激励要达到预期的效果，最根本的还在于有"利"，即股票（权）

带来的回报。根据最终获利的来源，我们可以把股权激励模式区分为公司的内钱与资本市场的外钱两大类。

如下图所示，虚拟股激励、激励基金、超额分红、股票（权）增值权、账面价值增值权这几种股权激励模式的获利来源来自公司内部，来源于公司经营所得即利润。这就意味着，如果采取这几种股权激励模式并达到良好的激励效果，则要公司有稳定及较高的现金流、高的净利润。同样的，这几种模式缺少资本市场的放大效应，所以激励的效果比较稳定，但不刺激。

相反的，股票（权）期权、限制性股票（权）、员工持股计划、业绩股票（权）等股权激励模式共同的特点是：获利来源为资本市场的钱，典型的"老板请客、市场埋单"，可以充分发挥资本市场的放大效应，正如阿里巴巴、百度、腾讯等公司一上市瞬间产生一大批亿万富翁、千万富翁，这正是股权激励的魔力所在。所以，这几种股权激励模式要发挥作用和效果，需要资本的故事，有上市的可能性。

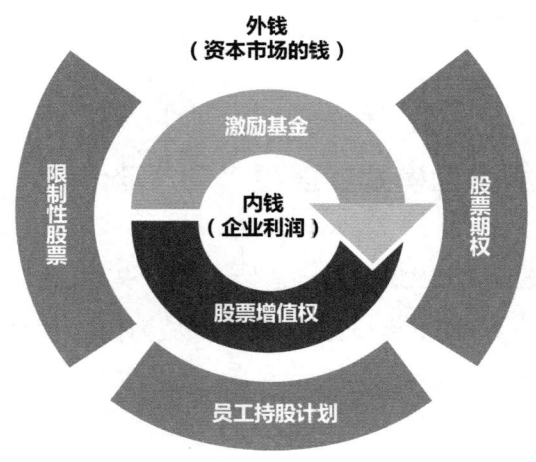

图 4-24 常用股权激励模式：内线 + 外线

## 2. 模式各有所长，组合更佳

具体到某一家企业实施股权激励时，会针对不同类型对象采用不同武器，对统一类型对象考虑其不同阶段的贡献或定位，适配不同的模式，因此，是一副组合模式的套装，谓之"组合拳"。

### 2.1 针对不同激励对象的组合

常见的组合拳的设计框架如下图所示——值得特别指出的是，同一激励对象可能也可以加入不同激励子计划：

图4-25　不同股权激励模式的组合

## 2.2 针对不同发展阶段的组合

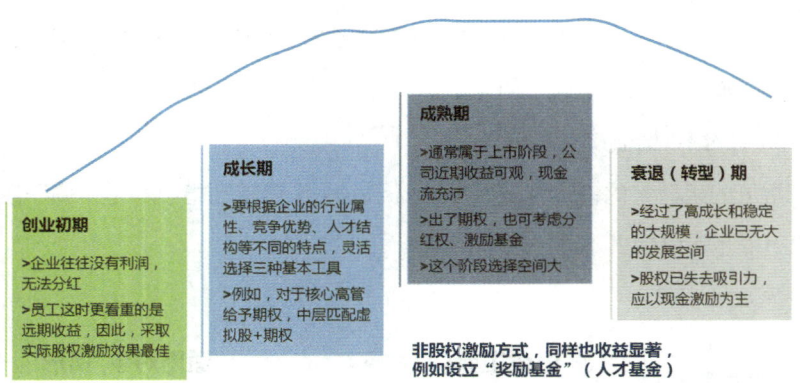

图 4-26　不同阶段的股权激励模式组合策略

如上图所示，创业成长型企业的发展阶段不同，模式的选取、组合也各有侧重。

事实上，当企业经过天使轮，尤其是 A 轮融资之后，组织机构通常已初步健全，团队的横向分工齐全、纵向层次拉开。因此，我们的经验发现，单一的股权激励武器适用范围相当有限：要么仅仅适用某一层次（如受限股对高管）人群，要么仅仅适用某一条线（例如，身股对店长、激励基金对销售、业绩奖股对分公司）。

### 2.3 组合案例：传统钢贸公司以股权激励为契机，走上转型创新之路

项目背景：公司成立于 2005 年，主营钢贸业务，采销差价为主要盈利模式。2005—2013 年，发展平稳；2013 年后发展停滞，利润逐年下滑。2015 年，上海、南京、济南三家一级子公司。内外交困、发力无门、迷茫痛苦，是当时总经理内心的真实写照：

外部：制造业不景气，用量下滑；互联网电商的冲击下，信息越来越透明，

差价逐年下降；而且，钢厂加大直营、电商平台，优质终端用户流失严重。

内部：2015 年底公司约 80 人。老员工流失，80% 自主创业或合伙创业；新人招不来、留不住。其结果是人效和人均利润逐年下滑。

转型发展：公司首先明确了未来发展策略，形成了清晰且富有激励的目标／愿景：

战略：网点下沉，贴身服务终端用户。

战术：一横两纵，服务营销。一横是指供应链整合，形成钢厂、加工、仓储、运输一体化的供应链平台。两纵是指内部开发网点＋外部整合网点，两条腿同时走。

目标：先上新三板，然后 3～5 年后转主板上市。

实施激励：在以上策略实施过程中，核心一环就是打出五步股拳，活用股权激励杠杆，实现了内生外合，转型升级。

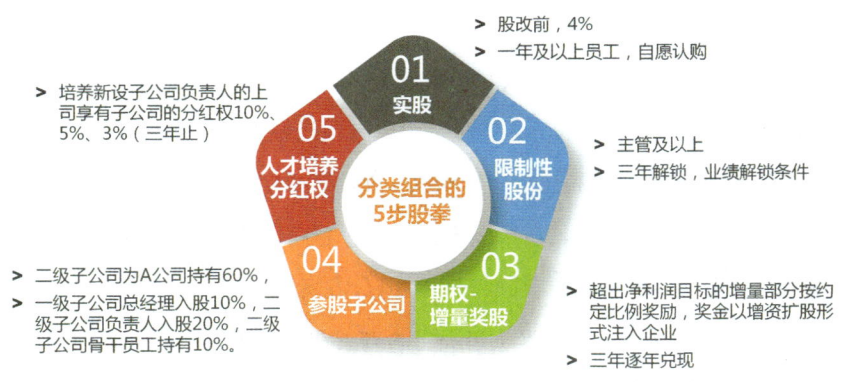

图 4-27　五步股拳 组合出击

激励效果：实施后的一年，效果显著：

财务指标方面：营业收入较上年同期增长 12.57%；总资产较期初增长

18%；净资产较期初增长 4.4%。毛利率较上年同期增长 45.66%，净利润较上年同期增长 23.51%。

网点发展方面：半年新增一级子公司 3 家，新增二级子公司 8 家；并购外部企业 7 家。

人才保留发展方面：老员工 0 流失，新员工 180 人。

"公司进入了新一轮、更高层次的良性发展轨道"，公司上下的拼劲儿十足，老板越发体会"舍得舍得，舍就是得"的奥妙。

### 3. 最常用的组合：实股 + 期权 + 超额分红

在为几百家企业提供股权咨询过程中发现，对成长型、发展型企业而言，最有效、最常用的股权激励模式是"实股 + 期权 + 超额分红"组合模式。

#### 3.1 组合要点：实股 + 股票（权）期权 + 超额分红

实股：让激励对象出点钱，入点实股，首先实现了身份上的认同，由员工转变为股东，看问题、看公司的角度就不同了，"定位决定思路"。

股票(权)期权：让激励对象对未来有更多的期待，看到更高、更多的未来。

超额分红：划小核算单元，让激励对象有自己做 CEO 的"一亩三分地"，独立核算，独立考核，实施超额分红激励，效果绝对会超出你的想象。这个"超额"可以是与净利润挂钩，也可以与销售额、客户数量、成本等挂钩。

#### 3.2 案例：内部创业公司的股权激励组合方案

公司简介：Q 公司是一家集团公司内部孵化的创业公司，集团公司控股 60%，初创团队 10 人，主营业务为移动互联网支付。

激励方案：遵循"肯定历史、鼓舞现在、吸引未来"原则，以价值创造贡献度为基本衡量依据，为不同激励对象设立不同的股权激励计划，设计了一套"实股＋期权＋超额分红"的多层次长期激励计划。

（1）实股激励：针对初创团队 5 人，按 1000 万元估值投资入股 20%，其中 CEO 出资 100 万元占股 10%，其他四人合计出资 100 万元占股 10%。方案获批后的一个月内，认缴到位。

（2）期权激励：Q 公司 20% 股权纳入期权池，以年为单位、分三期授予，实施股权激励。

分块：考虑公司目前创业发展阶段的经营特点和人才梯队动态变化的特征，每年期权授予量分为以下 3 个子计划：

①基础激励期权：属保障型激励，遵循"易岗易股"原则，分配依据主要基于岗位价值（岗级）和人才胜任力（发展潜力）评估的人岗匹配度。

②超额奖励期权：属挑战高目标型激励，预留期权，可累计；分配依据主要基于年度关键业绩指标 KPI 超目标值部分业绩。

③定向激励期权：属灵活型激励，因应公司的创业属性——快速迭代，确保股权激励的弹性；预留期权，可累计；主要与当期的重大项目、关键任务或重大战略议题实现挂钩，以相应的实施团队为激励对象。

（3）超额分红激励：由于是初创公司，集团原则上是可以接受的目标是盈亏平衡，为激励初创团队全力以赴，激励的原则是：第一年净利润全部奖励给初创团队，第二年净利润的 80% 奖励给初创团队及核心员工，第三年净利润的 60% 奖励给初创团队及核心员工。

方案分析：

对于一个处于初创企业而言，最为关键的是构建一个稳定的核心团队以及留住企业员工。因而，设计了一个多层次的股权激励方案，一方面通过自愿原则实现初创团队的认购入股，主动参与企业经营管理，分享公司的成长价值；其次，以期权的方式激励团队通过业绩获得更多的股权收益；再者，通过超额分红，实现了短期激励，激励团队挑战不可能实施的目标。

这样，实股、期权两项长期激励，组合超额分红的短期激励，充分体现了公司原股东的股权包容性和一种利益共享的企业文化，达到较好的激励效果。

## 八、股权激励的意外惊喜

2018 年春节前，2 月某晚，我应咨询客户 HY 公司创始人李总邀请参加公司的年会。因前面有个会耽搁，赶到时年会已进行到中场。刚落席，旁边的嘉宾就对我："坤哥，你来得太晚了，刚开场时李总就在台上表示对股权激励专家的感谢，感谢股权激励的实施对公司带来的巨大变化！"当时，我心里就暖和和的，小有成就感！

刚坐下一会儿，吃了两口菜，HY 公司的子公司（股权激励项目之一）的 CEO 金总就带着团队过来敬酒，带来一个让我振奋的好消息。

金总："太感谢坤哥给我们团队量身定制了一个科学的、人性化的股权激励方案，大家都充满了干劲，自驱动，自我管理，大家都没有周末的概念，全身心放在工作上。"

我："不敢当，关键是方向正确、团队优秀，我们只是助力而已。"

金总："告诉坤哥一个好信息，千贸公司 8 月正确成立，十几人的团队，半年时间已拿下 3000 万元订单，实现盈利！"

说真的，这个消息远超出我的意料，毕竟这是一个才成立半年时间的公司，当初实施股权激励时，大家对下半年的业绩预期也就是 500 万~1000 万元，略亏。

我："太牛了！金总，你们团队太厉害了！绝对超出我的意料！"

金总："坤哥，说实在的，主要是兄弟们心齐，做了股权激励，都掏了钱，真是把公司当自己的，不用我催，兄弟们干劲十足地向前冲、抢市场！"

正聊着，集团公司李总过来了。

李总："坤哥，感谢的话就不讲了，我估计金总都替我表达了。他们的好消息，你已经知道了，但我还有两个苏州子公司的好消息告诉你。苏州子公司股权激励实施后，独立出去，下半年实现了盈亏平衡，这是一个好消息。更大的好消息是，它以 8000 万元的估值被投资机构投了 20%，2018 年的资金完全不是问题了！本来，这四十几人的团队让我的资金压力很大的。"

我："真的，太好了！当初的股权激励，我们是按 2000 万元估值让核心团队投资入股的。这样算下来，半年时间，大家的投资增值了 3 倍！"

李总："最重要的是，大家都有信心了，有干劲了，原本无锡子公司团队信心不足。"

我："是，当初让大家掏钱入股，最初没几个人愿意，反复沟通，才勉强买股。"

李总："对，不过，买了之后，大家的心态就不一样了。出了钱，就觉得自己套进来，只有好好干，才能早点解套，最好有赚，对家人才好交代。"

我："对，这就是人性。"

李总："坤哥，请您给我们设计内部创业的股权激励方案，实施了两家子公司，半年下来，我有三点感悟：

一是出钱太重要了，真的，出钱与不出钱完全不一样，出钱了才珍惜，才会用心做公司。想想我创业前几年，集团公司 18% 的股权都是送的，我真是走了弯路。如果也让大家出钱买，效果肯定完全不一样。我现在绝对赞同你的话，'不出钱的股权激励都是耍流氓'！

二是股权激励的沟通很重要。我原以为股权激励主要是方案设计，现在才发现，股权激励方案设计只是第一步，只有沟通到位，才能让大家明白、认可、认同，他们才愿意出钱买股，用心做公司！

三是股权激励做得好，效果绝对是超出预期的。最明确的效果，其一是员工的士气、干劲上来了；其二是大家真正关心公司的成本和效益，主人翁精神与责任心不再是一句空洞的话；其三是自我管理和自我驱动加强了，不用我老去催、去管。"

我："李总的三点感悟都是实践出真知！"

李总："现在对这两家子公司，我是真正放手了，只是在董事会层面参与重大事项的决策。他们两个 CEO 做老板了，我就轻松了，压力减轻了，你看我都瘦下来十多斤。"

我："股权激励还能让老板减肥，这倒是意外的惊喜。"

复盘 HY 公司两家子公司的股权激励，总体框架上采用"实股 + 期权 + 超额分红"的组合模式，取得远超预期的效果，除了方案的科学性、人性化外，有两个关键：

1. 人对了，事才可能对！团队优秀，尤其是带头人是关键。人对了，加上好的激励机制，人的潜能充分发挥出来，没有什么是不可能的。人不对，如何激励也没用。你永远叫不醒一个装睡的人。这也正是我放弃一些股权咨询项目的主要原因，人不对，再好的方案也没用。人是硬件，激励机制是软件，软件永远解决不了硬件问题。

2. 沟通到位很关键。就方案，尤其是让激励对象掏钱买股这个点上，为什么是这个价、以后会是什么价、如何退出等细节上是反复沟通、说服。沟通也碰到过僵局，我都差一点要修改这个方案，但最后还是坚持"掏钱买股"，事实证明当时的坚持是对的！

## 九、股权激励万能公式

聊完了股权激励的三大基础模式以及在此基础上的衍生模式。我们的话题又回到张总自己公司的股权激励模式选择上。

CEO 张："王老师，我觉得你总结的三大基础模式太经典了，一下子就记住了。"

我:"是,万变不离其宗,理解了实股、期权、虚拟股这三个基础模式,其他的触类旁通。"

CEO 张:"而且,刚才王老师在讲的过程中,感觉对我们这样的创业公司而言,这三大基础模式,基本够用了,其他的衍生模式感觉更多地服务于大公司、上市公司。"

我:"呵呵,张总时刻在想着自己的目标,目标导向!赞!那直接给张总一个适合创业公司的股权激励万能公式!"

CEO 张:"万能公式?"

我:"对,适用于 80% 创业公司的万能公式。"

这就是三大基础模式的组合:实股 + 期权 + 虚拟股 ( 独立核算单元 )。

举例来讲,假如你给对方 10% 的股权激励。

实股:让对方出钱认购 2%,一是工商上有登记,让对方有安全感,实现了身份上的认同;二是出钱就有风险,借此看对方是否看好公司、是否愿意共担风险、是否愿意全身心投入进来。

期权:8% 分四年兑现,每个达到约定的行权条件即可兑现。这样,一是让激励对象对未来有更多的期待,看到更高、更多的未来;二是让对方有考核的压力,必须好好干、干出成果才能拿到。

虚拟股:划小核算单元,让激励对象有自己做 CEO 的"'一亩三分地',独立核算,独立考核,实施分红激励。这样,一是让对方有即时的短期激励;二是避免吃大锅饭,很容易看出谁在真正创造价值。"

CEO 张:"太好了,王老师,我感觉这个万能公式完全适用我现在的公司,对核心员工的股权激励就这么做!"

我:"只要员工认可你、对公司有信心,一般都是认可的。"

CEO 张:"王老师,思路有了,快告诉我具体方案如何设计。"

我:"具体方案我总结了一个'1234 模型'。具体内容,我到你公司,直接给大家讲 40 分钟左右差不多就可以了,免得你再费时间转述。"

CEO 张:"太感谢王老师了,那就安排在下月初的管理例会吧,期待您的'1234 模型'。"

**本章思考题:**

**1.** 股权激励的三大基础模式是什么?

**2.** 适合自己公司的股权激励模式是什么?

# 第八章 股权激励的术：1234 模型

道为术之灵，术为道之体；以道统术，以术得道。——《孙子兵法》

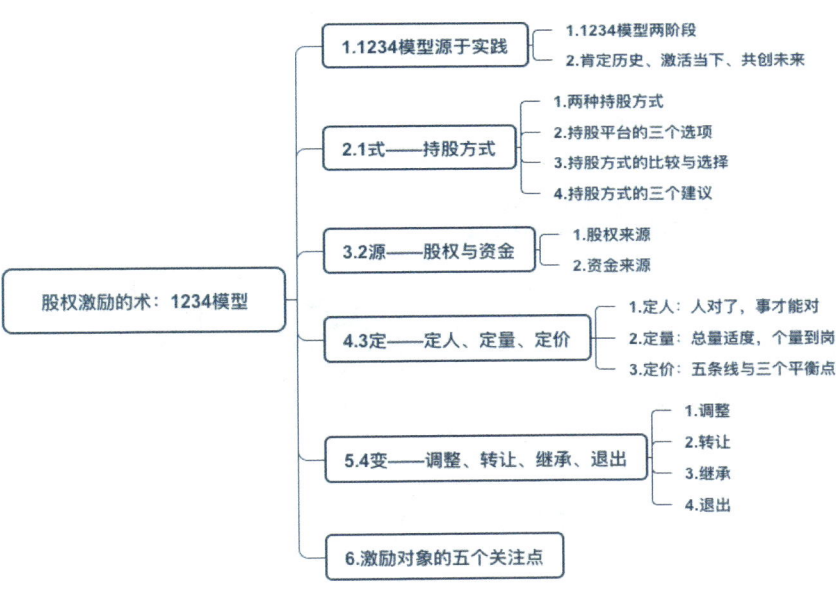

图 4-28 股权激励的术：1234 模型

## 一、1234 模型源于实践

2017 年 7 月一天上午，张总召开月度管理例会，在日常管理议程外，增加了一个股权激励方案的宣导环节。

主题：共识、共担、共创、共赢的股权激励

指导原则：肯定历史·激活当下·共创未来

主体内容：股权激励方案设计的 1234 模型

我们经过十多年对经典案例的重构与复盘，几百个一手实操案例的经验总结，经过 N 次迭代，我们总结出股权激励 1234 模型（股权激励方案十大要项），化繁为简、框架清晰、要点齐全，易于理解的同时，也易上手。

得益于此，在企业导入、启动股权激励时，大大降低了企业内部对方案的理解和沟通成本，有力地推动了股权激励方案的落地，全方位地达到股权激励方案的预期效果。应用 1234 模型，快速地设计一个科学、合法、合理、合情的股权激励方案。

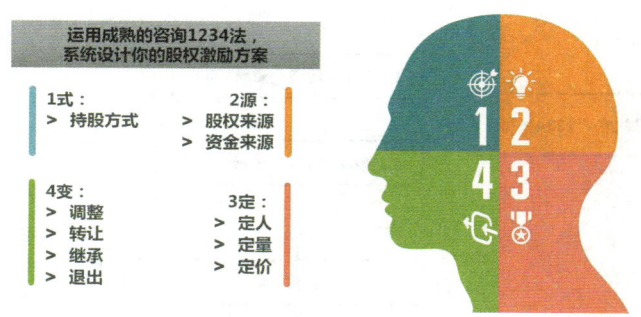

图 4-29　股权激励 1234 模型

## 1.1234 模型两阶段

按方案设计、实施和管理常态的时间轴，1234 模型涉及的十大要项内容可进一步归入"两个阶段"：初始化→动态调整。具体而言，这两个阶段分别包括了股权激励的十大要素：

> 初始化阶段：1 式、2 源、3 定

相当于股权激励的导入阶段、进入阶段。对于激励对象而言，有 6 个要素是股权激励计划的关注焦点。

&gt; 动态调整阶段：4 变即调整、转让、继承、退出

相当于股权激励的日常管理常态。对于激励对象而言，有 4 个要素是股权激励计划实施后的忧虑所在，处理不当，后患无穷。

1234 模型是从实务角度反向提炼而成：从股权激励必然经历的这两大阶段中，将其必然、必须包含的关键任务，加以提炼、归纳成十大要项，从而形成 1234 模型。

### 2. 肯定历史、激活当下、共创未来

沿着时间维度，任何一家业已创立的企业，在设计、实施股权激励方案时，都需要回归"价值创造、价值评估、价值分配"这一激励的原点命题，思考如何：

&gt; 肯定历史：如何肯定创业元老、功臣的历史付出、做出的历史贡献？

&gt; 激活当下：如何激活现有团队、激励现有人员创造更大价值？

&gt; 共创未来：如何吸引人才并为现有人才留有想象空间和发展空间，共赴前程、共创未来？

"肯定历史、激活当下、共创未来"指导三原则，集中体现在方案设计的核心三大要素——3 定：定人、定量、定价中，也直接体现在不同的人匹配不同的股权激励模式上。

&gt; 肯定历史：最直接匹配的武器是"实股"，以优惠的定价让老员工分享阶段性成果。

&gt; 激活当下：最直接匹配的武器是"身股"（分红股）、"业绩奖股"、"超额分红"。

&gt; 共创未来：最直接匹配的武器是"期权""限制性股票""增值权"。

实践证明，"肯定历史、激活当下、共创未来"的方案指导三原则，既

充分考虑了价值创造主体的动态变化,也充分体现了任何一家基业长青企业对"价值创造"的连续性、可持续性的必然追求。

下面,将逐一详细讲解1234模型的十大要素。

## 二、1式——持股方式

### 1. 两种持股方式

总体上,持股方式分为直接持股与间接持股两种方式,如图所示:

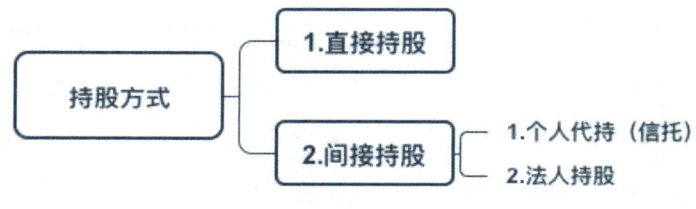

图4-30　1234模型的"1式"

> 直接持股:激励对象作为自然人股东,直接持有标的公司股权。直接持股的标志就是有"官方认证",即在公司的公开工商登记的股东信息里,可以直接显示/查询到其为公司的股东。

> 间接持股:间接持股又可细分为两种方式。一是大家常说的隐名股东,通过代持协议或民事信托;二是通过持股平台持股,而持股平台是主体公司的直接(法人)股东。激励对象在持股平台可以直接显示、查询到其为持股平台的股东,从而间接持有标的公司股权。

股权代持又称委托持股、隐名投资或假名出资,是指实际出资人与他人约定,以他人名义代实际出资人履行股东权利义务的一种股权或股份处置方式。股权代持是公司运营实践中的一种常见现象，但股权代持是企业 IPO 过程中比较敏感的话题，所以，建议有 IPO 上市准备的公司，慎用股权代持的持股方式，但（而且一定要）在 IPO 前把代持问题解决掉。所以间接持股，优先选用持股平台方式。

### 2. 持股平台的三个选项

常用的持股平台有三个选项，如图所示：

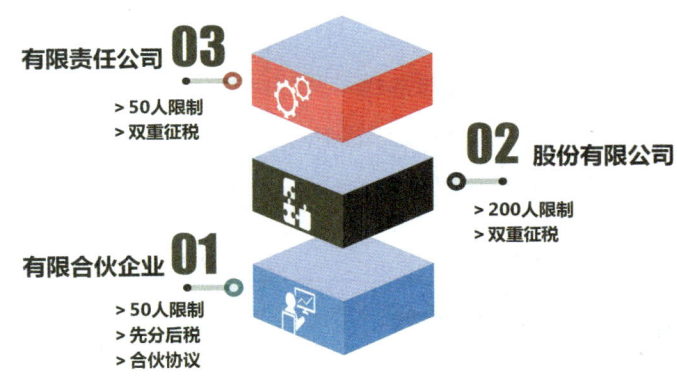

图 4-31　持股平台的三种常用选项

> 有限责任公司

有限责任公司作为持股平台，在人数上受到最多 50 人的限制，在税收上存在企业所得税、个人所得税双重征税的弊端。更为关键的是，在控制权上，如创始人要取得持股平台的绝对控股权，即持股比例过 2/3，则意味着需要较多的资金，可能会造成资金压力。

> 股份有限公司

股份有限公司作为持股平台，在人数上受到最多 200 人的限制，在税收上存在企业所得税、个人所得税双重征税的弊端。同样，在控制权上，如创始人要取得持股平台的绝对控股权即持股比例超过 2/3，则意味着需要较多的资金，可能会造成资金压力。

> 有限合伙企业

有限合伙企业作为持股平台，在人数上受到最多 50 人的限制，但在税收上、控制权上有天然的优势。税收上，享受先分后税的好处，无企业所得税；在控制权上，创始人作为执行事务合伙人，只需少量出资，即可取得持股平台的完全控制权。所以，有限合伙企业成为股权激励持股平台的首选。

### 3. 持股方式的比较与选择

持股方式设计的关键就是比较不同选项之间的利弊，以最终选择最佳匹配。对此，我们对四类持股方式的对比总结如下图所示：

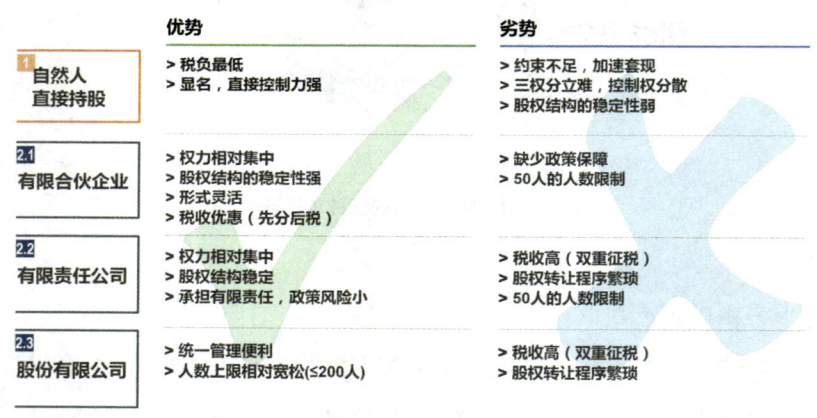

图 4-32　不同持股方式的利弊比较

从上图的利弊比较可以看出：没有哪一种方式是"完美"的。换言之，在持股方式选择的决策时，我们总在"两害相权取其轻"。权衡的关键因素有三。

> 控制有力：创始人考虑的第一要素，核心是"表决权"的有效掌控。
> 成本合理：激励对象关注的第一要素，核心是股权转让产生的税负。
> 操作便利：越简单越双赢——对企业意味着管理成本降低，对个人意味着透明、干净。

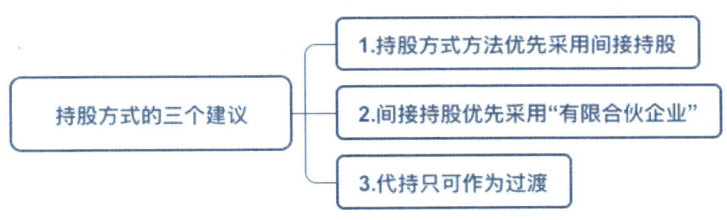

图 4-33　持股方式的三个建议

## 4. 持股方式的三个建议

### 4.1 直接持股与间接持股之间，优先采用间接持股

对于激励对象而言，间接持股相对于直接持股最大的不利是多承担了一道税负，除了个人所得税外。例如，公司分红时，不是直接分给个人，而是先分到持股平台再到个人。这样，分红从标的公司到持股平台，持股平台需要缴纳增值税（企业所得税），个人税后所得自然较直接持股有所减少。但这种可预见的"成本"，相对于选择由自然人直接持股而可能需要面对的"风险"而言，可能是次要的。

股东、合伙人的稳定是选择直接持股方式首要考虑的重要因素。因为办理股东信息的工商变更时，可能遭遇已离职股东（即便其当时是"好合好散"）拒不签字，不配合办理手续的尴尬，结果很可能就是企业不可承受之重——现实中，因办理股东签字手续、办理工商变更遇阻而影响融资，乃至上市的鲜活案例，并不在少数。

尤其是对于进入 pre-IPO 阶段的企业，必须考虑上市规则中"上市前一年内股权无重大变化（30%以内）""自然人股东宜少"等约束，确定是否采用自然人直接持股方式，或者进行股权架构优化。

因此，除非是个人持有股权占比较高——通常可参照上市公司对"重要股东"的界定，占比 5%，且有一定的个人品牌（利于企业发展、融资），否则，一般不建议直接持股。

### 4.2 间接持股优先采用"有限合伙企业"

其好处显而易见：综合税负相对较低；控制权集中，而且控股成本近乎为零。唯一的风险在于控制人必须作为"普通合伙人"，从而面临"承担无限责任"的风险。而该有限合伙仅仅用作"持股平台"而不进行实际的业务和/或资产运作，显然，这种"承担无限责任"的风险仅仅存在于理论上的可能性。

践行"三权分立""分利不分权"的指导思路，既是精心设计持股方式的目的，也是持股方式需要精心设计的意义所在。

在现有《公司法》框架下，直接的自然人持股方式难以直接做到所有权、表决权、收益权的"三权分立""分利不分权"。现实的普遍做法是通过"打补丁"方式——投票权委托、一致行动人协议来暗度陈仓，实现"三权分立"。但相比之下，有限合伙企业则是天然的"三权分立"架构，因此，在构筑股权激励大厦时，优先考虑夯实其基础工程——持股方式，免去后期二次或 N 次维修、狂打补丁之长痛。

### 4.3 代持只可作为过渡

"存在即合理"，虽然代持惹了许多祸，但在实践中，在创业初期，考虑到持股平台设立手续与税负，代持仍是常用的过渡方式。这种方式虽然规范度上略有瑕疵，但因其兼具间接持股的三权分立和直接持股税负少的好处，而被广泛地采用。但需要提醒的是，在后期，公司发展进入正常轨道，尤其是准备进入资本市场前，最好把代持问题规范化。

根据司法的解释，实际上代持是合法的，同时只要代持协议不违反《合同法》第五十二条的强制性规定，都是有效的。

《合同法》第五十二条 有下列情形之一的，合同无效：

一方以欺诈、胁迫的手段订立合同，损害国家利益；

恶意串通，损害国家、集体或者第三人利益；

以合法形式掩盖非法目的；

损害社会公共利益；

违反法律、行政法规的强制性规定。

## 三、2 源——股权来源、资金来源

### 1. 股权来源

激励对象的股权来源可分两种：存量和增量，即常说的：①老股转让；②增资扩股。这两种方式的利弊，如下图所示：

| | 描述/优缺点 | 适用范围 |
|---|---|---|
| 存量转让 | ▶ 由**大股东**向管理层提供实股来源，且以存量转让的方式进行<br>▶ 存量转让完成激励时效性高，但需要让管理层承担**较大的资金压力** | ▶ 财务独立核算的法人实体，且目前行业处于**成熟期或成长期末端** |
| 增量入股 | ▶ 增量激励的股票来源于公司**净资产增值**所带来的股本扩张部分；一般采取锁定价格或部分零价格的转让方式 | ▶ 适合于**成长性较高**的初创类公司 |

图 4-34　股权两种来源

需要特别指出的是，当企业将"分红权"单独作为激励标的，采用虚拟股类模式时，因其不影响实际的股权架构，因此不在"股权来源"考虑的范畴内。

> 存量转让

原有股东（可以是个别股东如大股东转让，也可以是所有股东集体转让）

转让部分股权给激励对象。出让股权的老股东虽然有"提前变现"的嫌疑，但实务中，因为是用于"激励"，一般都会得到支持。一是激励对象的受让价格一般低于融资价格（估值）；二是实际款项通常是扣除股本金后，将溢价部分作为公司经营发展之用，而不会进原股东个人腰包。

存量转让，通常是大股东占股比较高、大股东转让给激励对象。这样，充分体现出大股东愿意与大家分享的"胸怀"和"格局"。出让股权的老股东虽然表面上"失去"了一些股权，但收获了"人心"，得人心者得天下。

> 增资扩股

采用增资扩股的方式，虽然在股比的绝对值上，老股东下降，但由于这种下降是集体等比例稀释，所以老股东之间的相对地位并没有发生变化，相互间的"人合"关系也并未因此受到冲击。而且，采用这种方式的"增加（注册）资金"，通常来自净资产和/或净利润的超额/超业绩目标部分，因此老股东持有股权的绝对值（单价）一定是大幅度飙升。

总结：股权激励方案设计时，对"股权来源"的考量重点是：一看大股东当时的占比，是否明显过高（超过70%）；二看增资扩股的价格与挂钩指标。从激励的属性、肯定历史的角度，通常建议采用增资扩股。

### 2. 资金来源

资金来源是解决激励对象出资的问题，购股的钱从哪里来的难题。不需要出资的股权激励模式——分红股、身股、业绩奖股等，不在讨论范围。而需要"出资"的情况主要源于：实股、限制性股权、期权行权。

激励对象少量出资，自然不是问题，"资金来源"讨论的重点是激励对象想买、多买，但购股资金数额大，短期支付明显有压力的情况。在国家明文禁止商业贷款用于股权投资的情况下，资金来源主要有三种方式：个人自筹、分期支付、公司借款。首选个人自筹，次选分期支付，不提倡公司借款。

在实操中，许多情况下，员工会提出"希望能用奖金抵扣，和/或类似还房贷，每月从工资中扣除"的诉求。但这种诉求，在实务中容易引发"未按时足额计发工资""逃避个人所得税"和"奖金未足额计发"等劳动争议。所以，对分期支付的建议是，先发后交，即正常发工资、奖金，员工收到后再正常出资到位，切不可内部转账，合法是底线。

另外，需要提醒的是，企业需要避免踩上内部违法集资或放高利贷的坑。

【案例】资金来源的约定条款

（1）激励对象的购股资金或行权资金来源，应为其自有合法资金或以合法合规自筹方式解决。

（2）标的公司承诺，不为激励对象依据股权激励计划获取的有关股权和/或期权提供贷款以及其他任何形式的财务资助，包括为其贷款提供担保。

由此，原则上，不允许以工资或奖金或其他薪资性收入抵扣激励对象的购股或行权款，以下激励计划中另有具体约定的除外。

（3）激励对象应按照认购份额和/或行权份额，按期足额缴纳资金款；未按期、足额缴纳款项的，则视为放弃该份额，或该部分期权由公司予以注销或无偿回购。

## 四、3定——定人、定量、定价

定人、定量、定价，是股权激励方案的关键与核心模块。

### 1. 定人：人对了，事才能对

"事为先、人为重""找对人、办对事""请神容易送神难"，这三句富有东方智慧的俗语，简单但深刻道出了"定人"的重要性。可以说，确定激励对象的范围，和"识人、用人"本质一致，不仅需要智商，更需要情商，而且还需要"风物长宜放眼量",考虑到人(团队/组织架构)未来的变化。

上市公司股权激励管理办法(2016年修订)中对激励对象有明确的界定:

第八条 激励对象可以包括上市公司的董事、高级管理人员、核心技术人员或者核心业务人员,以及公司认为应当激励的对公司经营业绩和未来发展有直接影响的其他员工,但不应当包括独立董事和监事。在境内工作的外籍员工任职上市公司董事、高级管理人员、核心技术人员或者核心业务人员的,可以成为激励对象。单独或合计持有上市公司5%以上股份的股东或实际控制人及其配偶、父母、子女,不得成为激励对象。

第九条 下列人员也不得成为激励对象:

(一)最近12个月内被证券交易所认定为不适当人选;

(二)最近12个月内被中国证监会及其派出机构认定为不适当人选;

(三)最近12个月内因重大违法违规行为被中国证监会及其派出机构行政处罚或者采取市场禁入措施;

(四)具有《公司法》规定的不得担任公司董事、高级管理人员情形的;

(五)法律法规规定不得参与上市公司股权激励的;

(六)中国证监会认定的其他情形。

成长型企业股权激励实践中,定人时,首先统一思想、明确原则并确定定人因子(激励对象属性),如图所示:

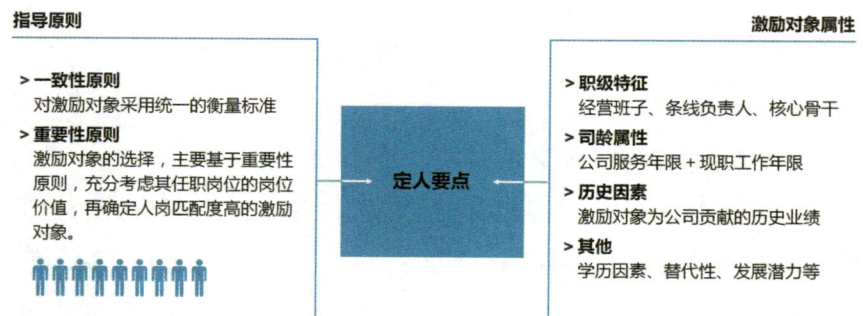

图4-35 1234模型的定人

在以上原则和属性确定后，即可进一步细化，明确具体的"定人标准"。例如，以下是一个实际案例。

【案例】激励对象条款

（1）激励对象必须与公司（或子公司或指定的签约主体/用工单位）建立合法合规、有效的劳动关系，如签署劳动合同、劳务合同或其他合同/协议。

（2）激励对象在进入股权激励计划（以该计划的实际施行时间为准）前，应在公司（或子公司或指定的签约主体/用工单位）任职或为其提供服务满1年（司龄满1年）。

（3）司龄未满1年的，则司龄满1年前时段视为锁定期。

（4）目前的职级体系如表所示（今后如发布新版本，则应据此更新/调整本方案激励对象的相应资格标准/范围）：

①根据现有职级标准，岗级Band 7以上。

②至当期授予日，已通过试用期，且在标的公司（及其下属机构）任职满1年。

③上一年度绩效等级合格（或试用期评估优良）。

④公司高管（各部门分管领导）提名、股管会形式审查、董事会决议的其他人员；

⑤预留激励对象：本激励计划获批准时尚未确定，但在本激励计划存续期间经董事长批准后进入本激励计划的激励对象。

同时，建立"负面清单标准"，明确具体的"否决项"（不得成为股权激励对象的情形）。例如，以下是我们的一个实际例子：

（1）上一年度考核不合格的；

（2）出现严重违纪、重大过错、被行政处罚未满三年的；

（3）因违法违规行为被行政处罚或刑事处罚（且未满三年）的；

（4）不符合股权激励计划所规定激励对象的范围或条件的；

（5）《公司章程》、股权激励计划规定或双方另有约定不得享受股权激励的其他情形；

（6）董事会认定不适合享受股权激励的其他情形。

| 岗级*Band | 职级 | 职衔 title |
|---|---|---|
| 1 | 决策层 | 董事长 |
| 2 | | 总经理 |
| 3 | | 副总经理 |
| 4 | 总监级 | 高级总监 |
| 5 | | 总监 |
| 6 | 经理级 | 高级经理 |
| 7 | | 经理 |
| 8 | 主管级 | 高级主管 |
| 9 | | 主管 |
| 10 | 专员级 | 高级专员 |
| 11 | | 专员 |
| 12 | | 文员 |

表 4-3　职衔职级标准

### 2. 定量：总量适度，个量到岗

《上市公司股权激励管理办法》对总量与个量的规定是：上市公司全部有效的股权激励计划所涉及的标的股票总数，累计不得超过公司股本总额的10%。非经股东大会特别决议批准，任何一名激励对象通过全部有效的股权激励计划获授的本公司股票累计不得超过公司股本总额的1%。

非上市公司不受总量10%、个量1%的限制，在实操中，一个激励周期（通常3～5年）内，总量在10%～20%之间居多。具体到个量上，一般是根据岗位、年限、业绩考核制定规则。

### 2.1 总量：把握力度

依据经验，针对具体情况，给几个参考值，也比较常规的比例：

5%：如果公司发展已步入稳定期、估值较高（10亿以上）、平时的薪酬接近或稍高于市场水平，股权激励的总量，可以控制在3%到8%。

10%：如果公司发展处于快速发展期、估值中等（3亿～10亿）、平时的薪酬略低于市场水平，股权激励的总量，可以控制在8%到12%，即10%左右。

15%：如果公司发展处于初创期、估值低（3亿以内）、平时的薪酬略远低于市场水平，股权激励的总量，建议在12%到20%，即15%左右。

以上为股权激励总量的常规参考值，具体到公司，要考虑公司的行业、商业模式、成长空间、核心团队的成员构成、现有薪酬水平等多重因素确定。

### 2.2 个量：具体到岗，规则公平

在总量确定后，具体到个量上，一般是根据贡献、岗位、年限、业绩考核制定规则。

由于股权激励是激励中的长期激励部分，所以在实操中要把激励对象的短中长期激励放在一起考虑，考虑几个平衡：责权利的平衡、激励对象之间的平衡、激励与约束的平衡。

在初步的个人股权份额分配方案出来后，需要加入短期、中期激励部分——年薪（工资、奖金）加以分析，以个人完整的"薪酬包"为比较单位、横向平衡。对此，以下是我们实务中的常用表格，供参考：

| 姓名 | 职级 | 月工资 1 | 奖金 2 | 年薪 A=1*12+2 | 占股 b | 分红 B | 年收入 A+B |
|---|---|---|---|---|---|---|---|
|  |  |  |  |  |  |  |  |
|  |  |  |  |  |  |  |  |

表4-4 个人定量：横向平衡、纵向落差

【案例】贡献股激励计划的定人、定量

（1）激励对象范围

进入本计划的激励对象，应符合以下资格条件或有下列情形之一：

① 2017 年 1 月 1 日之前入职；

② 岗级 G5 及以上；

③ 最近三年／三期的绩效评估等级良好或以上；

④ 三观正（符合公司价值观）；

⑤ 总经理提名、董事会决议的其他人员；

⑥ 预留激励对象：本激励计划获批准时尚未确定，但在本激励计划存续期间经董事长批准后进入本激励计划的激励对象；

⑦ 目前已持有股权的创始成员不参与本计划。

（2）激励人员名单

进入本计划的人员名单，由股管会（或总经理）根据以上资格条件和上述对象范围拟定，经董事长审议通过。进入激励人员名单的激励对象享有本计划以下合伙份额的认购权。

（3）标的份额

贡献股配额：标的份额按以下计算公式确定：

岗位贡献股配额 = 岗位贡献股标准 × 司龄系数 × 综合评估系数

岗级贡献股标准按下表：

| 岗级*Band | 管理序列 | 技术系列 | 岗位贡献股 |
|---|---|---|---|
| G5 | 主管 | 高级工程师是 | 4000股/月 |

表 4-5　岗位配额标准

① 司龄系数计算：自入司起至 2016 年 12 月 31 日止，按月如实计算。

②综合评估系数：综合考虑历史贡献、能力、工作投入度等因素，设定为五个等级：

| 综合评估系数K | 评估等级 |
|---|---|
| 1.0 | 需改善 |
| 1.2 | 合格 |
| 1.5 | 良好 |
| 1.8 | 优秀 |
| 2.0 | 卓越 |

表 4-6　综合评估系数 K

备注：具体个人等级由股管会以专家组评议形式确认后提议，报董事长批准。

具体个人的标的额度（奖励额）由股管会根据以上规定计算、拟定，经董事长审议通过后，由股管会分别通知激励对象。

### 3. 定价：五条线与三个平衡

股权激励定价的高低，直接股权激励的力度大小，在某程度上决定了股权激励的成与败。众多名企股权激励失败的原因就是定价不合理。

在此，首先要表明的一个观点是：股权激励一定要激励对象出资购买！理论上，激励对象定价可以是零，即送股、赠股。但实操中发现，送的股往往得不到珍惜，更达不到股权激励的目的和效果，相反的，出钱买股的股权激励往往效果显著。

#### 3.1 上市公司的定价规则

上市公司股权激励管理办法 (2016 年修订) 对股价的规定：

第二十三条　上市公司在授予激励对象限制性股票时，应当确定授予价格或授予价格的确定方法。授予价格不得低于股票票面金额，且原则上不得低于下列价格较高者：

（一）股权激励计划草案公布前1个交易日的公司股票交易均价的50%；

（二）股权激励计划草案公布前20个交易日、60个交易日或者120个交易日的公司股票交易均价之一的50%。上市公司采用其他方法确定限制性股票授予价格的，应当在股权激励计划中对定价依据及定价方式做出说明。

第二十九条 上市公司在授予激励对象股票期权时，应当确定行权价格或者行权价格的确定方法。行权价格不得低于股票票面金额，且原则上不得低于下列价格较高者：

（一）股权激励计划草案公布前1个交易日的公司股票交易均价；

（二）股权激励计划草案公布前20个交易日、60个交易日或者120个交易日的公司股票交易均价之一。上市公司采用其他方法确定行权价格的，应当在股权激励计划中对定价依据及定价方式做出说明。

对非上市公司而言，理论上是自由定价，没有法律上的强制性规定。但自由定价也是有规律、有规则的，这就是定价的依据是什么、导向是什么。

### 3.2 五条重要参照线

定价的依据即定价要素有五条重要参照线：

第一条线：每股净资产，每股对应的实际净资产，这对实体类企业是最重要的定价依据。

第二条线：每股评估净资产，即对无形资产如品牌、专利、知识产权等因素进入评估后列入核算的净资产值。

第三条线：最近一次原股东转让或增资的价格，可理解为最近的成交价。

第四条线：公司估值，即第三方投资者投资入股的市场价。

第五条线：财务模型计算值，即基本未来现金流折现计算出来的价格。

实践操作中，通常是综合考虑这五条线，确定一个具体的线作为定价参照线，再确定一个调节系数，如净资产价格 $P \times$ 调节系数 $K$，如下图所示。

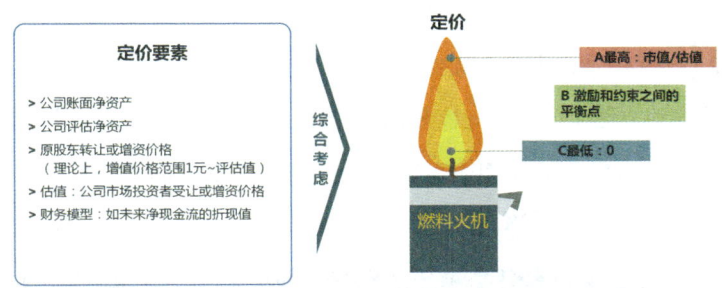

图 4-36 1234 模型的"3"-定价

在实体类公司，通常以净资产价格作为定价参照线，而互联网类、轻资产类公司通常以估值为定价参照线。介入两者之间或两者兼而有之的公司，则以评估净资产价格、原股东转让或增资价格作为定价参照线。

不论何种类型的公司，有机构投资者进入、企业对外有股权融资后，股权价格有了一个第三方价格参照的情况下，对内实施股权激励的话，以第三方价格作为定价的依据就自然而然地成为首选方式，也是激励对象幸福指数（激励效度）的最简单、最有效的参照。

确定定价参照线后，就要考虑调节系数 K 的确定。调节系数的确定通常考虑激励对象的心理预期、公司成长性、现有薪酬水平、股权激励兑现条件等。实操中，如果以净资产价格为定价参照线，调节系数通常取值为 1.2～2。如果以第三方投资入股的估值为定价参考线，调节系数通常取值为 0.2～0.5，激励对象较容易接受，即如果第三方投资入股估值为 1 亿，员工购股价为 2000 万～5000 万元为宜。

【案例】期权激励的定价

（1）基准价格 SP

计划期内的认购价格或行权价格标准在以下两者中，按孰高原则确定：

①每股净资产价格 ×130%；

②最近一轮融资每股价格（估值）的 3 折。

（2）与年度业绩考核 P 挂钩：

在公司建立健全内部独立核算和业绩管理体系的情形下，经董事会决议，本计划期内的每期实际认购价格或行权价格 RP 以前款的"基准价格 SP"为基准，按以下优惠系数 PK 调整——实际行权价格 RP = SP × PK：

| 年度业绩结果<br>提前实现 | 超过基础目标<br>≥SO | 超过期望目标<br>≥EO | 超过超额目标<br>≥IO |
|---|---|---|---|
| 提前1个月 | 90% | 80% | 60% |
| 提前2个月 | 80% | 70% | 55% |
| 提前4个月 | 70% | 60% | 50% |

表 4-7　定价机制：业绩优惠系数 PK

在上表的定价机制中，我们强调：

> 横轴：强调业绩、结果导向。在"价值分配"环节，一定是论功行赏、以成败论英雄。

> 纵轴：互联网创业思维里，"唯快不破""三个月等于一年""以时间换空间"。在双创时代，速度，直接决定了一个创业项目能否在竞争中脱颖而出、获得压倒性的竞争优势；速度，也直接影响着每一轮融资的估值大小。

> "又好又快"甚于"又快又好"：两相比较而言，大部分情况下，好（达标）比快重要。因此，在优惠折扣的下降力度里，横轴的优惠力度大于（快于）纵轴。

值得一提的是，最低的优惠系数应确保行权价格不低于净资产价格或上一轮的内部行权价格（如与估值挂钩）。

在这种动态的定价机制下，股权激励就不单纯是"激励"，而是直接有力地推动了企业的业绩增长，"价值分配"和"价值创造"由此形成了闭环。

实践证明，这种定价机制背后包含的"双赢"逻辑，一经企业和激励对象双方所理解，立刻得到认可并大受欢迎。

### 3.3 三个平衡点

在实务中，定价务必考虑以下 3 个平衡：

> 内部人（出力也出钱）与外部人（纯出钱）的区别

> 内部员工的出资意愿与能力

> 激励与约束的对等，应便于建立约束机制

## 五、4 变——调整、转让、继承、退出

经过前述的 123 六大要项设计后，股权激励计划完成了实施的初始化设定。接下来的设计重心就是激励计划运行和日常管理的 4 大核心变量：调整、转让、继承、退出。

### 1. 调整：人与量

定人和定量，是调整的两项主要任务。

首先，人的调整。从结果看，对激励对象范围的调整，主要通过前述"定人"一节中"定人标准"（包括负面清单）的调整来实现。从过程看，一般是通过名单的审批程序（流程）设定，来确保企业的控制力。例如，期权激励计划中约定，每期期权授予名单，在授予前 30 天，由总经理提名、董事会审议通过后执行。

其次，量的调整：总量和个量。①总量调整：是指第一层面的价值要素分配和时间维度上的阶段分配的份额调整。一般是通过董事会研讨、形成共识后，提请股东会审批通过。这种调整一般在经营管理出现重大变化，如商业模式调整、业务组合重大变化、组织架构重大调整、资源方进入、开启新

一轮融资，才会触发。实务中，成功经验是采用"定向增发"的方式来操作。②个量调整：我们的经验是践行"易岗易股＋业绩导向"：根据空岗原则来确定岗位的标准配额，然后基于个人业绩成果来确定调节系数。

## 2. 转让

转让首先要合法。目前《公司法》对于股东已持有的股权转让主要是有如下两条规定：

第七十一条　有限责任公司的股东之间可以相互转让其全部或者部分股权。

股东向股东以外的人转让股权，应当经其他股东过半数同意。股东应就其股权转让事项书面通知其他股东征求同意，其他股东自接到书面通知之日起满三十日未答复的，视为同意转让。其他股东半数以上不同意转让的，不同意的股东应当购买该转让的股权；不购买的，视为同意转让。

经股东同意转让的股权，在同等条件下，其他股东有优先购买权。两个以上股东主张行使优先购买权的，协商确定各自的购买比例；协商不成的，按照转让时各自的出资比例行使优先购买权。

公司章程对股权转让另有规定的，从其规定。

第七十二条　人民法院依照法律规定的强制执行程序转让股东的股权时，应当通知公司及全体股东，其他股东在同等条件下有优先购买权。其他股东自人民法院通知之日起满二十日不行使优先购买权的，视为放弃优先购买权。

从以上两条规定中，我们不难发现，《公司法》对于股权转让非常强调保持老股东之间的"人合"关系，对非老股东的受让方做出了明确而严格的前置程序规定，对如何转让，也做了详细规定。因此，如果《公司章程》未"另有规定"，基本上"转让"依法办事即可。

换言之，"转让"设计的重心在于《公司章程》，在于"公司章程对股权转让另有规定的，从其规定"。对此，我们的经验是，《公司章程》可对"转让"的如下三方面加以个性化条款定制：

（1）进一步细化、明确受让顺序。

通常是明确约定创始人、大股东或公司回购优先。例如，在《公司章程》中约定，"任何转让股权的行为均应遵照公司的股权管理办法，经内部股权管理机构批准，由公司牵头办理转让手续；凡违反规定私下转让的，转让无效。同等条件下，公司优先受让"。

（2）为每位股东提供适当的授权额度。

例如，我们的一个实际案例是：在《公司章程》中约定，"每位股东可在个人持有股权份额的10%范围内，在符合转让定价标准的情况下，自由决定受让方"。这项约定主要是为了便于合伙人在招募中高端人才时，可当机立断、当场提供长期激励，"先下手为强"、吸引人才加盟。——将在外，军令有所不受。既然如此，不如适应现实、顺势而为。

（3）加入锁定期。

例如，"锁定期内，禁止股权转让"。

锁定期满后，激励对象可按公司股权管理规定申请转让，转让须在公司内部进行，价格参照公司公布的最近一次经审计的净资产上浮一定比例（结合购股成本），最终由转让双方协商确定，若无交易对象则原持有人继续持有。

锁定期内有特殊情况，可向内部股权管理机构提出特别申请，经批准后实施转让，转让价格以出资原价按同期银行存款利率上浮（最多至30%）确定。

### 3. 继承

继承条款的设计重点不是说法定继承人不可以继承股权，而是贯彻"分利不分权"原则，明确约定继承股权的"收益权"而不继承"表决权"，更不意味着可以继承"岗位/职务"（尤其是"董事"席位）。同时，如果继承人不进入企业任职，则一般约定通过持股平台或代持方式来持股。

### 4. 退出：规范、有序

经验表明，善始善终、形成闭环，才是正道。"退出"条款有没有、合理与否，是一个股权激励方案能否被激励对象广为接受的关键，也是一个企业避免后期踩坑的关键。有始无终的激励计划，常常导致退出时双方的长期拉锯战，结果双输。

为此，推行股权激励时，务必明确设立内部股权管理机构（确立组织保障），制定股权管理办法（确立制度保障），这样一旦发生股权退出时，即可按既定办法操作，实现退出的规范、有序。

实务中，退出条款的设计，需要综合考虑以下要素和原则：

> 若出现以下情况，则持股人或其合法继承人可以按当期净资产与购股成本孰高者获得现金结算：

- √ 退休
- √ 丧失劳动能力
- √ 死亡
- √ 其他公司董事会认定的情况

> 若出现以下情况，则持股人将以当期净资产与购股成本孰低获得现金结算，并承担有关损失的赔偿责任：

- ● 在劳动合同有效期内主动辞职；
- ● 被公司辞退、除名；
- ● 违反法律，被判定任何刑事责任的；
- ● 有损公司利益的行为，并造成损失的；
- ● 其他公司董事会认定的情况。

【案例】转让与退出

（1）按"同股同权"原则，限售期内的个人已获得份额的转让与退出，参照以上规则。

个人实缴出资获得合伙份额后，可按《合伙协议》等规定转让；同时，个人因本计划实施而获得的合伙份额，在转让时遵守以下约定：

①未经普通合伙人同意，不得向持股平台的合伙人、股东以外的第三方转让。

②持股平台、普通合伙人和公司单一最大股东有优先受让权，但不代表其必须受让。

③自个人获得合伙份额之日起，限售期3年。

④如因个人离职离司（包括主动、被动）、资格取消等情形导致的个人（份额）退出，则回购价格如下：

I. 第1年，以总价1元回购；

II. 满1年，原值×100%；

III. 满2年，原值×110%；（时间回溯到获得股份份额之日起算，不计算复利）。

IV. 满3年，原值×120%；（时间回溯到获得股份份额之日起算，不计算复利）。

V. 满5年，转让与退出市场化操作。

回购款支付的前提是公司有盈利并现金流为正，董事会审议通过后施行。

（2）涉及"回购数量"和/或其他情形的处理方式如下：

| 持股人情况 | 处理办法 | |
|---|---|---|
| | 已获得部分 | 未行权部分 |
| ①资格取消或禁止行为<br>②擅自离职 | 立即丧失，留存持股平台 | |
| ③正常离职、辞职获批准、辞退或解聘、退休、丧失劳动能力（非因工） | 回购份额按照限售逐年按比例递减<br>回购价格退出时点前最近一轮融资每股价格（估值）的2折 | 视为个人自愿无偿放弃，留存持股平台 |
| ④丧失劳动能力（因工）<br>⑤死亡 | 回购并补偿，或收益权部分保留与存续 | |
| ⑥降职或岗位下调 | 保留 | 配额下调 |
| ⑦升职或岗位上调 | 保留 | 配额增加 |

表4-8 退出处理

★ 丧失：指持股人股东资格的失去，公司对股份的收益权、实际所有权、表决权、处置权等权益的无偿收回；同时，也意味着继续参与本计划的资格取消。

## 六、激励对象的五个关注点

40分钟的宣导完毕，接受大家的提问，会议室一时热闹非凡。

总结下来，大家的提问基本围绕以下五点：

1. 股权激励模式：实股、期权、虚拟股？
2. 个人可以拿到的股数、优惠价格、相对应的市场价值、考核要求？
3. 公司的发展规划、个人得到的股权在将来可能的价值？
4. 如何转让、退出、变现？
5. 可能的风险、如何规避个人风险？

从实操项目来看，在这五个关注点上得到员工的充分认可，股权激励的效果就基本得到保证。对员工而言，股权激励的关键就是对公司有信心、对创始人有信心！

**本章思考题：**

**1. 按1234模型，设计自己公司的股权激励方案的1234具体内容。**

**2. 如何设定激励对象的考核标准？**

# 第五篇
# 股权融资

# 第九章　股权融资的常识

时间过得飞快，尤其是对创业者来，永远是在与时间赛跑！时间很快就来到了 2017 年 10 月，我建议张总把融资这件事提上日程，与张总聊"融资那点事"。

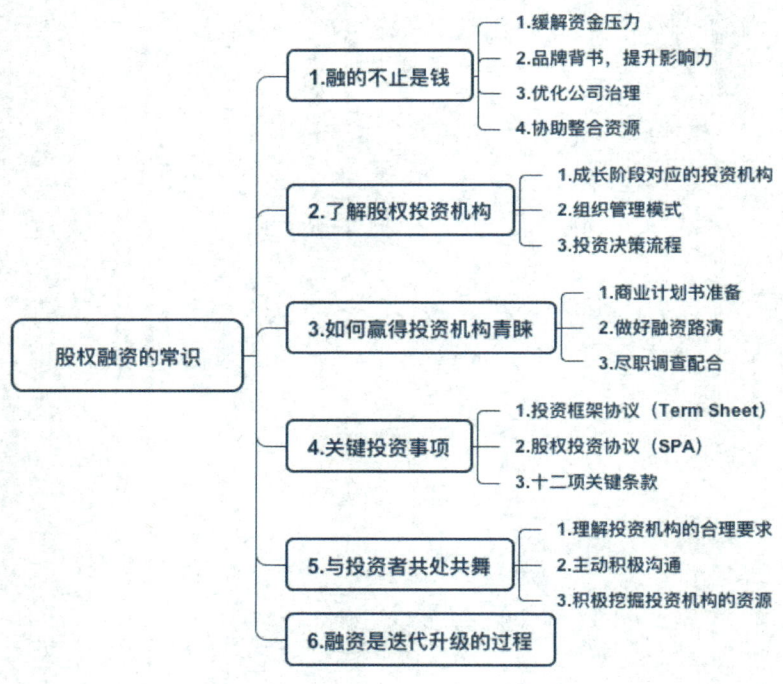

图 5-1　股权融资的常识

## 一、融的不只是钱

我:"张总,公司成立大半年了,团队自筹的 100 万启动资金还剩多少?"

 CEO 张:"王老师,还好,团队把钱省着用,再加上平时每月有点小的收入,所以,账上还有五六十万元。"

我:"好,这样融资可以更从容一些。大半年下来,团队初步过了磨合期,商业模式也经过了几次迭代,融资是时候提上日程了!CEO 的三件事,找人找钱找方向!"

CEO 张:"王老师,迟迟没动找投资的事,一是感觉还不到时候;二是大半年做下来,我们的上下游有几个大老板蛮看好我们,都表达过投资的意向,所以,不是太着急。"

我:"你上次创业,就是这样找的种子投资人吧?落在坑里了?"

张总脸一红。

CEO 张:"王老师,这次不一样,这次我会吃一堑,长一智,不会让对方控股,会分散一下,多找几家,让他们作为纯财务投资人。"

我:"张总,对创业者而言,融的第一笔钱,融的不只是钱,钱与钱是不一样的!"

CEO 张:"融的不只是钱?钱与钱不一样?"

我:"是,钞票与钞票是一样的,但钱的主人是不一样的,尤其是第一笔融资,拿谁的钱,大不同!"

CEO 张:"王老师,请详解。我上次创业就拿了大老板的钱,第二笔结果是黄了,确实不知这其中的区别。"

我:"好,你想想,为什么同样是钱,大家更喜欢知名投资机构,最好是 BAT 的钱?"

CEO 张:"有知名度,有信用背书?"

我："还不止这些。"

CEO 张："提供或整合一些资源？"

我："对，不光是资源，更重要的还有人才、人脉，这是你用钱买不到的。"

CEO 张："啊，融资融的不只是钱？"

我："知名、大的投资机构，尤其是 BAT 系，都形成了自己的创业生态圈，整合了众多有利于创业公司发展的资源，包括人才、技术、资金。更重要的是，你找到一个好的投资机构，为你下几轮的融资提供了一个有传播度的信用背书，许多投资者会慕名而来，主动找你！"

CEO 张："真的是融资融的不只是钱！"

我："所以，早做准备，早点行动，最好能够找个好的投资机构，如 BAT 系、天使基金如创新工场、真格、英诺、梅花、联想之星等排名前几的基金。"

CEO 张："还请王老师好好给我普及下股权融资的常识。"

我："好，下面我们先聊聊私募股权融资的价值，为什么说融的不只是钱？为什么建议同样是拿钱，拿投资机构的钱优先于一般的个人投资者？"

今天，创业公司去找 VC 融资，即私募股权融资，已经成为大家默认的方式。创业公司为什么要做股权融资，我们不妨先看看创业公司的需求。《精益创业》一书中，给创业公司做了如下定义：创业公司是在高度不确定的情形下，进行产品或服务创新的一个机构。由此，我们可以描绘出常见的一些创业公司的画像：非传统行业、创新性、成长性、资金有缺口、管理有短板、高风险、高回报。

私募股权融资对创业公司在以下四个方面提供了更好的支持和帮助：

### 1. 缓解资金压力

对于大多数创业公司来讲，缺钱是常态：对于技术创新类的项目，需要长时间的研发设备和人员投入；对于商业模式创新类的项目，需要大笔的资金来培养用户习惯和合作伙伴的信任。为了解决资金困难，常见的对外融资方式主要包括债权融资和股权融资。

债权融资是指企业通过借钱的方式进行融资，企业首先要承担资金的利息，另外在借款到期后要向债权人偿还资金的本金。这种方式的缺点是：一方面，通常需要抵押物，融资金额偏低，可能无法解决资金问题；另一方面，较高的利息偿还可能给企业带来新的资金压力。

股权融资是指企业股东愿意出让部分企业所有权，引进新的股东的融资方式，总股本同时增加。股权融资所获得的资金，企业无须还本付息，但新股东将与老股东同样分享企业的盈利与增长。

创业成功所需的资金越来越大，股权融资是必由之路。

### 2. 品牌背书，提升影响力

成功引进一个有实力、有品牌的投资方作为自己的股东，可以为创业公司提供极具价值的品牌背书和估值依据，知名投资方的进入无异于向其他投资者发出了一个信号，大家会觉得投资界"大佬"都投了，肯定错不了！这样的观念能够直接影响企业的业界影响力和估值，从而吸引更多的投资者和业界合作伙伴关注。

很多创业公司希望通过股权激励来激发创业团队的积极性和主人翁意识，但是在股权激励实际操作过程中，由于创业公司基本上都是非上市公司，与上市公司在股权激励方案定制方面相比存在的主要困难之一是定价问题。

上市公司基本上都做过多轮融资，融资估值可以作为定标企业价值的重要依据，事实上，很多上市公司正是将股权激励前一轮融资估值作为定价依据，进行一定的折扣来作为股权激励的定价；而非上市公司如果没有做过融资，也就没有融资估值，通常参考公司股本、净资产等作为股权激励的定价依据。一方面，这些方式难以反映出公司未来潜在价值，另一方面，对激励对象的激励效果很难达到预期。

如果创业公司做了股权融资，那么将股权融资估值作为定价依据，打折后激励给团队骨干，那么这些激励对象一方面对价格将比较认同，另一方面一定的折扣也可以从个人感受方面得到激励。

### 3. 优化公司治理

融资在很多时候是"融智"，与债权融资中的债权人相比，股权投资人通常对企业治理等方面经验更加丰富。另外，股权投资人因为以资金换股权的缘故，将对被投企业的决策管理有一定权限，也会花更多的时间和精力去支持创业公司的经营管理。他们会帮助制定发展策略和营销计划，关注财务和经营状况，帮助处理危机事件等，这些行为将有效改善公司的运营条件，提高规范性，增加盈利能力，使之估值上升，综合竞争力加强。

### 4. 协助整合资源

专业、实力雄厚的投资机构通过投资形成了自身的生态圈，可以帮助被投企业整合更多的人才、信息、产业链上下游资源，这些资源可以帮助创业公司加速业务推进和提升绩效。

当然，双创时代的投资机构比比皆是，我们需要具体了解下投资机构的分类、特点、管理模式与决策流程。

## 二、了解股权投资机构

创业公司要和投资机构打交道，有必要了解他们本身的业务逻辑。股权融资按照融资渠道来划分，主要有两大类，公开市场发售和私募发售，公开市场发售指通过股票市场向公众投资者发行企业的股票来募集资金,私募发售指企业自行寻找特定的投资人,吸引其通过增资入股企业的融资方式。对于大多数创业公司来说,较难达到上市发行股票的门槛,因此私募股权融资成为创业公司进行股权融资的主要方式。

### 1. 成长阶段对应的投资机构

在私募领域,不同类型的投资者,对创业公司发展的影响各不相同。创业公司在不同的发展阶段,可以寻找不同类型的投资人。图 5-2 概括了创业公司在不同发展阶段对应的主要投资人类型及特点。

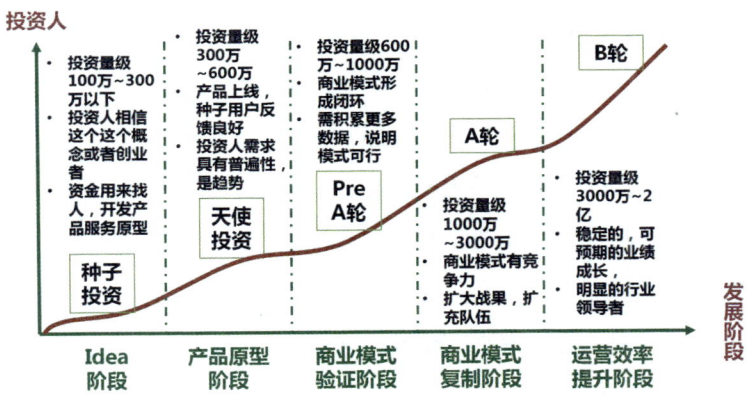

图 5-2 创业公司不同发展阶段对应的投资人

在创业公司的发展过程中,可能需要多次融资。不同类型的创业项目每一轮融资的规模差异化也可能很大。每一轮融资过程中,并不是融资金额越多越好,但也不能太少。

总的来讲,创业公司每次融资金额最好是能够支持企业发展到下一个重要的里程碑/转折点,从创意到产品,从产品到种子用户,从种子用户到规模用户，产品从样品到批量，团队从研发到销售，等等。

## 2. 组织管理模式

从国际上来看，传统上私募股权基金的组织形式包括公司型和契约型，新型的组织形式主要为有限合伙制，这也是国内比较主流的组织形式。

在有限合伙制模式中，基金的投资人作为有限合伙人（LP）参与投资，以其认缴的出资额为限对合伙企业的债务承担责任；普通合伙人（GP）通常是基金管理者，也是创业公司主要的沟通对象。LP 在将资金交给 GP 后，除了在有限合伙协议上所订立的条款外，不干涉 GP 的行为，GP 享有充分的管理权。创业公司见到的通常是 GP，但资金主要是 LP 的。

私募股权基金的管理费计提比例问题，是有限合伙协议中的必备条款。管理费用是私募股权基金中 GP 向 LP 收取的费用，一般用来支付基金管理公司的日常开销，诸如公司注册费用、办公场所租赁费用、人员工资、差旅费用等，对基金的正常运作至关重要。对于管理费的计提比例，行业常规一般是 LP 总出资金额的 2%，另外也有一些随时间递增或递减的安排。通常决定管理费计提比例的主要因素有：基金规模及类型、聘用的人员、租用办公室的地点及规模、基金存续期的长短等。

投资回报（Carry）如何进行分配是 LP 最为关心的问题之一。投资回报必须是在 GP 和 LP 之间进行的分配，目前国际上较为流行的做法是，将基金投资的净资本利得的 20% 分配给 GP，余下的 80% 分配给 LP。但实践中，作为出资人的 LP 往往会要求一定的优先回报，即投资回报分配时，LP 先取回投资成本和一定的优先回报，这类优先回报率通常是 6%～8%。在 LP 提出优先回报要求后，GP 通常也有两种做法：一是在 LP 取得优先回报后，剩余投资回报分配时，GP 可以要求超出通常 20% 的比例，可以是 25%，甚至是 30%；二是在 LP 先取得 6%～8% 的优先回报后，GP 可直接取得 LP 所取回的优先回报的 1/4，此后双方再就剩余投资回报按有限合伙协议约定执行。这种分配模式也决定了为什么投资机构希望多投钱，投大项目。

投资决策委员会（投决会）是私募股权基金自行设立的投资的最高决策和议事机构，在遵守国家有关法律法规、条例的前提下，拥有对所管理基金的各项投资事务的最高决策权。负责决定所管理基金的投资计划、投资策略、投资原则、投资目标、资产分配及投资组合的总体计划。

### 3. 投资决策流程

创业公司与私募股权投资机构的投资经理、副总裁、合伙人接触后，如果投资机构有兴趣，项目将会进入投资机构的投资流程。投资机构的典型投资流程主要环节如下图所示：

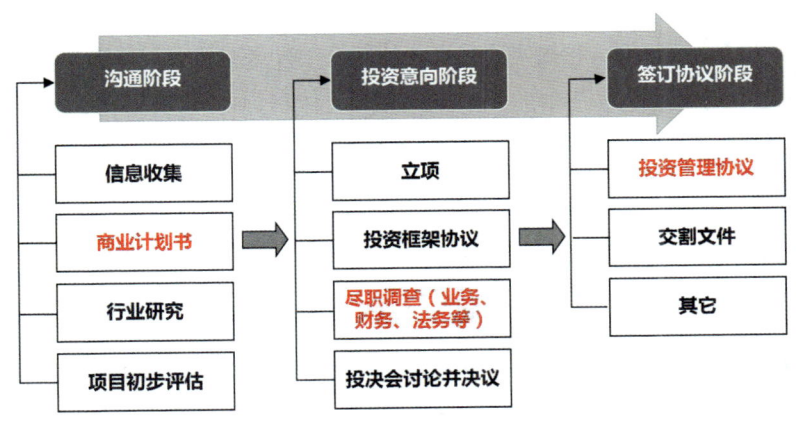

图 5-3　投资机构的典型投资决策流程

在上述各环节，投资方的关注点和创业公司应特别重视的方面各不相同，具体分析如下。

**（1）初步沟通阶段**

很多创业者会讲，如何能够接触到投资人。今天，接触到投资人的机会还是很多的。

首先，现在有很多的融资路演，而且常常是路演会场投资机构的人员比创业者多；其次，可以寻求专业的投资服务机构来对接，也就是常说的财务顾问公司；再次，现在投资机构信息越来越公开，在一些报道创业媒体和创业服务的平台上有很多投资人的联系方式，如IT桔子、36氪、微链、铅笔道、创业圈等；最后，还可以报名参加一些专业的创业培训项目，比如创业邦的Bang Camp、混沌大学、中欧创业营、长江长青营等，这些创业营也有很多投资人。

在和投资者接触阶段，最重要的是确认创业公司的商业计划书是有价值的，无论这个商业计划书是书面的，还是口头的。很多创业者会问，什么时候接触投资人比较好，接触多少投资人比较好。如果有机会，接触得越早越好，接触得越多越好，会帮助创业者把商业计划书打磨得更科学，更可执行。当然也不能成为"路演专业户"，有很多创业者接触了太多投资人，融资太长时间没融到钱，反而会有负面影响。

**（2）确定投资意向阶段**

投资人和创业者接触一段时间后，会给创业者出具一个投资框架协议，即Term Sheet。知名、规范的投资人对于出具Term Sheet还是比较谨慎的。Term Sheet里最重要的条款是投资多少钱，占多少股，还有一部分就是对投资者保护的条款。

虽然Term Sheet里大部分条款是不具备法律强制性的，但是未来正式投资协议中的关键条款都包括在其中了，一定要严肃地研究，如果有异议可以及时提出来。

另外，有很多创业者如果幸运的话，可能会拿到好几份投资框架协议，到底应该拿哪一份？有几方面建议可供参考：

> 大家气场合不合，因为投资人投资后需要长期合作，企业发展过程中会有起伏和不确定性，如果不能很好沟通，会埋下不少隐患。

> 从公司发展的需求出发，看哪些投资机构对于企业发展更有帮助。

> 对方的投资流程、打款进度等。

> 价格和稀释股份，与投资价格相比，股份稀释更重要。

### （3）签订投资协议阶段

拿到 Term Sheet 后，尽职调查（Due Diligence）还是会花费很多时间和精力的。投资人会对企业在业务、财务、法律等方面进行尽职调查。第一次接触投资机构的创业者，往往会觉得投资咋这么麻烦呢？因为投资机构管理人的职责是管理出资人的钱，程序上必须合规。越是到后期的投资，尽职调查越复杂，周期越长。在尽职调查过程中，协调好企业的业务发展和投资机构的配合很重要。

## 三、如何赢得投资机构青睐

和投资人沟通需不需要准备一份商业计划书？如果可能尽量还是要准备一份，一方面，有商业计划书更容易让更多潜在的投资机构了解到企业；另一方面，通过一份商业计划书，和投资者的沟通效率会更高。

### 1. 商业计划书准备

商业计划书不宜太长，但是无论是一个什么样的商业计划书，其内部都有一个逻辑结构：

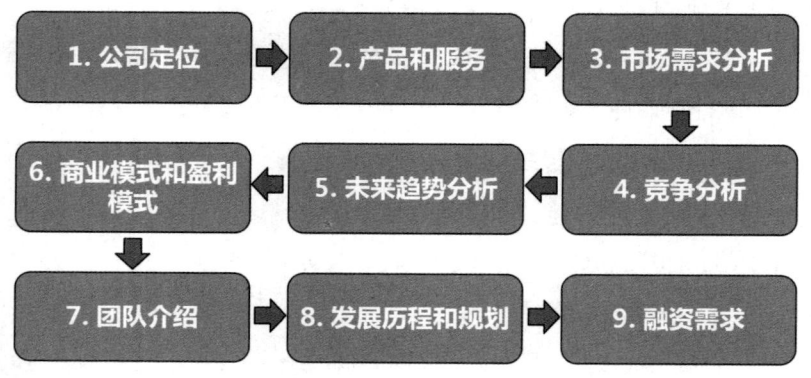

图 5-4 商业计划书逻辑结构

商业计划书各部分要点剖析：

> 公司定位：俗话说"你公司是干啥的"，可以从目标客户、创新点角度描述。

> 产品和服务：可以多从使用场景的角度来阐述。

> 市场需求分析：需求臆想是很多创业项目的硬伤，对于"需求是不是刚需"，从客户的付费意愿角度来说明更有说服力。

> 竞争分析：很多创业者说自己没有竞争对手，但是从客户的角度看，在选择其产品和服务之前，客户一定是用了某个产品和服务来满足自己的需求。

> 未来趋势分析：投资人习惯于从终局的角度来看一个企业，未来的产业格局是什么样，是他们非常关注的关键点。

> 商业模式和盈利模式：很多创业者把自己的商业模式描述成如何容易赚钱，如何"四两拨千斤"，其实在商业模式中更重要的是阐明自己是如何创造价值、如何收获价值。

> 团队介绍：团队介绍中常犯的一个错误是，仅仅描述了大家的工作，没有介绍之前的工作和目前工作之间的联系，以及当时做得出彩的工作的环境。

> 发展历程和规划：发展历程说明了执行力，发展规划说明了有思路，这一点和后续的投资计划有关。

> 投资计划和融资需求：前面讲清楚现状和未来以及发展路径以后，才能更好地说明投资计划和融资需求。

### 2. 做好融资路演

无论是参加有很多创业者的集中路演还是到投资公司向投资人路演，路演都是一个重要的基本功。做好融资路演，首先，需要明确为什么要做融资路演，通过融资路演可以实现创业项目与投资人的零距离接触，是一个相互学习的过程；其次，需要利用好路演机会，借机重新梳理思路，扩大业界影响；最后，路演的成效，通过路演能够激发投资人的兴趣，能够吸收投资人的智慧，完善商业计划。

对于创业公司来讲，切忌"表演式路演"，需要时刻记住路演不是为了自己表演，而是为了打动对方，要平衡好"事、我、对方"的关系。建议采用"导游式路演"，一站站引导投资人跟随自己的思路去了解项目，对项目产生兴趣，进而愿意做进一步沟通，直至投资。

### 3. 尽职调查配合

尽职调查通常包括以下四方面内容：基本情况、业务、财务、法务。

> 基本情况：例如公司注册文件、历次股权调整、创始人及团队情况、股东会及董事会文件等，重点关注文件记录的真实性和完整性。

> 业务：例如关键业务数据、市场规模、商业模式、竞争分析、发展趋势和业务预测等，这是投资者最看重的部分，体现了企业的发展前景和价值，重点关注价值体现的佐证和趋势判断的科学性。

> 财务：例如财务历史数据、关键账册、未来财务预测等，重点关注数

据的真实性和财务报表的合规性。

＞法务：例如重大合同、诉讼纠纷等，重点关注合同的规范性和法律瑕疵的风险。

## 四、关键投资事项

### 1. 投资框架协议（Term Sheet）

投资框架协议是创业公司和投资人签订的一个重要的意向性文件，也是每个创业公司在融资道路上必须要面对的重要文件之一，规范的投资机构对于出具一份 Term Sheet 是很慎重的。签订了 Term Sheet，就距离融到资金前进了一大步，希望就在眼前。

虽然 Term Sheet 没有法律约束力，但双方基本认同其中的约定，里面规定的条款也有很大可能会进入到股权投资协议（SPA）中，所以创业公司要对 Term Sheet 给予足够重视。签署 Term Sheet 之后，就开始对公司做尽职调查。

### 2. 股权投资协议（SPA）

SPA 不同于 Term Sheet，Term Sheet 基本上对投资人没有什么约束和限制，但是 SPA 是正式的法律协议，创业者应当高度重视 SPA。在 SPA 中要明文约定投资人打款时间、逾期打款违约金、超过期限未打款解除协议等条款。另外因为各地工商要求不一样，有的时候 SPA 协议部分条款不一定能够被工商认可，这时候需要投资人和创业公司签订这部分条款。

## 3. 投资协议十二项关键条款

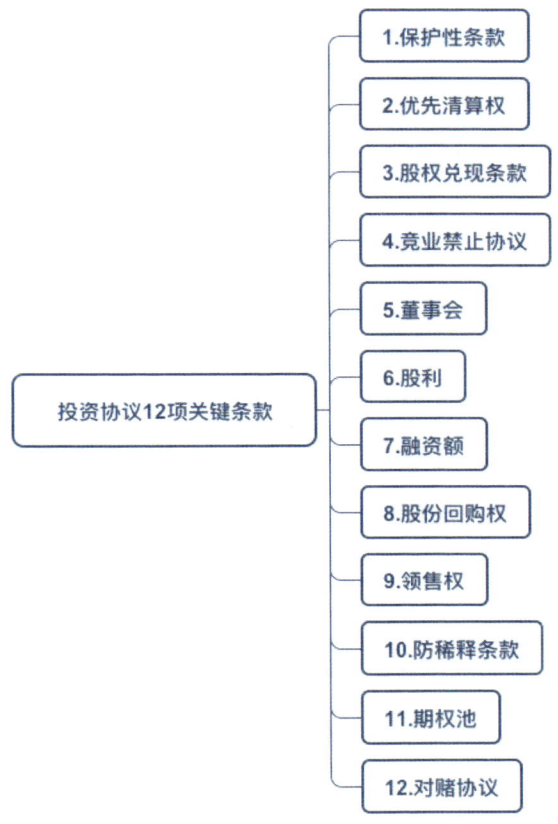

图 5-5　投资协议 12 项关键条款

**（1）保护性条款**

保护性条款是投资人为了保护自己的利益而设置的条款，要求创业公司在执行某些潜在的可能损害投资人利益的事件之前，要获得投资人的批准。从操作层面就是给予投资人对于公司某些特定事件具有否决权，以规避因公司某些不公平举措而导致的投资人风险。

创业者在谈判中，可以尽量争取降低保护性条款的数量；如果降低有难度，可以约定公司运营到达一定的里程碑时，去除某些保护性条款。

**（2）优先清算权**

优先清算权条款是 Term Sheet 中非常重要的条款，它决定公司在清算后资产如何分配，是为了避免投资人没有办法正常退出而设计的条款。通常来说，优先清算权有两个组成部分：优先权和参与分配权。一般来说，优先清算权是指安排资产优先分配给投资人，然后再分配给其他股东。优先分配以后，剩下的资金再按照投资人和创业者各自的股权比例进行分配。

假定一种情况：如果没有优先清算权，投资人向创业公司 A 投资了 1000 万元，并获得 40% 股份。如果资金一到账，创业者就关闭了公司（假定此时公司无其他财产），那么投资人只能从企业退出价值（1000 万元）中获得 40%，即 400 万元，创业者则凭空多得了 600 万元。

如果有优先清算权，投资人可以设置一个 2 倍的优先清算权，这样至少可以在退出时拿到 800 万元，创业者则拿到 200 万元。从这个例子中可以发现，优先清算权的原理就是防止在公司发展到退出价值超过投资人投资额之前，创业者主动触发清算事件。

虽然看似优先清算权是对投资人的政策倾斜，但是大部分专业的、理性的投资人并不愿意榨取过高的优先清算权，在整个谈判协商过程当中，把握最佳的平衡点才是问题的关键。

**（3）股权兑现条款**

股权兑现条款是指本来属于创始人和管理团队的股份需要一定的年限才能完全归其自由支配。这一条款对于双方都是有价值的，因为团队的稳定，无论对于创始人管理团队，还是对于投资人来说，都是一个非常重要的因素。尽管是分期兑换，但是在行使表决权的时候，仍然是按照所有股权的数量进行投票。

兑现条款的价值在于，如果没有兑现条款，某一创始成员中途离开，那么公司剩下的创始成员和投资机构相当于在为这一创始成员打工，因为他可以不再工作仍然享有大量的股权。同样的，对于员工的期权激励也需要通过兑现条款的方式逐步取得。

创业公司在谈判中，可以尽量争取最短的兑现期，或者约定在公司达到某一经营里程碑指标时，获得额外的兑现份额。

**（4）竞业禁止协议**

竞业禁止协议是指员工在从公司离职后的一段合理的期限内不得创立竞争性公司或为其他竞争性公司工作，不得将公司客户带给竞争性公司。该协议的目的在于防范公司的核心人员对公司今后的业务造成损害。投资人通常要求的竞业禁止期是6个月至1年。

创业公司在谈判中，要注意严格定义竞争对手及其工作范围，并与投资人沟通争取更为优厚的竞业补偿，另外，针对投资人可能投资其他竞争性公司的情况，创业公司可以要求投资方内部设立防火墙，屏蔽公司关键信息。

**（5）董事会**

投资方在投资时，通常关注的两个重点是"价值"和"控制"。"董事会"条款无疑是控制功能中最重要的条款之一。对创始人来讲，董事会构成重要性甚至超过估值部分，因为估值的损失是一时的，而董事会控制权将会影响到整个企业的生命周期。

《公司法》规定，有限责任公司至少要有3名董事，而股份制公司则需要5名董事。通常来说，董事会席位设置为单数，理想的董事人数为3～5人。董事会成员应当服务于公司的利益，而不是仅仅服务于他们自己持有的某种类型的股权。

需要注意董事会中的普通股席位应该由普通股股东选举产生。投资人通常会要求公司 CEO 占据董事会的一个普通股席位，看似合情合理（融资时创始人常常是 CEO），但可能是个陷阱，因为公司一旦更换 CEO，新的 CEO 则占据一个普通股席位，如果此 CEO 被投资人控制，那么"CEO+ 投资人"联合结构将很有可能控制董事会。

### （6）股利

股利条款主要是为了防止所投资的企业发展不好，因此投资人需要通过以股利方式得到一些回报。

不同的股利条款，通常在于对股利的不同约定：

> 股利比例，即股利为投资额的百分比，通常范围是 5% ~ 15%。

> 是否为累积股利，即如果股利当年未支付，是否会累积直到支付为止。

> 是自动股利还是董事会宣布股利，即投资人是每年自动获得股利（不一定发放），还是只有经过董事会宣布发放股利时才能获得。

> 股利是否为复利，即当股利为可累积股利时，如果当年没有发放，下一年度这部分未付股利将计入投资额计算新的股利。

> 是否有参与权，即投资人获得优先股利后，是否还要跟普通股股东一起分配剩余的股利。

创业者在 Term Sheet 谈判时应该将股利发放对企业未来可能的影响降至最低。

> 要求股利非自动获得，而是"当董事会宣布"后才获得和发放。

> 要求非累积股利。

> 要求在获得优先股利后，投资人不参与普通股的股利分配。

### （7）融资额

大多数创业者在融资时最关心的条款就是融资额、估值和价格，这也是最难谈判的条款。通常来说，在早期阶段，创业者对出让股权的比例往往最先确定，一般不会超过 30%，但通常不会少于 10%，否则很难吸引投资人的兴趣。

> 公司估值的确定

有些投资人会让创业者给自己的公司估值,创业者最佳的做法是:

告诉投资人,最重要的不是估值,而是找到正确的项目。

反问投资人:根据你们的经验,创业公司的估值范围应该在什么区间?

跟其他有意向的几个投资人沟通时,重复上面两点。

对于公司的估值,没有一个通用的估值方法。不同的基金有自己的方法,对于不同阶段的公司也有不同的方法。

为了最终得到一个双方满意的估值,创业者需要在给自己公司定价时重点关注以下几个方面:

将公司在市场、管理、人员及其他软性的因素考虑进去,让投资人产生兴趣。

以上市和非上市的可比公司为依据,参考其市值,根据公司的收入和利润预测,计算出自己公司的价值。

考虑投资人的基金大小、期望的持股比例、投资人之间的竞争状况等。

> 融资数额的确定

融资数额的确定应该考虑两个边界值:一是能够满足公司业务发展,一直到下一轮融资;二是能够让公司更快达到短期发展目标,并为可能的风险预留足够资金。在此过程中,创业者需要让投资人了解,资金如何推动公司的发展;让投资人明白你对公司的运营和融资是有过深思熟虑的。

**(8)股份回购权**

股份回购权是指投资人在特定的条件下,可以要求公司购买他们持有的股票。这是投资人针对公司运营不良、达不到投资预期、基金运行周期限制等因素的一种退出渠道。

关于股份回购条款,应注意以下几方面内容:

第一, 回购及支付方式。可以协商采用分期回购方式,通常3年或4年是比较合适的。

第二，回购价格。回购价格通常是初始购买价格加上未支付的股利，部分投资人可能会要求一定的投资回报率。

第三，回购权激发方式。回购权通常由多数（>50%）或大多数（>2/3）投资人投票同意时才实施，当然也可以约定在某个时间点自动生效。

### （9）领售权

领售权是指投资人强制公司原有股东参与其发起的公司出售行为的权利。这一条款的谈判要点如下：

第一，领售权激发的条件。通常投资人要求的激发条件是由某个特定比例的股东要求（比如50%或2/3的A类优先股，或某特定类别优先股）。创始人可以要求领售权激发还需要满足另外一个条件，就是董事会通过，这样比较公平。

第二，出售的最低价格。普通股股东可以在谈判时要求一个最低的价格之上适用领售权，以避免因优先清算权导致自身回报受损。

第三，支付手段。最好是现金，另外上市公司的可自由交易的股票也可以接受。

第四，收购方的确认。为了防止利益冲突，创始人需要预先约定哪些收购方不在领售权的有效范围之内，比如竞争对手、投资方关联公司等。

第五，股东购买。如果有创始人不愿意出售公司，而投资人一定要出售，那么可以由创始人以同样的价格和条件将投资人的股份买下。

第六，时间。最好能要求给予公司足够的成长时间，通常四五年之后，如果投资人仍然看不到IPO退出的机会，才允许激发领售权，通过出售公司实现退出。

第七，如果创始人同意投资人出售公司，创始人可以要求不必为交易承担并购方要求的在业务、财务等方面的陈述、保证等义务。

### （10）防稀释条款

防稀释条款是指为优先股确定一个新的转换价格，而且没有增发更多的优先股股份，已经成为大多数 Term Sheet 的标准条款。防稀释条款主要可以分成两类：一类是在股权结构上防止持股比例被稀释，主要包括转换权和优先购买权；另一类是在后续融资过程中防止持股比例被稀释，主要包括完全棘轮条款和加权平均条款。

例如，对于完全棘轮条款，只要有新的融资股价低于投资人持有的股份价格，投资人就有权将持有的全部股份按照新的价格转换。

防稀释条款的意义在于：一方面，能够鼓励公司以更高的价格进行后续融资，否则防稀释条款会损害普通股股东的利益。防稀释条款要求企业家及管理团队对商业计划负责任，并承担因为执行不力而导致的后果；另一方面，投资人如果没有防稀释条款保护，可能会因企业超低价格恶意融资而被严重稀释股份而"淘汰"出局。

### （11）期权池

投资人在 Term Sheet 中添加此条款，一是从公司出发，希望未来吸引到更多的人才；二是为了防止投后股份被稀释，这也是主要原因。

### （12）对赌协议

某些情况下，公司的估值无法确定，或者双方意见无法统一，投资人给出一个高估值并附加一些条件，例如公司业绩。根据实际发展，若创业公司未达到条件，则投资人可以行使某些权利（调整股权、股价、提出赔偿等）。

## 五、与投资者共处共舞

创业企业融资完成的终点，也是新征程的起点。之前，靠故事也好，靠情怀也罢，吸引到投资，拿到投资后就需要交出满意的成绩单。和投资人相处，也是需要不断提升的一种能力。

### 1. 理解投资机构的合理要求

投资协议里基本必备的条款是每月需要向投资机构提供财务报表，每个季度要召开董事会。有时候业绩做得不是非常出彩，创业者怕给出报表后难为情，迟迟不给。有的时候承诺上个季度要做的事情实际上没有做，董事会上希望回避过去。投资人，需要那么较真吗？或者说，为啥投资人要这么较真？

首先，作为一个专业投资机构，对被投资企业保持密切的关注是其职责所在。对于将要发生什么需要有预测，对于已经发生的事情要有分析。其次，作为一个投资机构需要向 LP 提供被投资企业的经营动态。因此，被投企业要理解并配合投资机构的合理要求。

### 2. 主动积极沟通

沟通没有太多，只有不足。创业公司要与股权融资、投资机构建立良好的沟通机制，而不是遇到大的危机了才想到去告知投资人。沟通方式可以是电话、邮件、面谈等各种具体形式，但必须做到及时、准确、充分地向投资人通报公司业务进展、投资效益分析等投资人关心的问题，使投资人加深对自己的了解、理解、信任与支持，及时知晓公司进展和遇到的困难。

创业公司需要明白这样一个道理：投资机构只有在你保持信息透明的情况下才有可能帮助到你，因此在沟通中要避免"报喜不报忧"，真实是第一位的。并且我们发现一个有意思的现象，当创业公司在遇到困难去求助时，投资机构常常在解决一些特定问题的时候，能够帮助企业带来变革性的结果，渡过难关。

### 3. 积极挖掘投资机构的资源

投资机构和创业者在签订投资协议的时候，只是有了基本的了解，还谈不上很深的友谊和信任。投资机构有很多资源，创业者需要习惯性地主动去挖掘投资机构的资源，为企业发展所用。可以针对投资机构的特点，思考其在哪些方面可能帮助到企业，拟定一份"愿望清单"给投资机构，让投资机构能够更加明确你的需求，并在遇到合适的机会的时候想到你的需求，帮助建立联系，实现资源对接。

打胜仗就是最好的团建，这一条也适合创业公司和投资机构的团建。取得阶段性成绩，不负众望，投资机构就更愿意投入更多精力和资源去帮助被投公司。

## 六、融资是迭代升级的过程

2017年10月起，见投资人、谈融资是张总的一项重要任务。张总可谓是尝尽其中的酸甜苦辣，但好在最后苦尽甘来，融资成功，于2017年12月底成功拿到一家国内排名前五位的天使基金投资，500万元投资款于2018年1月底全部进账，创业进入新的阶段。

我："恭喜张总，顺利融资，而且是知名基金公司的投资！"

CEO 张："真是折磨，怪不得许多人说融资成功要扒层皮！"

我："复盘一下融资路，有啥收获？"

CEO 张："呵呵，这一路下来，谈了二十几家投资机构，一遍一遍地被虐，自信心一次次地被打击，自尊心一点点地挫伤，脸皮一天天地变厚！我成了'打不死的小强'！"

我："是，这也是创业路上不可缺失的历练！"

CEO 张："是，这也是商业模式不断迭代、升级的过程。每家投资机构在沟通过程中，都从不同角度指出一些问题和不足，提出一些质疑，当时很难堪，但事后想想也有道理。所以，每一次与投资机构的交流，都在帮助我们完善、升级。每次沟通下来，我的思路顺畅，商业模式都得到了升级，我的信心也增强了。"

我："凤凰涅槃，浴火重生！"

CEO 张："在这个过程中，我们团队也经过了锤炼，迸发出更强大的战斗力、凝聚力！所以，非常感谢我们的团队！"

我："好，恭喜闯关成功，迎接下一阶段更大的挑战！恭喜张总的第二次创业有一个好的开端，超越了上一次创业！"

最后，总结下张总公司融资后最新的股权结构，天使轮融资后，张总股权为 40%，控制权为 90%，并且这个结构基本上可以保持到 B 轮。

| 姓名 | 三股分类 | 所有权 | 收益权 | 管理权 | 说明 |
| --- | --- | --- | --- | --- | --- |
| CEO张 | 人力股24% | 有 | 有 | 有 | 以CEO张为一致行动人，管理权集中在CEO张手中 |
|  | 资源股16% | 有 | 有 | 有 |  |
| COO李 | 人力股8% | 有 | 有 | 无 |  |
|  | 资源股2% | 有 | 有 | 无 |  |
| CTO徐 | 人力股8% | 有 | 有 | 无 |  |
|  | 资源股2% | 有 | 有 | 无 |  |
| 股权激励对象 | 人力股20% | 有 | 有 | 无 | 有限合伙间接持股，CEO张为GP |
| 资源提供方 | 资源股10% | 有 | 有 | 无 |  |
| 天使轮投资方 | 资金股10% | 有 | 有 | 有 | 直接持股，500万元 |
| Pre-A轮 | 资金股10% | 有 | 有 | 有 | 待定下一轮融资 |

表 5-1 张总公司融资后的股权结构图

**本章思考题：**

**1. 思考一下自己的公司处在哪个阶段、适宜找什么样的投资机构。**

**2. 梳理商业计划书的结构与关键点。**

# 参考文献

1. 【美】德鲁克 著，朱雁斌译，《成果管理》，机械工业出版社，2009
2. 【美】德鲁克 著，许是祥译，《卓有成效的管理者》，机械工业出版社，2005
3. 【美】霍洛维茨 著，杨晓红、钟莉婷 译，《创业维艰：如何完成比难更难的事》，中信出版社，2015
4. 【美】威尔金森 著，郝君帅 王培杰 王冰 译，《共创式战略：经理人战略与业务规划引导指南》，电子工业出版社，2015.8
5. 郑指梁 吕永丰，《合伙人制度——有效激励而不失控制权是怎样实现的》，清华大学出版社，2017
6. 单海洋，《非上市公司股权激励一本通》，北京大学出版社，2014
7. 宁向东，《公司治理理论》，中国发展出版社，2005
8. 中华人民共和国公司法（案例注释版），中国法制出版社，2016
9. 《企业法》，中国法制出版社，2016
10. 《上市公司股权激励管理办法》，中国证券监督管理委员会2016年第6次主席办公会议审议通过，自2016年8月13日起施行。

# 附录 1
# 企业的组织形态

创业过程中,股权无小事,股权问题伴随着企业成长的全过程。鉴于绝大多数的创业者,尤其是创始人是业务/技术背景出身——在原来公司里担任 CTO 技术或 CMO 营销或 CPO 产品研发等,对股权的认知通常停留在按出资占比、需要设个期权池(未来做长期激励)程度,而对股权所知甚少,因此,本章归纳、普及与股权相关的基本概念与必备知识。同时,我们建议创业者必须研读一遍《中华人民共和国公司法(案例注释版)》,掌握必要的常识,不能单纯地依赖律师。

在市场经济框架下,作为市场活动基本单元的"法人",其典型的组织形态主要有如下四种:

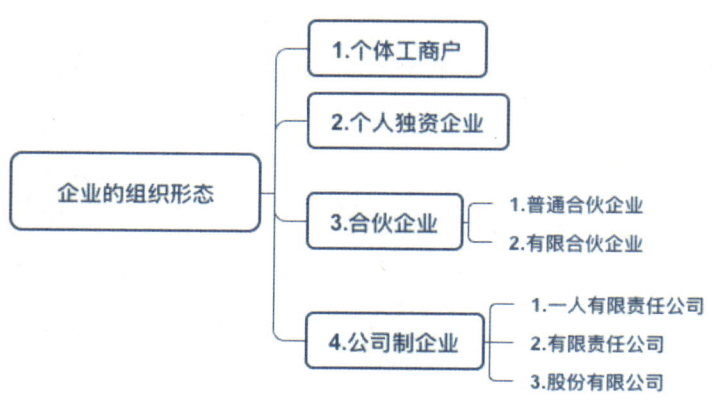

附录 1-1　企业的组织形态

## 1. 个体工商户

个体工商户，是指生产资料属于私人所有，主要以个人劳动为基础，劳动所得归个体劳动者自己支配的一种经济形式。个体工商户有个人经营、家庭经营与个人合伙经营三种组织形式。

个体工商户不具备法人资格，对债务负无限责任。不缴纳企业所得税，只缴纳个人所得税。

## 2. 个人独资企业

个人独资企业，简称独资企业，是指依照《个人独资企业法》在中国境内设立，由一个自然人投资，全部资产为投资人个人所有，投资人以其个人（或者家庭）财产对企业债务承担无限责任的经营实体。但个人独资企业是独立的民事主体，可以以自己的名义从事民事活动。

个人独资企业不具有法人资格，承担无限连带责任。不缴纳企业所得税，只缴纳个人所得税。

## 3. 合伙制企业

### 3.1 合伙企业的概念

合伙企业是指由各合伙人订立合伙协议，共同出资，共同经营，共享收益，共担风险，并对企业债务承担无限连带责任的营利性组织。合伙企业可以由部分合伙人经营，其他合伙人仅出资并共负盈亏，也可以由所有合伙人共同经营。

合伙企业一般无法人资格，不缴纳企业所得税，只缴纳个人所得税。根据类型合伙企业分为普通合伙企业和有限合伙企业。

### 3.2 普通合伙企业

普通合伙企业，是指由普通合伙人组成，合伙人对合伙企业债务依照《合伙企业法》规定承担无限连带责任的一种合伙企业。特点：

I. 由普通合伙人组成。所谓普通合伙人，是指在合伙企业中对合伙企业的债务依法承担无限连带责任的自然人、法人和其他组织。

II. 合伙人对合伙企业债务依法承担无限连带责任，法律另有规定的除外。所谓无限连带责任，包括两个方面：一是连带责任；二是无限责任。

### 3.3 有限合伙企业

有限合伙企业实现了企业管理权和出资权的分离。有限合伙企业由普通合伙人和有限合伙人组成。

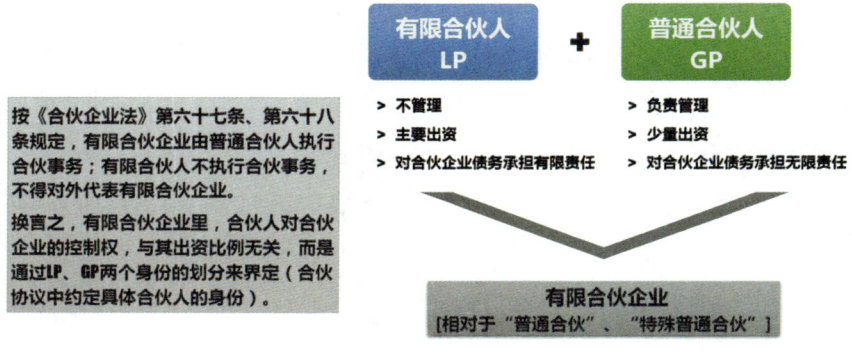

附录 1-2　有限合伙企业组织架构特点

普通合伙人（GP）对合伙企业债务承担无限连带责任，执行合伙事务，对外代表组织，承担管理职权与事务。普通合伙人作为合伙人有严格的条件限制，因为是涉及对企业的损失承担无限连带责任。如果一旦普通合伙人无法承担责任，债权人的利益有时就得不到保护。所以在2006年的《合伙企业法》第三条规定："国有独资公司、国有企业、上市公司以及公益性的事业单位、社会团体不得成为普通合伙人。"

有限合伙人不执行合伙事务，不对外代表组织，只按合伙协议比例享受利润分配，以其出资额为限对合伙企业的债务承担清偿责任；对企业承担着主要的投资任务，不得以劳务或信用出资。

### 4. 公司制企业

公司（或称公司制企业）是指由两个以上投资人（自然人或法人）依法出资组建，有独立法人财产，自主经营，自负盈亏的法人企业。出资者按出资额对公司承担有限责任。其主要形式分为一人有限责任公司、有限责任公司和股份有限公司三种。

【法律条款】（《公司法》2016年版）

第三条 公司是企业法人，有独立的法人财产，享有法人财产权。公司以其全部财产对公司的债务承担责任。

有限责任公司的股东以其认缴的出资额为限对公司承担责任；股份有限公司的股东以其认购的股份为限对公司承担责任。

#### 4.1 一人有限责任公司

一人有限责任公司（2006年的公司法出来后才有的）是指只有一个自然人股东或者一个法人股东的有限责任公司，公司的全部股份或出资全部归属于一个股东的公司。如果股东能证明自己的财产独立于公司财产，是可以对公司债务承担有限责任的。一人有限责任公司的股东应完善财务制度，每年要进行一次审计，并能证明公司财产独立于股东自己财产的，否则要对公司债务承担连带责任。缴纳企业所得税与个人所得税。

【法律条款】（《公司法》2016年版）

第五十八条 一个自然人只能投资设立一个一人有限责任公司。该一人有限责任公司不能投资设立新的一人有限责任公司。

第五十九条 一人有限责任公司应当在公司登记中注明自然人独资或者

法人独资，并在公司营业执照中载明。

第六十三条 一人有限责任公司的股东不能证明公司财产独立于股东自己财产的，应当对公司债务承担连带责任。

**4.2 有限责任公司**

有限责任公司是指由一定人数股东组成的，股东以其出资额为限对公司承担有限责任，公司以其全部资产对公司的债务承担责任的公司。有限责任公司的设立必须具备法定人数、发起人、资本、章程等条件。

**4.3 股份有限责任公司**

股份有限责任公司是指全部资本分为等额股份，股东以其所持股份为限对公司承担责任，公司以其全部资产对公司的债务承担责任的公司。股东大会是公司的权力机构；董事会是公司业务执行机构、经营决策机构；董事会聘任经理，经理在董事会领导下，负责日常经营管理工作。另外还有监事会负责监督公司的经营活动。

# 附录 2
# 公司章程可自主约定的股权事宜

《公司法》中最经典、最有用的一句话：公司章程另有规定的除外。公司法在具体规定股东所享有的权利的同时，允许公司在公司章程中对股东权利的享有和保护做出进一步的细化的规定。公司法将依法制定公司章程作为设立公司的强制性规范，并规定公司章程对公司、股东、董事、监事、高级管理人员均具有约束力。具体而言，主要有：

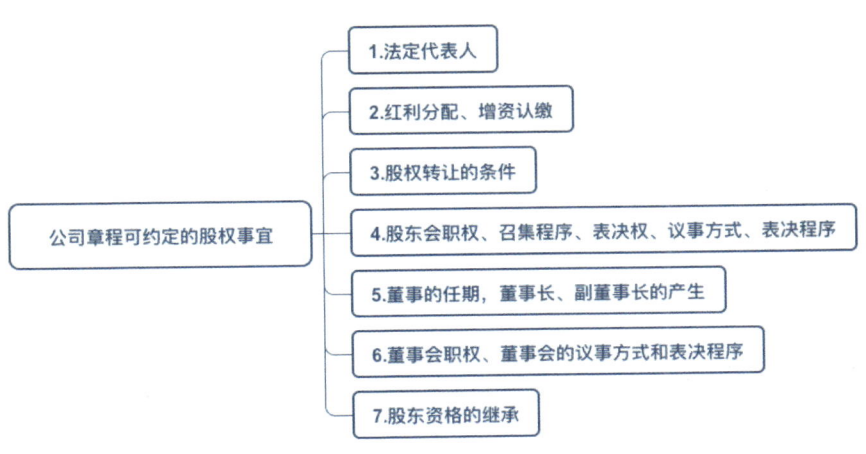

附录 2-1　公司章程可约定的股权事宜

## 1. 法定代表人

谁来做法定代表人，事关控制权问题，非常重要。

【法律条款】

公司法第十三条规定，公司法定代表人依照公司章程的规定，由董事长、执行董事或者经理担任，并依法登记。

【释义】

按照公司法设定的公司治理架构，董事会是公司经营层面的最高决策机构，董事长是董事会的组织者、代表人；总经理是公司经营的组织实施者、执行者。法定代表人是依法对外代表公司的人，其法律意义上的言、行，均可被视为公司的言行。

法定代表人的重要意义在于：通过印章使用、文件签署控制公司的重大经营活动；对外代表公司开展业务。这关系到公司控制权问题。决定公司控制权的因素有：公司法定代表人，董、监、高的构成，公司及法定代表人印章管理，财务资料的掌控，等等。其中，法定代表人及印章对控制权有特别重要的意义。

【实操建议】

一是法定代表人由谁担任，财务负责人由谁提名，对公司控制力将直接产生重大影响。

二是初创公司，法定代表人尽可能由创始人（董事长兼总经理）担任，当创始人不符合法定代表人的任职条件时（如被工商局列入禁止担任法定代表人的黑名单），可安排重要且可靠股东担任。

三是两种约定方式，慎重选择。方式一，在公司章程中明确约定某自然人（创始人）为法定代表人，以确保公司控制权；方式二，在公司章程中明确约定公司法定代表人由董事长、执行董事或总经理担任，落实到职位层面，不落实到自然人，以免人员变动导致公司章程的修订。

【实践案例】法定代表人在公司控制权之争中的作用

E 公司有六位股东，最大股东占股权的 48%，任董事长。但一位持股 15% 的小股东任总经理，负责日常经营管理，负责公章的管理。后来大股东与该小股东在经营管理方向上发生严重分歧，大股东所有的经营安排都无法实现。

所幸公司的法定代表人由大股东担任。经过一系列的分析和安排，法定代表人依其职权代表公司签署了一系列限制小股东责权的法律文件，并且代表公司对总经理提起了返还公章之诉。经过一系列的运作，大股东一方在纷争中逐步收回了对公司的控制权。

从本案可以看出，一旦发生公司控制权之争，委派公司法定代表人的一方往往能够占据主动和优势。如果本案例中，假设是该小股东担任法定代表人，则大股东要收回对公司的控制权就非常困难。

在实际操作层面上，建议在股东协议或公司章程中约定清楚公司法定代表人或其他重要职务由哪一方股东委派的人员担任，这样就会避免出现争议或其他股东合谋对该等职务的人选进行更换。

## 2. 红利分配、增资认缴

【法律条款】

《公司法》第三十四条规定，有限责任公司股东按照实缴的出资比例分取红利；公司新增资本时，股东有权优先按照实缴的出资比例认缴出资。

但是，全体股东约定不按照出资比例分取红利或者不按照出资比例优先认缴出资的除外。

【释义】

对于分红权,公司法给出了一般规则,即股东按照实缴的出资比例分取红利;但同时充分尊重股东意思自治,允许股东以约定方式改变红利的分配规则,改变后的分配比例、方式没有任何限制,完全由股东商定。这是所有权、收益权、决策权三权分立的法律依据。

【实操建议】

第一,有限责任公司可将红利部分或全部优先向一部分股东分配;可以在不同的股东之间按不同的比例分配;可以约定优先满足部分股东固定比例的收益要求,剩余部分再由全体股东分配,等等,公司法无特别限制。

第二,红利分配可由股东自行约定的前提是:公司盈利,有可分配利润。当公司亏损时,不做分配;当公司微利,无法满足部分股东固定比例收益要求时,仅能以可分配利润向该部分股东分配,非红利部分的资产不得随意分配。

第三,"优先股"问题。

实务中,有的企业会要求按"优先股"概念设计股权结构,即部分股权持有人优先于普通股股东分配公司利润和剩余财产,但参与公司决策管理等权利受到限制。

就有限责任公司而言,公司法允许股东对股东会议事规则自行约定,允许公司红利分配由股东约定,利用这种制度放权,已经可以在有限责任公司范围内,由股东自行设计"优先股"制度了。

关于增资认缴,一般原则是股东有权优先按照实缴的出资比例认缴增资。股东可以通过股东约定的方式改变此项原则。

第四,对红利分配、增资认缴的约定,可以在公司章程中约定,也可以由全体股东以其他方式约定。为稳妥起见,建议一并在公司章程中约定清楚。

## 3. 股权转让的条件

【法律条款】

公司法第七十一条规定：有限责任公司的股东之间可以相互转让其全部或者部分股权。

股东向股东以外的人转让股权，应当经其他股东过半数同意。股东应就其股权转让事项书面通知其他股东征求同意，其他股东自接到书面通知之日起满三十日未答复的，视为同意转让。

其他股东半数以上不同意转让的，不同意的股东应当购买该转让的股权；不购买的，视为同意转让。

经股东同意转让的股权，在同等条件下，其他股东有优先购买权。

两个以上股东主张行使优先购买权的，协商确定各自的购买比例；协商不成的，按照转让时各自的出资比例行使优先购买权。

公司章程对股权转让另有规定的，从其规定。

【释义】

有限责任公司具有很强的人合性特征，股东间的彼此了解、相互信任是合作的基础。所以，当股东间转让股权时，因不会引入新的股东，故无须其他股东同意。

当股东对外转让股权时，因会引入新的"陌生"股东，故赋予其他股东优先受让以排除"陌生"股东进入的权利，但同时又设定此类优先受让应是"同等条件下"的，以防止转让人的正当权益受到损害。

同时，允许股东不按公司法设定的转让规则处理，而由股东约定新的转让规则并在公司章程中载明，即只要股东对股权转让规则在章程中有了明确约定，即可按约定方式转让。

【实操建议】

这种允许股东以事先约定的规则转让股权的做法，具有重要的实操意义。

第一，股东确有特殊需求，如希望能够灵活退出，或者希望限制某些技术股东退出，则应在公司章程中载明。

第二，根据实际需要，股东的约定可能使转让更加简化，甚至简化到无须征得同意、无须通知；也可能使转让变得更加复杂，甚至限制部分股东的转让股权，比如创始人。

### 4. 股东会职权、召集程序、表决权、议事方式、表决程序

【法律条款】

《公司法》第三十七条规定，公司章程可对股东会的其他职权进行规定。

《公司法》第四十一条规定，召开股东会会议，应当于会议召开十五日前通知全体股东；但是，公司章程另有规定或者全体股东另有约定的除外。

《公司法》第四十二条规定，股东会会议由股东按照出资比例行使表决权；但是，公司章程另有规定的除外。

《公司法》第四十三条规定，股东会的议事方式和表决程序，除本法有规定的外，由公司章程规定。

【释义】

《公司法》规定了十项必须由股东会行使的职权；规定了股东会会议做出修改公司章程、增加或者减少注册资本的决议，以及公司合并、分立、解散或者变更公司形式的决议，必须经代表三分之二以上表决权的股东通过。

除此之外，在股东会职权的增设、股东会召集程序、股东表决权、议事方式和表决程序等方面均充分允许股东自行约定并在章程中载明。

这一系列充分放权的重要意义不限于：

第一，股东会的内部治理绝大多数内容均可由股东自行决定。股东可以根据实际需要，充分体现各自的利益诉求。

第二，财务投资者可以对公司经营有更大的影响力。财务投资者不以控股为目的，一般持有公司小比例股权。

通过增设股东会职权、设计合理的表决权制度（例如特别事项的一票否决权），可对公司经营管理中的重大事项进行表决甚至否决，有效控制投资风险。

第三，使股东让渡部分经营决策权以换取其他方面的优惠成为可能，股权在一定程度上的交易结构设计有了制度空间，如"优先股"等。

【实操建议】

一是公司法尊重股东自治，但尽可能少做调整，尊重多数人习惯。公司法规定的规则是被普遍认知、接受的，股东大幅调整时，容易因不符合思维惯性而被忽略掉，造成"违规"。

因此，除非确有必要，尽量少做调整；但如果做了调整，则建议对调整部分重点标注或单独编撰成文，以提示使用者、执行者。

二是在增加股东会职权时，限制性条款的设置应慎重，在兼顾风险控制的同时应充分考虑企业运营的灵活度、便利性需要。

## 5. 董事的任期，董事长、副董事长的产生

【法律条款】

公司法第三十七条、第四十五条规定，非职工代表之董事由股东会选举或更换；董事任期由公司章程规定，但每届任期不得超过三年。

公司法第四十四条规定，董事会设董事长一人，可以设副董事长。董事长、副董事长的产生办法由公司章程规定。

【释义】

董事的任期可由公司章程规定，每届最长不得超过三年，但董事可连选连任。

董事长、副董事长的选举由公司章程规定，可规定由全体董事选举产生，也可约定由股东会选定，甚至还可以规定由某个或某些股东推选的人员担任。

同时，副董事长职位可设可不设，可以设1人也可设多人。

对董事长、副董事长的选任，往往体现了股东之间的公司控制权之争。

副董事长职位可能成为摆设，也可能通过制度设计使2~3名副董事长对董事长形成有效制约，还有可能由副董事长联合其他董事架空董事长。

【实操建议】

公司法对董事长、副董事长的产生无规定，故应注意在公司章程中明确董事长、副董事长的产生办法，切不可表述为"董事长、副董事长的产生按法律规定执行"。

### 6. 董事会职权、董事会的议事方式和表决程序

【法律条款】

公司法第四十六条的规定，董事会除行使法定的十项职权外，还可以根据公司章程的规定行使增量职权。

公司法第四十八条规定，董事会的议事方式和表决程序，除本法有规定的外，由公司章程规定。董事会决议的表决，实行一人一票。

【释义】

董事会是公司经营管理层面的决策机构。公司章程可以在董事会的法定十项职权外，扩充董事会的职权；也可以对董事会职权的行使进行限制。

董事会职权的扩充体现了股东会对董事会的授权；对董事会决策事项的限制，体现了股东对风险控制的谨慎态度；当将本应由总经理决策的内容一部分升格至董事会讨论决定时，则体现了公司经营的进一步谨慎。

综合对股东会、董事会的职权划分及职权扩充或限制的自治授权来看，公司法对特别重要的事项明确划定分属于股东会、董事会管辖，对其他事项均允许由股东自行在股东会、董事会与经理层之间进行授权、分配。

【实操建议】

与股东会相比，董事会的职权可做更加具体、量化的规定。董事会的议事方式和表决程序应在公司章程中明确，否则将出现无法可依也无据可依的情况。董事的表决权为一人一票，无协商余地。

## 7. 股东资格的继承

【法律条款】

公司法第七十五条规定，自然人股东死亡后，其合法继承人可以继承股东资格；但是，公司章程另有规定的除外。

【释义】

有限责任公司具有人合性、资合性双重特征，且通常认为人合性特征更为明显，股东间的相互了解、信任是合作的基础。

股东的亲属往往与其他股东相互熟识，再考虑到维持公司股权结构基本稳定、合理保护继承人股权权益等问题，公司法允许自然人股东死亡后，其股东资格由继承人继承。

但是，股东资格由继承人继承时，可能会出现以下问题：

第一，自然人死亡后，其配偶、父母、子女为第一顺序继承人，股东资格由其继承，股东人数迅速增加，且每个继承人的经营理念可能差异较大，会导致经营决策、公司治理上的不顺，甚至形成公司治理僵局。

如果死亡股东没有第一序位继承人，其股权由第二顺序继承人即兄弟姐妹、祖父母、外祖父母继承，继承中再引入转继承、代位继承等问题，则股权分配、公司治理问题将更加复杂。

第二，继承人中如有法律意义上的外国人，公司性质将因股东"外国人"的身份发生变更，股权变更的审批、公司的经营范围、业务开展等均可能受到影响。

第三，有些股东间的合作，仅仅是基于对股东本人的信任、对其能力的认可而展开，换作股东继承人时，合作基础可能不再存在，致使合作无法继续。

基于以上考虑，公司法在规定股东资格可由继承人继承的同时，增加一但书，允许股东约定继承，并在公司章程中载明。

【实操建议】

对股权的重视和争夺可能对公司的经营造成重大影响。因此，应特别重视对股东资格继承问题的处理，建议在公司章程中排除股东资格的继承；退而求其次的方案是，由股东指定被其他股东认可的继承人继承，且应注明当被指定的继承人先于继承人死亡的，股东资格不允许再被继承。

# 后记
# 致创业路上的你

致敬双创时代的创业者,你是这个时代最可爱的人,你是VUCA(易变、不确定、复杂、模糊)时代的智者与勇者,感谢你为这个时代增添了一道亮丽的风景线,你终究会成为这个时代的一个重要符号!

因专注于股权与合伙领导的培训、咨询与辅导,有大量的机会深入接触创业者。同时,自己也是走在创业的路上,深感创业的举步维艰,踏上了一条不归路。

## 创业是条不归路

有句话是这样说的:"创业者的眼前往往只有两条路——一条是概率为10%的存活之路,还有一条,是将近90%的淘汰归途。"

创业是条不归路,无路可退,只能迎难而上,而路上的坎坷与艰辛,只有亲身经历者才能体会。而创业又是以成败论英雄,成功了就是"创业故事"与"中国式合伙人",有无数的光环、掌声以及财富;创业不成酿成的就是"创业事故"与"中国式散伙人",只有一地鸡毛后的落寞、不甘与心碎。

作为一个掌舵的创始人、老大、决策者，你更多的是要面对无数挣扎及无奈的时刻。如果说创业者们"改变世界"的初衷是美好并且宏大的，回到日复一日的产品开发、运营和管理中来，每一天都是挑战。硅谷资深创业者本·霍洛维茨曾用一句话总结了自己的创业史："在担任CEO的8年多时间里，只有3天是顺境，剩下的8年几乎全是举步维艰。"

创业过程中，几乎所有的公司：

都会经历生死攸关的时刻，面临生与死的选择；

都会走到十字路口，不知该选择风光无限却可能是通往错误终点的平坦大道，还是该选择人迹罕至却可能是通往正确目的地的崎岖小径，前方是什么，你当下不知道；

都会面临令人纠结的选择，没人能预知未来的发展，没人能判断选择的对和错；

都不可避免地直面痛苦，经历难以名状的"煎熬"……

所以，创业是条不归路，是一场没有止境的长征，对很多公司的创始人来说，难熬时刻，现在才刚刚开始。

## 股权是你必须面对的命题

股权，永远只是1（100%）的股权，无疑是令你难熬、难取舍、纠结，无奈，但又避不开，只能面对的命题。

股权是创业路上不可回避、雷多、坑深的话题，又是极易引发纠纷的话题，80%合伙人内耗、内斗与股权有关。就在书稿即将完成之际，"小马奔腾""三只松鼠"的股权与控制权争斗又成为一时的热门话题，相信类似的事故还会不断上演。股权处理不当，剪不断、理还乱，会一直困扰着你，甚至把你陷于更加不利的旋涡。

帮助创业者走出股权的沼泽地，正是写本书的初衷。

正是有感于"三股五步法"可以简单、快速、有效地化解股权难题，我非常希望把这个方法论推荐给时间匆忙的创业者。由于一对一服务方式的局限，考虑到以书分享的规模效应，所以，我用心写了这本创业者的第一本股权书——《股权是1》，以一手的培训、咨询、辅导的总结与案例，告诉你股权架构如何设计、股权如何分配、股权激励如何动态调整、如何科学进行股权融资等问题，分析问题的本质是什么、为什么，如何解决、如何落地。

我始终坚信，任何真理都应该是朴素的、平淡的、貌不惊人的，是能够解决实际问题，更应该是大众化的，而不是书斋式的论述，哗众取宠式的概括。

## 知与行的距离——世界上最远的距离

到底是知难行易，还是知易行难？

这个问题或许曾经困惑了很多人，如果拿它作为辩论的命题，应该正反方都有很多素材和论据，或许辩论永远没有正确的结果。

**但在股权这件事上，我更相信知不难、行不难，难的是你要去面对！**

**"三股五步法"一说就懂，一说就明白，所以，知不难！**

**"三股五步法"提供了具体的操作步骤、案例、模板、表单，一步步地操作，复杂度绝对超不过编程，用到的只是加减乘除，所以，行亦不难！**

但以我培训、咨询与辅导的经验，认为难在心理关，难在去面对，去梳理创始团队的责权利，去问责，去面对股东各方不同角度、不同立场的诉求，去面对你的内心！一个创始人最难做到的，就是对自己内心的控制。

但在股权这件事情上，坦白地讲，作为创始人，你只能面对，你的逃避，换来的只有更被动，甚至可能是万劫不复。

所以，给你的建议是，按"三股五步法"的理论与步骤，去面对，解决了你就解脱了，你就轻松了，你就可以无后顾之忧、从容去面对创业的考验！

### 不是结尾，是祝福

行书至此，临近尾声，却又深感还有许多地方意犹未尽。

双创时代，这是个新的时代，更是不容错失的时代。而创业者是这个时代的勇者、时代浪尖的弄潮者，是这个时代跳跃的音符！

愿你们中的每一位，都是笑到最后的成功者。

创业路上有股权问题，欢迎垂询、探讨、交流，相信一切皆有解决办法！

# 致谢

书稿的写作终告段落,掩卷思量,在此谨表达自身的殷切期许与拳拳谢意。股权是一个跨学科的话题,涉及法律、财务、人力资源管理、经营管理,在写书过程中,我深刻感觉"学无止境"与"力有不逮"的压力,应该说没有各位亲朋好友的帮助,本书不可能付梓,现一并致谢。

## "三股五步法"源自创业者

**正是验证了那句话:"解决问题永远在现场!"** "三股五步法"是我们团队在不断解决股权实际问题的过程中,经过不断总结、提炼、优化,一步步形成的方法论。

在与创业者探讨股权问题的过程中,不断交流、碰撞中,我逐步深入去思考:

股权的背后是什么?

什么因素是创业成功必要的、需要用股权深度链接的要素?

如何对各要素进行价值创造、价值评估、价值分配?

在不断的探讨与思考中，逐步把创业的关键成功要素归纳为三要素：**人力、资金、资源**！基于创业三要素，提出了系统化、体系化解决股权问题的方法论——"**三股五步法**"。**把股权区分为人力股、资金股、资源股**，这样，路归路，桥归桥，从根源上区分价值创造的要素与主体，针对性地设定价值评估、价值分配的规则与标准，把复杂的股权问题简单化、体系化，一揽子解决股权的难题。

"三步五步法"提出后，我们团队用这个方法论化解了无数个新创公司的股权架构设计与股权分配问题、老公司的股权纠纷难题，验证了方法论的普适性和实操性。可以说，"三股五步法"来源于一线的实践，又回归到一线的实践，正是在不断与创业者的沟通中产生的。所以，第一要感谢的是正是创业者。

## 致谢创业者，双创时代的智者与勇者

首先需要感谢的是打交道的创业者、合伙人、企业家，有讲座的听众、培训的学员、咨询的客户、常年顾问的客户，感谢你们提供了各有特色鲜活的股权案例。

2015年"两会"上，李克强总理在《政府工作报告》中指出把"大众创业、万众创新"打造成推动中国经济继续前行的"双引擎"，正式拉开了"双创时代"的序幕。正是在时代的感召下，一批批创业者前仆后继，期望在时代浪潮中脱颖而出，感知时代的脉搏。

## 致谢合作伙伴，是你们成就了我

同时，郑重感谢合作的高校、培训机构、创业营、孵化器提供了与优质客户接触的机会，具体的包括复旦创始营、华东理工大学 EMBA 中心、上海大学 EMBA 中心、上海财经大学管理学院、吴晓波频道（企投会）、诺亚财富熊猫创业营、易居中国、张江高科 895 创业营、浦软创业营、张江科投、天使特训营、LP 公会、盛大天地创业营、启迪之星，等等。其中，尤其要感谢的是张江高科 895 创业营，为我们提供了与众多优秀创业者充分交流股权话题的机会与平台。

特别要感谢的是，星合盛文化的王茹老师及其组织的出书训练营，出书的念头正式缘起于出书训练营，而素材则直接来源于当时 200 天的日更。特别要指出的是，正是王茹和 Jerry 两位老师的悉心指导、一次次的改稿语音会，一次次地挑战我，更是不断地成就我、提升书稿的品质。感谢两位的用心，谢谢，辛苦了！

## 致谢同事、家人，是你们给了我不断前行的动力

重点要感谢的是同事：付利军、陈育岩、宋朝瑞、牛毅菲、王丽。付利军是资深投资人，英诺天使基金（上海）负责人，他是我在投资领域的导师，提供了本书股权投资章节的素材。陈育岩，股权咨询专家，也是我的合伙人、研究生同学。宋朝瑞博士、王丽，股权咨询项目成员。牛毅菲，从 0 到 1 创业教练，我们的培训合作人。正是与他们的日常交流与探讨，丰富了本书的内容。本书所用之案例均来自壹勰咨询所服务企业的案例积累，这凝聚着壹勰团队的智慧与创新精华。

还有，感谢我的家人：我的父母、妻子与女儿。写书期间，妻子是我坚强的后盾，让我心无旁骛地写书、工作；而女儿则是全家的开心果，更是我不断前行的动力。

## 致谢所有未曾谋面但给我帮助的人

最后，"文章千古事，得失寸心知"，将写作计划和信心变成一本完整的著作实在是异常艰难，由于时间和水平的限制，书中难免存在不足和缺憾，因此恳请读者见谅，并欢迎提出宝贵批评意见。在撰写过程中，我引证、参考和借用了一些素材，因大多数来源于网络，无法做到一一署名，在表达歉意的同时，也一并表示深深的谢意！

# 策划手记
## 一本畅销书的进化史——
## 《股权是1》

一本畅销图书的进化史,雏形、初稿、打磨稿、终稿——王坤《股权是1》,一步一升华

一本图书的诞生,不亚于一个新生儿的诞生,要经历准备、10个月的孕育、一步一步成长……成才。

《股权是1》的雏形来自出书训练营第三期的90天日更,又经历半年时间整理补充。2018年初筹备出版,在原书稿做了10轮以上的打磨,从定位到理论框架,从章节层次到文章布局,从案例到配图,从亮点提炼和大咖推荐,从书名到封面设计……

为了保证图书的严谨性,《股权是1》中的案例均参考官方媒体,《南方日报》、《北京商报》、《IT时代周刊》、新浪财经、凤凰网等,并且邀请对外经贸大学老师审读。为了保证图书配图统一性，书中的思维导图和图表，我们从字体到配色打磨多遍。

历经三个月、半年、十个月，一步一个脚印，扎扎实实提升，打造一本经典品牌图书。

我们团队和作者王坤老师，经历无数轮的头脑风暴，无数次推翻重来，层层提升图书品质，层层激活这本图书的灵魂，步步挖掘这本图书的后端价值。

不知道是我们在打造这本图书，还是图书在磨砺我们。我相信《股权是1》真的不仅仅是一本图书，而是我们每一位创业者的忠实伙伴。

因为它饱含了作者的专业和热诚，也饱含我们团队的工匠精神，也饱含大咖们的祝福和期待，不仅有实战方法，而且也有精气神，更为关键它是一扇资源窗。希望更多的创业者来读一下这本图书，让我们在创业道路上少走弯路，激活资本，激活团队，激活资源！

感谢我们团队Jerry、王大喜、李思瑾为这本图书付出的辛勤耕作。

我们不急不躁，只为一本好书！

《股权是1》，从0到1，从10到100，层层推动品牌和影响力，见证一本畅销书的进化史。

——品牌图书策划人 王茹（微信：46550015）